Die Verfassungsentwicklung Südafrikas
unter besonderer Berücksichtigung
der verfassunggebenden Gewalt des Volkes

SCHRIFTEN ZUM STAATS- UND VÖLKERRECHT

Herausgegeben von Prof. Dr. Dieter Blumenwitz

Band 85

Peter Lang
Frankfurt am Main · Berlin · Bern · Bruxelles · New York · Oxford · Wien

Petra Johnen

Die Verfassungsentwicklung Südafrikas unter besonderer Berücksichtigung der verfassunggebenden Gewalt des Volkes

Peter Lang
Europäischer Verlag der Wissenschaften

Die Deutsche Bibliothek - CIP-Einheitsaufnahme

Johnen, Petra:

Die Verfassungsentwicklung Südafrikas unter besonderer Berücksichtigung der verfassunggebenden Gewalt des Volkes / Petra Johnen. - Frankfurt am Main ; Berlin ; Bern ; Bruxelles ; New York ; Oxford ; Wien : Lang, 2001
(Schriften zum Staats- und Völkerrecht ; Bd. 85)
Zugl.: Würzburg, Univ., Diss., 1999
ISBN 3-631-35850-4

D 20
ISSN 0172-7796
ISBN 3-631-35850-4

www.peterlang.de

Meinen Eltern

Vorwort

Die vorliegende Arbeit wurde im Wintersemester 1998/99 von der Juristischen Fakultät der Julius-Maximilians-Universität zu Würzburg als Dissertation angenommen.

Zu großem Dank verpflichtet bin ich meinem Doktorvater Herrn Professor Dr. Blumenwitz, der die Arbeit angeregt und unterstützt hat. Herrn Prof. Dr. Hahn danke ich für die rasche Erstellung des Zweitgutachtens. Außerdem danke ich den Kolleginnen und Kollegen am Lehrstuhl und Frau Ruth Rupp für die vielfältige Unterstützung. Besonders dankbar bin ich meiner Familie sowie meinen Freunden für die Geduld, die vielfältige Hilfe und Unterstützung bei meinem Vorhaben. Ein besonderes herzlichen Dank für ihre unschätzbare Hilfe an Frau Rechtsanwältin Carla Henschel, Herrn Dr. Winfried Bausback und Frau Beate Gawin.

Würzburg, im August 1999

Petra Johnen

Inhaltsverzeichnis

Abkürzungsverzeichnis

A. D.	Appellate Division
Abs.	Absatz
AdG	Archiv der Gegenwart
ANC	African National Congress
Anm.	Anmerkung
AT	Amended Text
AöR	Archiv des öffentlichen Rechts
Art.	Artikel
Bd.	Band
bzw.	beziehungsweise
BVerfG	Bundesverfassungsgericht
CODESA	Conference for a Democratic South Africa
CP	Constitutional Principle
d.h.	das heißt
DDR	Deutsche Demokratische Republik
DP	Democratic Party
EMRK	Europäische Menschenrechtskonvention
etc.	et cetera
FAZ	Frankfurter Allgemeine Zeitung
f.(f.)	folgende Seite(n)
FF	Freedom Front
GG	Grundgesetz
GNU	Government of National Unity
Fn.	Fußnote
HdBStR	Handbuch des Staatsrechts
Hrsg.	Herausgeber
IC	Interim Constitution
IFP	Inkatha Freedom Party
IPbpR	Internationaler Pakt über bürgerliche und politische Rechte vom 16. Dezember 1966
JöR	Jahrbuch des öffentlichen Rechts der Gegenwart
JZ	Juristenzeitung
KSZE	Konferenz für Sicherheit und Zusammenarbeit in Europa
LP	Labour Party

MPNP	Multi-Party-Negotiation-Process
Nr.	Nummer
NP	National Party
NT	New Text
OAU	Organisation der Afrikanischen Einheit
PAC	Pan Africanist Congress
Rn.	Randnummer
ROW	Recht in Ost und West
RSA	Republic of South Africa
S.	Seite
SACP	South African Communist Party
sog.	sogenannte (r; s)
Sp.	Spalte
TEC	Transitional Exekutive Council
u. a.	unter anderem
UN	United Nations
Üverf.	Übergangsverfassung
v.	versus
vgl.	vergleiche
Vol.	Volume
VRÜ	Verfassung und Recht in Übersee
z. B.	zum Beispiel
ZaöRV	Zeitschrift für ausländisches öffentliches Recht und Völkerrecht
ZfP	Zeitschrift für Politik

Einführung

Am 4. Februar 1997 trat die neue südafrikanische Verfassung nach einer ca. zweieinhalbjährigen Ausarbeitungsphase in Kraft.[1] Sie ist die erste Verfassung des Landes, die seit der Gründung des südafrikanischen Staates allen Menschen unabhängig von ihrer Rasse die vollen Bürgerrechte und grundrechtlichen Schutz gewährt. Diese neue südafrikanische Verfassung löste die Übergangsverfassung vom 27. April 1994 ab. Vorausgegangen war diesem historischen Ereignis eine über siebenjährige Verhandlungsphase. Der Transformationsprozeß von dem alten autoritären Apartheidsregime zu einem demokratischen parlamentarischen Rechtsstaat wurde auf verfassungsrechtlicher Ebene damit beendet. Nach den für April 1999 angesetzten landesweiten Wahlen werden dann auch die letzten Übergangsregelungen außer Kraft treten. Wie viele andere Verfassungen beansprucht die neue südafrikanische Verfassung Geltung gegenüber dem einfachen Gesetzgeber, sie etabliert damit den Vorrang der Verfassung[2] vor allen anderen Rechtsvorschriften und führt ein besonderes Verfahren zur Änderung der Verfassung[3] ein. Die neue Verfassungsurkunde enthält einen Grundrechtskatalog[4], legt Organisationsprinzipien[5] und Staatsziele[6] fest, die für alle Staatsorgane verbindlich sind. Diese neue südafrikanische Verfassung stellt mit ihren grundlegenden Prinzipien, wie bereits die Übergangsverfassung, in deren Tradition sie steht, für das südafrikanische Verfassungsrecht eine völlig neue Entwicklung dar.

Nach dem Schritt zu einer geschriebenen demokratischen Verfassung mit verbindlich festgesetzten Werten und Prinzipien sind große Erwartungen für eine friedliche Entwicklung des Landes und seinen wirtschaftlichen Aufschwung verbunden. Nur wenn die Verfassung wirklich als Ergebnis des langjährigen Prozesses den Willen des gesamten Volkes widerspiegelt, kann diese die für den Staat notwendige Integration der Bürger leisten und Stabilität bringen. Nur so kann der schwierige Weg des „Nation-Building" in Zukunft gelingen.

Gemäß der Präambel der neuen südafrikanischen Verfassung gibt sich das südafrikanische Volk die Verfassung und erkennt die aus dem Prinzip der Volks-

1 AdG vom 8. Februar 1997, S. 41798
2 Vgl. Art. 2 NT
3 Vgl. Art. 74 NT
4 Vgl. Art. 7 - 39 NT
5 Vgl. Art. 1 NT
6 Vgl. z.B. Art. 26-28 NT

souveränität folgende verfassunggebende Gewalt des Volkes an. Die Lehre von der verfassunggebenden Gewalt des Volkes wurde zur Zeit der Französischen Revolution entwickelt, um als Maßstab zur Bewertung der Legitimation neu entstandener Verfassungsordnungen zu dienen. Nach dieser Lehre ist das Volk der alleinige Inhaber der verfassunggebenden Gewalt und damit der einzig legitime Verfassungsgeber, der frei von allen rechtlichen Bindungen über eine neue Verfassungsordnung entscheiden kann.

Es stellt sich die Frage, inwieweit diese Lehre heute noch als Maßstab für die demokratische Legitimation moderner Verfassungen dienen kann. Für die praktische Umsetzung der Verfassungsgebung aufgrund dieser Lehre lassen sich unterschiedliche Verfahren beobachten. Südafrika bietet ein Beispiel für einen Übergangsprozeß von einem totalitären Regime zu einem demokratischen Verfassungsstaat. Gleichwohl trat das Volk innerhalb dieses Verhandlungsprozesses nicht eindeutig und klar als Verfassungsgeber hervor.

Die vorliegende Arbeit will die aktuelle Verfassungsentwicklung daraufhin untersuchen, ob die verfassunggebende Gewalt des Volkes in den einzelnen Phasen der Entwicklung tätig wird. Die Diskussion zu diesem Thema in der südafrikanischen Verfassungsdogmatik wird kontrovers geführt: Einerseits wird die verfassunggebende Gewalt des Volkes als Legitimationsgrundlage für die neue, endgültige Verfassung herangezogen und damit auch die Ungebundenheit der verfassunggebenden Versammlung begründet[7]. Andererseits dient sie auch zur Rechtfertigung der fortdauernden Geltung der Übergangsverfassung von 1994 und der Bindung der verfassunggebenden Versammlung an diese.[8] Die Klärung

---

7 Das ANC Mitglied GORDHAN wies in dieser Sitzung auf die besondere Aufgabe der Verfassunggebenden Versammlung hin, die als erstes Forum legitim, demokratisch und repräsentativ das gesamte Volk widerspiegelte. Als wichtigsten Punkt vor erneuten Verhandlungen sah er vorab die Entscheidung darüber, ob die Aufgabe der Versammlung darin bestand, die damals existierende Übergangsverfassung zu überarbeiten oder darin, eine neue zu entwerfen. Ein Mitglied der Verfassunggebenden Versammlung der IFP FELDGATE ging in seiner Ansprache davon aus, daß die Übergangsverfassung zu ersetzen sei, denn im Falle einer bloßen Abänderung der Übergangsverfassung wäre die Verfassunggebende Versammlung an ihre Grenzen gebunden. Abgedruckt in: Debates of the Constitutional Assembly 1994, S. 26 ff

8 Roelf MEYER (NP) ordnete die bereits festgelegten Kompromisse hinsichtlich des Verfahrens der Ausarbeitung, wie auch die im Hinblick auf die bereits gefundenen Inhalte als bindend ein und darüber hinaus als Ausgangspunkt für die weiteren Verhandlungen. Ein Mitglied der FF, MULDER, behauptete, daß, obwohl die Übergangsverfassung und die neue und endgültige Verfassung einen grundlegenden Wandel und einen radikalen Bruch mit der Vergangenheit darstelle, weil an die Stelle der sog. „parlamentary sovereignty" ein Rechtsstaat gerückt ist, trotzdem verfahrensmäßig kein Bruch festzustellen sei. Daraus schloß er, daß die Verfassunggebende Versammlung lediglich als „pouvoir constitué" einzuordnen ist. Abgedruckt in: Debates of the Constitutional Assembly 1994, S. 26 ff

dieser Probleme ist nicht nur für die Bewertung der konkreten südafrikanischen Entwicklung wichtig; darüber hinaus können wichtige Rückschlüsse für die oben dargestellte Frage nach der allgemeinen Brauchbarkeit der Lehre von der verfassunggebenden Gewalt als Deutungsschema und Beurteilungsmaßstab für Verfassungsentstehungen gezogen werden.

Im ersten Kapitel werden zunächst die staatsrechtlichen Grundlagen für die Verfassungsentstehung und die Verfassungsentwicklung zu erarbeiten sein. Es ist von besonderem Interesse, ob der „pouvoir constituant" bei seinen Entscheidungen frei ist oder unter den gegenwärtigen Verhältnissen Bindungen unterliegt.

Die Verfassungsgeschichte und das daraus resultierende Verfassungsverständnis in Südafrika bildet den Untersuchungsgegenstand des zweiten Kapitels. Nur vor dem Hintergrund der alten Verfassungsordnung können die Radikalität und die Probleme des verfassungsrechtlichen Neubeginns der 90er Jahre verständlich werden. Weiterhin können sich faktische Bindungen für die Verfassungsgebung aus Entscheidungen des früheren Regimes ergeben, ebenso aus dem Verhalten der Völkerrechtsgemeinschaft in dieser Zeit.

Das dritte Kapitel der Arbeit befaßt sich mit den politischen Entwicklungen in Südafrika seit der Grundsatzerklärung de KLERKS am 2. Februar 1990 vor dem Parlament, mit der dieser das Ende der Apartheidsherrschaft ankündigte und den Weg für Reformen frei machte, bis hin zum Inkrafttreten der Verfassung Südafrikas am 4. Februar 1997. Dieser Zeitabschnitt, der unmittelbar zur neuen südafrikanischen Verfassung geführt hat, soll daraufhin untersucht werden, ob und wann sich die verfassunggebende Gewalt des Volkes in Südafrika aktualisiert hat: War etwa die Kempton-Park-Verfassung von 1994 bereits das Produkt der verfassunggebenden Gewalt des Volkes oder war erst die verfassunggebende Versammlung der tatsächliche Verfassungsgeber? Welche Bedeutung hatte im Rahmen dieser Entwicklung das neu errichtete Verfassungsgericht, dem nach der Übergangsverfassung die Aufgabe zukam, die Vereinbarkeit der ausgearbeiteten Verfassung mit den im Vorfeld ausgehandelten Verfassungsprinzipien („Constitutional Principles") zu überprüfen.

Von der Beantwortung dieser Fragen hängt die Beurteilung der Legitimität der Verfassung vom 4. Februar 1997 ab, die als Dokument des ganzen Volkes gefeiert wird. Kritiker behaupten allerdings, daß die Verfassungswirklichkeit anders ausgesehen habe und die Verfassung weniger demokratisch entstanden sei, als regelmäßig angenommen wird. Über weite Strecken des Verhandlungsprozesses hätten einige der politischen Parteien und gesellschaftlichen Gruppierungen nicht an den Beratungen teilgenommen, so daß erneut nicht alle Bevölkerungsgruppen bei der Verfassungsausarbeitung repräsentiert gewesen seien.[9] Die IFP,

9 So argumentierte vor allem die IFP, nachdem sie sich aus den Vielparteiengesprächen zurückzog. Vgl. AdG 1993 S. 38400

als Vertreter der Zulus und der Regierungspartei in KwaZulu Natal, war sowohl während des „Multi-Party-Negotiation-Process“ als auch während der Verhandlungen zur Ausarbeitung der endgültigen Verfassung über weite Strecken von den Verhandlungen fern geblieben.

Das vierte Kapitel der Arbeit untersucht die tatsächliche Ausgestaltung der neuen Verfassung Südafrikas. Insbesondere die westlichen Einflüsse und die landestypischen Besonderheiten werden analysiert. Die verfassungsgestaltenden Grundentscheidungen werden beleuchtet. Angesichts der unterschiedlichen Interessen der einzelnen Bevölkerungsgruppen gilt dabei dem Minderheitenschutz ein besonderer Augenmerk.

In vielen Darstellungen wird der verfassungsrechtliche Übergang in Südafrika als weithin friedlicher Prozeß, der als „ausgehandelte“[10] oder „schleichende“[11] Revolution bezeichnet wird, dargestellt. Die Staatenwelt betrachtete die Entwicklung des Landes nicht zuletzt deshalb besonders aufmerksam und kritisch, weil sie für den gesamten afrikanischen Kontinent für bevorstehende Demokratisierungsprozesse - beispielsweise für den angestrebten Übergang von dem etablierten Militärregimes in Nigeria hin zu einer Demokratie - als Vorbild eines friedlichen Machtübergangs dienen könnte. Nach der konkreten Untersuchung der Verfassungsentwicklung Südafrikas vor dem Hintergrund der Lehre von der verfassunggebenden Gewalt des Volkes stellt sich zuletzt noch die Frage nach der Aktualität dieser Lehre für die Bewertung verfassungsrechtlicher Übergänge am Ende des zwanzigsten Jahrhunderts.

---

10 U. KARPEN, Die Mühen um die Einheit des Landes FAZ, 11.03.1996 S. 10

11 R. von LUCIUS, Südafrikas sanftfriedliche Revolution, in: DAS PARLAMENT vom 5. April 1996 S. 13

Kapitel 1: Die staatsrechtlichen Grundbegriffe

Die Diskussion in Zusammenhang mit der Bewertung des Übergangsprozesses in Südafrika von einem autoritären Regime hin zu einem demokratischen Verfassungsstaat wirft, wie in der Einleitung dargestellt, staatsrechtliche Probleme auf. Einmal stellt die Einordnung der Geschehnisse zu Beginn der 90er Jahre die Verfassungslehre vor die Entscheidung, ob es sich um einen verfassungsmäßigen Übergang, d.h. die legale Verfassungsänderung nach den Vorgaben der alten Verfassung handelt, oder um eine Revolution, d.h. ob ein Bruch innerhalb der Legitimationskette mit der alten Verfassung festzustellen ist. Weiterhin stellt sich im Anschluß daran das Problem, wer der tatsächliche Verfassungsgeber innerhalb dieses Prozesses war. Als Verfassungsgeber wird sowohl das Verhandlungsforum des MPNP als auch die verfassunggebende Versammlung angesehen. Als letztes stellt sich die Frage nach der Legitimität der neuen südafrikanischen Verfassung. Ein besonderes Problem stellt das Verhältnis der Interimsverfassung zu der endgültigen Verfassung dar, insbesondere die Freiheit der verfassunggebenden Versammlung bei ihrer Ausarbeitung im Hinblick auf die Überprüfungskompetenz des Verfassungsgerichts hinsichtlich der „Constitutional Principles".

Ausgehend von der Lehre von der verfassunggebenden Gewalt des Volkes, die auf Abbé Sieyès zurückgeht, und ihrer Entwicklung bis heute werden diese Problemkreise zu lösen sein. Die Antwort auf die Frage nach der Freiheit der verfassunggebenden Versammlung bei der Ausarbeitung der Verfassung wird davon abhängig sein, ob diese Versammlung als „pouvoir constituant originaire" einzuordnen ist, ob sie nur innerhalb des durch die Interimsverfassung abgesteckten Rahmens tätig werden durfte und daher als „pouvoir constituant constitué" auftritt oder ob es sich nur um eine zugelassene Verfassungsrevision handelt. Es geht also in der Sache darum, ob die Übergangsverfassung von einer neuen Verfassung abgelöst wird, deren Inhalt alleine zur Disposition der verfassunggebenden Versammlung steht.

Bei der Entscheidung über die Legitimität der Verfassungsordnung muß die Lehre von der verfassunggebenden Gewalt des Volkes in Verbindung mit dem demokratischen Repräsentationsprinzip berücksichtigt werden. Nur die vom Volk erlassene und vom Konsens in der Gesellschaft getragene Verfassung kann als legitim anerkannt werden. Beruft sich der Verfassungstext hinsichtlich seiner Geltung und Legitimation auf den Willen des Volkes, so muß sich die Verfassung auch an diesen selbst gesetzten Vorgaben messen lassen. Darüber hinaus wirkt eine in diesem Sinne legitime Verfassung stabilisierend für die Gesellschaft und kann dauerhaft das friedliche Zusammenleben in einem Staat ordnen.

Ausgehend von der Lehre von der verfassunggebenden Gewalt sind die Begriffe des Staatsrechts zu erarbeiten. Die Betrachtung der Verfassungsentwicklung setzt das Verständnis seines Gegenstandes, d. h. der Verfassung voraus. Wegen der Normativität der Verfassung nach westeuropäisch-nordatlantischem Verfassungsverständnis ist jede Verfassung in erster Linie Ausdruck einer konkreten geschichtlichen Ordnung mit einer Ordnungsfunktion für das konkrete Leben, so daß bei der Darstellung der Verfassungsentwicklung das aktuelle Verfassungsverständnis als Grundlage dienen muß.[1] Insbesondere ist weiterhin zu erörtern, wie sich die Wirksamkeit einer Verfassung erklären läßt, warum eine Verfassung Geltung gewinnt und warum gerade die Verfassung einen besonderen Rang in der Normenhierarchie einnimmt und in Teilen nur erschwert abgeändert werden kann.

Den zentralen Untersuchungsgegenstand bildet die Lehre von der verfassunggebenden Gewalt. Es ist notwendig, die juristische Natur, das Subjekt und die Schranken der verfassunggebenden Gewalt des Volkes herauszuarbeiten. Eine wichtige Rolle spielen dabei die Schranken, die dem „pouvoir constituant“ durch das Völkerrecht auferlegt werden können.

A. Die Idee einer Verfassung

Die Idee, den Staat durch Rechtsnormen zu ordnen und damit die Ausübung der politischen Macht rechtlich zu ordnen, läßt sich weit zurückverfolgen. Bereits ARISTOTELES[2] suchte nach den Gründen, welche die Einheit eines Staates konstituierten. Er erkannte die Notwendigkeit, das Zusammenleben der Menschen innerhalb einer Gemeinschaft durch grundlegende Regeln zu ordnen, um ein friedliches Zusammenleben aller zu gewährleisten. Er nahm an, dieses Ziel mit

---

1 Die Verfassungsrechtslehre hat keinen einheitlichen Verfassungsbegriff konzipiert, sondern häufig wird gerade in der neueren Zeit der Begriff des Verfassungsstaates und der Begriff der Verfassung empirisch beschrieben; vgl. J. ISENSEE, Staat und Verfassung, in: HdBStR I, § 13 Rdnr. 125 ff.; Ein Rückgriff auf einen allgemein feststehenden oder zumindest weitgehend anerkannten Verfassungsbegriff scheint nicht möglich, vgl. K. HESSE, Grundzüge des Verfassungsrechts in der Bundesrepublik Deutschland, S. 1; Für den europäischen Rechtsraum kristallisiert sich die Definition des Verfassungsstaates als der Staatstypus heraus, dessen Verfassung in den Bereichen der Grundrechte und des staatlichen Aufbaus allgemeine Prinzipien und damit Gemeinsamkeiten aufweisen, vgl. P. HABERLE, Gemeineuropäisches Verfassungsrecht, S. 71 ff.

2 ARISTOTELES, Politik, S. 1278 b (Zeile 9 ff.)

einer Verfassung - einer rechtlichen Ordnung - erreichen zu können. Seiner Ansicht nach bestand die Hauptaufgabe der Verfassung darin, die Ordnung der Ämter, insbesondere der höchsten Ämter im Staat -der Regierung, festzulegen. Dazu gehörten auch Festsetzungen, „welches die Ziele der jeweiligen staatlichen Gemeinschaft sind“.[3] In erster Linie lag die Aufgabe der Verfassung in der Bindung der Staatsorgane an bestimmte Verfahren. Der formale Charakter der Verfassung stand für ARISTOTELES im Vordergrund. Der Begriff der Verfassung hat jedoch im Lauf der Zeit in vielfacher Hinsicht einen Bedeutungswandel in politischer und hauptsächlich rechtlicher Hinsicht erfahren.

I. Verfassung als Gesellschaftsvertrag

In den Vereinigten Staaten versteht die Verfassungslehre noch heute die Verfassung als Gesellschaftsvertrag.[4] Der Grundgedanke der Verfassung nach diesem Verfassungsverständnis besteht dort nicht darin, wie es beispielsweise im 18. Jahrhundert in Deutschland vertreten wurde, die Beschränkung der Macht des Monarchen oder der Staatsmacht im allgemeinen zu bewirken. Vielmehr brachte eine Verfassung einen politischen Kompromiß hinsichtlich der Gesellschafts- und Staatsordnung zum Ausdruck, der auf politischer Ebene ausgehandelt und in der Verfassungsurkunde institutionalisiert wurde. Damit ist ein wesentlicher Punkt des nordamerikanischen Verfassungsverständnisses die Vorstellung von einem Kompromiß als politische Lebensform[5]. Nur auf diese Weise kann die notwendige soziale Integration aller Interessen ermöglicht und die zwischen verschiedenen Interessengruppen bestehenden Differenzen friedlich und allmählich ausgeglichen werden. Diese Kompromisse wurden in den nordamerikanischen Kolonien, in den speziell für diese Aufgabe eingerichteten Verfassungskonventen ausgehandelt, die das souveräne Volk in besonderer Weise repräsentierten. Durch diese Verfassungskonvente wurde schließlich die gesetzgebende Gewalt eingesetzt. Dieses Verfahren machte den Rangunterschied zwischen dem souveränen Volk als Verfassungsgeber und dem Gesetzgeber besonders deutlich. Dem einfachen Gesetzgeber entzog man die Verfügung über die gefundenen Grundregeln,

3 ARISTOTELES, Politik, S. 1289 a, (Zeile 15 ff.) heute könnte man hinsichtlich dieser Bestimmungen von Staatszielen sprechen.

4 Vgl. zur amerikanischen Verfassungslehre: H. HOFMANN, Recht - Politik - Verfassung, S. 280 ff., K. LOEWENSTEIN, Verfassungsrecht und Verfassungspraxis der Vereinigten Staaten, S. 418 ff.

5 R. ZIPPELIUS, Allgemeine Staatslehre, § 42 I

die die Verfassung gerade zu den „superior paramount law"[6] machten. Für das Verhältnis der Verfassung zu den einfachen Gesetzen bleibt festzuhalten, daß die Verfassung als Ausdruck des höheren Willen des Verfassungsgebers dem Willen der eingesetzten Staatsorganen stets vorgeht.[7] Der Vorrang der Verfassung bedeutet gleichzeitig den Nachrang des einfachen Gesetzgebers.

Neben der staatsordnenden Funktion und der normativen Beschränkung politischer Herrschaft durch eine Verfassung sieht die us-amerikanische Verfassungslehre die gesellschaftsvertragliche Verfassung als Gewähr der individuellen Freiheit jedes einzelnen und seines Gewissens. Die besondere Bindungswirkung der Verfassung erklärt sie mit der Wechselseitigkeit der individuellen Versprechen, die die Pilgerväter sich gegenseitig gaben und die sie in den Gründungspakten schriftlich fixierten. Diese Gründungsverträge werden in der Verfassungslehre auch als horizontale Gesellschaftsverträge bezeichnet.

Das Gemeinwesen gründet auf dem Konsens seiner Mitglieder. Diese Vorstellung basierte auf der Vertragsidee, in der der Vertrag als Symbol für die fortdauernde Bindungswirkung zwischen den Vertragsparteien herangezogen wird. Dieses Erklärungsmodell geht letztlich auf den Vertragsgedanken, den ROUSSEAU entwickelt hat, zurück[8]. Der Hauptzweck des Vertrags besteht in der Zustimmung der Normunterworfenen zu diesem Gesellschaftsvertrag, der dem Staat auch die Kompetenz einräumt, gegen den einzelnen Gewalt zur Durchsetzung erlassener Gesetze einzusetzen.

Diese Sicht über die Grundlage und das Zustandekommen der Verfassung wies ebenso wie die verfassunggebende Versammlung während der Französischen Revolution eine neuartige demokratisch-verfassungsstaatliche Dimension auf. Die Einrichtung der Verfassungskonvente nach den Sezessionskriegen zeigte deutlich die grundlegende Differenz zwischen ihrer verfassunggebenden Tätigkeit, in der das souveräne Volk in ganz besonderer Weise zu einem ganz besonderen Zweck repräsentiert wird, und ihren Funktionen als gesetzgebendes Staatsorgan, insbesondere den Unterschied zum einfachen Gesetzgeber. Mit dem Erlaß

---

6 Die Bezeichnung der Verfassung als „superior paramount law" geht auf die berühmte Entscheidung des Supreme Court in Marbury v. Madision 5. US (Cranch) 137, 2 l.Ed.60 (1803) zurück.

7 H. DREIER, Grenzen demokratischer Freiheit im Verfassungsstaat, in: JZ 1994 S. 744

8 J. J. ROUSSEAU hat als erster die Volkssouveränität in dem Sinne verstanden, daß die Verfassung auf der Zustimmung aller Bürger, wie die Zustimmung der Vertragspartner zu einem Vertrag, basiert. Vgl. J. J. ROUSSEAU; Contract social I 6 „ Es ist eine Form der Vergesellschaftung zu finden, die mit der gesamten gemeinsamen Kraft die Person und die Habe jedes Teilhabers verteidigt und beschützt. In ihr soll sich jeder mit allen vereinigen und dennoch nur sich selbst gehorchen und ebenso frei bleiben wie zuvor. "S. 20 ff (21)

der Verfassung als „superior paramount law"[9] wurde dem einfachen Gesetzgeber die Verfügungsgewalt über die dort festgelegten Grundregeln entzogen. Der Vorrang der Verfassung wurde erstmals durch das Verfahren zur Ausarbeitung der Verfassung deutlich.

II. Verfassung als Grundordnung des Staates

Im Gegensatz zu der Idee der paktierten Verfassung als Grundordnung für den Staat hat sich ein weiteres Verfassungsverständnis herauskristallisiert, das sich in erster Linie im westeuropäischen Rechtsraum entwickelt hat. Dort hat sich im Laufe der Jahre ein Modell des Verfassungsstaat herausgebildet, an dem sich bei der Ausarbeitung neuer Verfassungen im folgenden fast weltweit orientiert wurde. Auf einen feststehenden und überwiegend anerkannten Verfassungsbegriff hat man sich nicht einigen können. Vielmehr wurden im einzelnen verschiedene Aufgaben und Besonderheiten einer Verfassung unterschiedlich akzentuiert und teilweise verschiedene Ansätze zur Herausarbeitung eines Verfassungsbegriffs gewählt.[10]

Das deutsche Verfassungsverständnis bezieht sich beispielsweise auf dieses Modell, wurde im Laufe der Zeit aber kontinuierlich modifiziert. G. JELLINEK sah die Notwendigkeit der Verfassung alleine darin, der politischen Einheit - dem Staatenverband - eine Ordnung zu geben, die gemäß seines Willens gebildet und ebenfalls vollzogen wird, die seinen Bereich abgrenzt und die Stellung seiner Mitglieder in ihm regelt.[11] Bei ihm stand lediglich die Ordnungsfunktion, die formelle Seite des Staatenverbandes im Vordergrund. H. KELSEN definierte die Staatsfunktion als Rechtsfunktion, d. h. als stufenweise fortschreitender Prozeß der Normsetzung,[12] ohne eine Werteordnung einzubeziehen. Die Normen, die das Verfahren der Gesetzgebung regeln, bezeichnete er als Verfassung im positiv-rechtlichen Sinne. Auch bei ihm stand die Ordnungsfunktion im Vordergrund. C. SCHMITT definierte die Verfassung als konkreten Gesamtzustand politischer

9 In der Entscheidung Marbury v. Madison 5 U.S. (Cranch) 137, 2 L. Ed. 60 (1803) verwendet der Supreme Court diese Formulierung.

10 Vgl. dazu im allgemeinen auch P. BADURA, Verfassung; E. W. BOCKENFORDE, Die verfassungstheoretische Unterscheidung von Staat und Gesellschaft als Bedingung der individuellen Freiheit; B.-O. BRYDE, Verfassungsentwicklung; R. HERZOG, Allgemeine Staatslehre; K. STERN Das Staatsrecht in der Bundesrepublik Deutschland S. 69ff.; J. ISENSEE, Staat und Verfassung, HdBStR I, § 13 Rdn. 125 ff.; H. HOFMANN, Zur Idee des Staatsgrundgesetzes, in: Recht-Politk-Verfassung, S. 261 ff.; D. GRIMM, Die Zukunft der Verfassung,

11 G. JELLINEK, Allgemeine Staatslehre, S. 505

12 H. KELSEN, Allgemeine Staatslehre, S. 248 f.

Einheit und sozialer Ordnung des Staates; der Staat selbst bildete seiner Ansicht nach die Verfassung.[13] Ihre Aufgabe bestand darin, die politische Einheit, die nicht von Anfang an vorhanden war, zu bilden und ihren Bestand zu erhalten.[14] Eine besondere Bedeutung der Verfassung sah er in der konkreten Ausgestaltung der Art der Unter- und Überordnung zwischen Regierenden und Regierten, d. h. die besondere Form der Herrschaft. Dagegen wertete R. SMEND den Prozeß der staatlichen Integration als eigentlichen Kern der Verfassung.[15] Seine Theorie entwickelte er aus der Wirklichkeit des Staates.[16] Er sah in dem Staatsgebilde einen Willensverband, der sich stets erneuern muß. Damit weist er der Staatsverfassung eine integrierende Funktion zu. Mit ihrer Hilfe werden Aufgaben und Funktionen festgelegt, durch welche der Wille des Staates als Einheit begründet wird. Der Staat ist damit ein dynamisches Gebilde, das durch die Regelungen der Verfassung den Integrationsprozeß organisiert und immer wieder in Gang bringt. Der Sinn dieses stets andauernden Integrationsprozesses besteht seiner Ansicht nach darin, einen sich ständig erneuernden Konsens in allen Lebensbereichen, die durch die Verfassung geregelt werden, zu begründen. Auch H. HELLER versuchte, die Definition des Begriffs der Verfassung an das bewußte, planmäßig und organisierte Zusammenwirken der in dem konkreten Staat lebenden Personen anzulehnen.[17] Der Verfassung wurden im Laufe der Zeit noch weitere Aufgaben zugeschrieben. Sie wurde nicht ausschließlich als rechtliche Grund- und Werteordnung[18] des Staates gesehen, die der politischen Einheitsbildung dient, sondern auch als ordnender Gesichtspunkt für das nichtstaatliche Leben innerhalb des Staatsgebietes.

---

13 C. SCHMITT; Verfassungslehre, S. 4

14 P. BADURA, Verfassung und Verfassungsgesetz, S. 19 ff.

15 R. SMEND, Verfassung und Verfassungsrecht, S. 77

16 R. SMEND, Verfassung und Verfassungsrecht, S. 80

17 H. HELLER, Staatslehre, S. 228 ff.

18 Insbesondere geht auch das Verfassungsverständnis des Bundesverfassungsgerichts dahin, daß das Grundgesetz eine materielle Einheit bildet und nicht lediglich die formalen Problembereich menschlichen Zusammenlebens löst. St. Rspr. seit BVerfGE 1, 14 (32), vgl. auch BVerfGE 49, 24 (56); Danach haben sich alle Entscheidungen des Verfassungsgebers zu einer Werteordnung verbunden und ein Staatswesen konstituiert, die auf den grundlegende der positiven Rechtsordnung vorausliegende Werte, in erster Linie der Aufnahme der liberal-repräsentativen parlamentarischen Demokratie (BVerfGE 4, 144 (148)), des liberalen Rechtsstaates (BVerfGE 5, 85 (197, 379)), des Bundesstaates (BVerfGE 1, 299 (314 f.)), und auch des Sozialstaates (BVerfGE 5, 85 (379), 14, 288 (296)), basieren, die weltanschaulich neutral, aber nicht wertneutral ist.

Der Verfassungsbegriff wird in zwei unterschiedliche Kategorien unterteilt, einmal in die „Verfassung im formellen Sinne"[19] und zum anderen in die „Verfassung im materiellen Sinne"[20]. Unter der „Verfassung im formellen Sinne" versteht man infolge dieser Unterscheidung die in einer Verfassungsurkunde bzw. einem Verfassungsgesetz niedergelegten Normen, die gerade wegen ihrer Aufnahme in die Verfassung einen höheren Rang und eine höhere Bestandsgarantie als jedes andere Gesetz erhalten. Das besondere Merkmal einer Verfassung liegt insbesondere darin, daß sie nicht von einem einfachen Gesetz abgeändert oder abgeschafft werden kann. Die Verfassungsnormen legen die Leitprinzipien fest, die zur Bildung der politischen Einheit führen, nach denen die staatliche Gewalt vollzogen und die staatlichen Aufgaben erfüllt werden sollen. Die „Verfassung im materiellen Sinne" normiert die Grundzüge der rechtlichen Gesamtordnung, die neben dem staatlichen Bereich auch andere Lebensbereiche betreffen, die zum Leben des Staatsvolkes gehören. Es handelt sich also um den Inbegriff aller den Staat selbst betreffenden Normen, Normen, die die Organisation und das Verfahren im Staat regeln, und darüber hinaus um diese, die das Verhältnis zwischen Staat und seinen Bürgern regeln.

Ganz allgemein versteht man heute unter der Verfassung eine rechtliche Grundordnung eines Staates, in der die obersten Rechtsnormen aufgenommen werden, auf denen die gesamte übrige Rechtsordnung aufbaut und die gegenüber Gesetzen und anderen Rechtsquellen einen besonderen Rang einnimmt.[21]

B. Die Entwicklung der Lehre von der verfassunggebenden Gewalt des Volkes

Den Gegenstand vieler Untersuchungen bildet die Frage nach dem Ursprung der Gewalt, die innerhalb eines Gemeinwesens legitimiert ist, dem Gemeinwesen - soweit es noch nicht innerhalb eines Staates lebt - oder dem Staatsvolk, eine Verfassung auszuarbeiten. Die verfassunggebende Gewalt des Volkes und die Lehre vom Gesellschaftsvertrag wurden deshalb als Erklärungsmodelle entwickelt. Beide Theorien dienen dem Zweck, den vorverfassungsrechtlichen „Urzustand" oder den Zustand einer revolutionären Verfassungsneubildung rechtlich zu erfassen, um die einzelnen Schritte auf dem Weg zur Verfassung zu bezeichnen und diesen Prozeß einzugrenzen. Das Ziel dieser Theorien besteht darin, den Prozeß der Verfassungsentstehung bei Staatenneubildungen oder innerhalb eines bestehenden Staates Rationalität, Stabilität und letztlich Legitimität zu verleihen.

---

19 Vgl. dazu P. BADURA: Verfassung, Sp. 2707 ff.; G. JELLINEK, Staatslehre, S. 505, H. HOFMAN, Recht - Politik - Verfassung, S. 261 ff.

20 Vgl. zu dieser Unterscheidung: R. HERZOG, Allgemeine Staatslehre, S. 309 ff.

21 W. KAGI, Die Verfassung als rechtliche Grundordnung des Staates, S. 41 ff.; W. KAGI Die Verfassung als rechtliche Grundordnung des Gemeinwesens, S. 59 f.

Diese Theorien über die Entstehung der Verfassung ermöglichen es, Tatbestände zu definieren und Kriterien zu finden, anhand derer darüber entschieden werden kann, ob und unter welchen Voraussetzungen eine bereits existierende Verfassung abgelöst und durch eine neue Verfassung ersetzt werden darf oder ob der Vorgang der Ablösung als illegal oder illegitim einzuordnen ist. Die Tatsache, daß es nicht nur einen richtigen Weg der Verfassungsgebung geben kann, sondern immer in Anlehnung an die besonderen gesellschaftlichen Voraussetzungen für jeden Einzelfall die Entstehung der Verfassung und ihre Legitimität überprüft werden muß, muß bei jeder Untersuchung Berücksichtigung finden.

I. Lehre von der verfassunggebende Gewalt des Volkes nach Sieyès

Im Jahr 1789 entwickelte Abbé Emmanuel-Joseph Sieyès (1748 - 1836) die Lehre von der verfassunggebenden Gewalt des Volkes[22] und legte damit den Grundstein für die Begrifflichkeiten und „den Beurteilungsmaßstab für die Verfassungsentstehung nach den Grundsätzen der Volkssouveränität“[23]. Ihm gelang es mit der Figur der verfassunggebenden Gewalt des Volkes die demokratische Freiheitsidee, die nationale Souveränität und das Repräsentationsprinzip zu verbinden[24]. Während der Französischen Revolution[25] (1789-1799) im Machtkampf zwischen Königtum und Volk wollte Sieyès dem Volk allein die Gewalt zusprechen, sich selbst zu verfassen und über seinen politischen Status zu entscheiden. Aus diesem Grunde nahm er an, daß das Volk „im Naturzustand“ frei sei und allezeit in der Lage, sich eine Verfassung zu geben. Er ging davon aus, „die Verfassung eines Volkes beinhalte nur die Verfassung seiner Regierung und der Gewalt, die beauftragt ist, dem Volk und der Regierung Gesetze zu geben“[26]. Die Verfassung hatte seiner Ansicht nach die Aufgabe, die durch sie errichteten Staatsorgane mit der Ausübung der Staatsgewalt einerseits zu beauftragen und sie andererseits zu binden, d. h. ihnen zum einen Kompetenzen zur Aufgabenerfüllung zuzuweisen und zum anderen auch ihr Handeln an festgelegte Grundsätze zu

---

22 E.-J. SIEYES, Qu'est-ce que le tièrs état, 1789, S. 167 ff.; vgl. dazu ebenfalls E. ZWEIG, Die Lehre vom Pouvoir Constituant, S. 115 ff., 404 ff.; H. HOFMANN, Repräsentation, S. 406 ff., H. HOFMANN, Recht -Politik - Verfassung, S. S. 261 ff.

23 P. BADURA, Verfassung und Verfassungsgesetz, S. 19 ff.

24 H. DREIER, Grenzen demokratischer Freiheit im Verfassungsrecht, in: JZ 1994 S. 744 f.

25 Vgl. zum Hintergrund der Französischen Revolution und ihrem Umfeld K. LOEWENSTEIN, Volk und Parlament nach der Staatstheorie der französische Nationalversammlung von 1789, E. SCHMITT Repräsentation und Revolution,

26 E.-J. SIEYÈS, Qu'est-ce que le tièrs état, 1789, S. 250

binden. Mit dieser Lehre wendete er sich gegen die ursprünglich dem König zuerkannte Macht, dem Volk eine Verfassung zu geben.

Er unterschied erstmals zwischen dem Begriffe der verfassunggebenden Gewalt, die in einem Urakt der Rechtsschöpfung gewissermaßen „gottähnlich“[27] die Grundnorm erließ und den anderen Staatsgewalten und Staatsorganen, die aufgrund dieser Urgewalt errichtet, legitimiert und gleichzeitig in ihrer Tätigkeit begrenzt werden, also zwischen „pouvoir constituant originaire“ und „pouvoir constitué“. Als „pouvoir constituant originaire“ bezeichnete er die Gewalt des Volkes, sich zu jedem beliebigen Zeitpunkt und ohne rechtliche Bindungen eine staatliche Ordnung geben zu können. Der „pouvoir constitué“ bezeichnet die verfaßte Staatsgewalt, die lediglich auf der Grundlage der Verfassung und in dem durch sie festgelegten Rahmen tätig werden konnte.[28]

Als das Subjekt der verfassunggebenden Gewalt des Volkes sah er im Gegensatz zu früheren Bestrebungen nicht Gott oder den König an, sondern das Volk im Sinne von Nation. Unter Nation verstand SIEYÈS ein homogenes Volk, das einen gemeinsamen Willen besitzt, der darauf gerichtet ist, einen einheitlichen Staat zu bilden, der durch die auszuarbeitende Verfassung seine ihn prägende Struktur erhält.[29] Die Ausübung der verfassunggebenden Gewalt war seiner Ansicht nach nicht an ein bestimmtes Verfahren gebunden, da die Nation zu jedem Zeitpunkt frei sei, über ihren Status zu entscheiden, und für diese Entscheidung eine große Auswahl an Handlungsmöglichkeiten besäße; denn „einerlei auf welche Weise die Nation will, es genügt, daß sie will; alle Formen sind gut, und ihr Wille ist immer das höchste Gesetz“[30].

Nach der Ansicht SIEYÈS konnte die Nation auch durch Stellvertreter handeln, denen das außerordentliche Mandat zur Verfassungsgebung übertragen wurde. Er verband damit die Lehre von der verfassunggebenden Gewalt mit dem Prinzip der Repräsentation.[31] Er wählte für die Arbeit der französischen Nationalver-

---

27 U .K PREUß, Revolution, Fortschritt und Verfassung, S. 26

28 E.-J. SIEYES, Qu'est-ce que le tièrs état, 1789, S. 172; Er stellte fest, daß „ eine an Verfassungsregeln gebundene Körperschaft ... nur nach ihrer Verfassung entscheiden “ kann.

29 E.-J. SIEYES, Qu'est-ce que le tièrs état, 1789, S. 252

30 E.-J. SIEYES, Qu'est-ce que le tièrs état, 1789, S. 169

31 E.-J. SIEYES, Qu'est-ce que le tièrs état, 1789, S. 266 f.; dazu H. Hofmann, Zur Idee des Staatsgrundgesetzes, S. 289,: „ Auch die verfassunggebende Gewalt der Nation kann nach SIEYÈS nur repräsentativ ausgeübt werden. Zur Diskussion steht hier nicht etwa der Gegensatz von mittelbarer und unmittelbarer demokratischer Willensbildung, sondern allein der Unterschied zwischen der normalen verfassungsgesetzlichen Kompetenz der normalen gesetzgebenden Versammlung einerseits und der besonderen Vollmacht außerordentlicher Stellvertreter zum außerordentlichen Akt der Verfassungsgesetzgebung andererseits. “; Außerdem vgl. S. 292:“ Auch die

sammlung das Verfahren der repräsentativen Verfassungsgebung und sah in diesem Verfahren hauptsächlich den Vorteil des arbeitsteiligen Handelns, der Steigerung der Leistungsfähigkeit.

Es muß aber bei der durch SIEYÈS begründeten Lehre beachtet werden, daß er sich an dem Typus einer revolutionären, gesellschaftsumwälzenden Verfassungsgebung orientiert. Deshalb stellt die verfassunggebende Gewalt des Volkes auch seiner Ansicht nach den legitimierenden Geltungsgrund für die Verfassung dar, im Gegensatz zum „pouvoir constitué", der in einen aus vorgegebenen Normen des positiven Rechts ableitbaren Legalitätszusammenhang eingefügt ist.[32]

Die verfassunggebende Gewalt des Volkes verlor ihre Macht nicht mit der einmaligen Inanspruchnahme, d. h. nach dem Erlaß der Verfassung. Sie bleibt ständig vorhanden. Nach SIEYÈS hat das Volk stets das Recht, eine Verfassung zu verbessern und zu ändern. Er begründete diese Auffassung damit, daß keine Generation sich die nächsten Generationen durch ihre Gesetzen unterwerfen kann.[33]

Diese Lehre darf aber nicht losgelöst von der Situation der Französischen Revolution betrachtet werden; sie muß vielmehr situationsgebunden beurteilen werden.[34] SIEYÈS verfolgte in erster Linie den Zweck, das Mandat der Nationalversammlung, über eine neue Staatsverfassung entscheiden zu können, zu begründen und dem König und den anderen Ständen die Souveränität innerhalb des Staates abzusprechen. Er verfolgte konkrete politische Ziele zur Begründung der Macht der Nationalversammlung. Trotzdem hat SIEYÈS mit seiner Lehre von der verfassunggebenden Gewalt des Volkes ein „Deutungsschema und den Beurteilungsmaßstab für eine Verfassungsentstehung nach den Grundsätzen der Volkssouveränität" [35] entwickelt.

Verfassungsgebung ist für SIEYÈS demnach immer schriftliches Produkt des spezifischen parlamentarischen Verfahrens einer repräsentativen Versammlung." - Als Grundformen für die repräsentative Ausübung der verfassunggebenden Gewalt läßt sind die Einberufung einer Nationalversammlung mit eventuellem anschließenden Referendum nennen.

E. ZWEIG; Die Lehre vom Pouvoir Constituant, S. 123 f.; H. HOFMANN, Repräsentation, Mehrheitsprinzip und Minderheitenschutz, S. 167; H. HOFMANN, Repräsentation, S. 407 f.; vgl. C. SCHMITT, Verfassungslehre, S. 84 ff.; K. v. BEYME, Die verfassunggebende Gewalt des Volkes, S. 32 ff.; E.-W. BOCKENFORDE, Die verfassunggebende Gewalt des Volkes, Ein Grenzbegriff des Verfassungsrechts, S. 19 ff.; H.-P SCHNEIDER, Die verfassunggebende Gewalt, in: HStR VII, § 158 Rdnr. 27, 28;

32 J. ISENSEE, Das Volk als Grund der Verfassung, S. 28

33 E.-J. SIEYES, Qu'est-ce que le tièrs état, 1789, S. 250

34 E. ZWEIG, Die Lehre vom Pouvoir Constituant, S.3 ff:

35 P. BADURA, Verfassung und Verfassungsgesetz, S. 36

II. Demokratische Lehre von der verfassunggebenden Gewalt des Volkes

Mit der Frage nach der verfassunggebenden Gewalt des Volkes ist grundsätzlich immer die Frage nach dem Ursprung und dem Geltungsgrund der rechtlichen Verfassung verbunden. Innerhalb einer bestehenden Rechtsordnung eines Verfassungsstaates läßt sich jede Rechtsnorm auf eine andere Norm stützen, etwa die Verordnung auf ein Gesetz, das Gesetz auf die Verfassung. Die Legitimationsgrundlage entfällt jedoch für die höchste Norm, die Verfassung. Die Frage nach der Legitimation der Verfassung stellt sich aber ebenso. Sie ist einerseits eine verfassungsrechtliche Frage, denn sie ergibt sich häufig durch das Berufen auf den Volkswillen aus der Verfassung selbst, andererseits geht sie aber auch über den Bereich des positiven Rechts hinaus, da sie auch den Grund des Rechts zu erforschen sucht. Jede Rechtsordnung muß sich notwendigerweise aus vorrechtlichen Gegebenheiten begründen und legitimieren lassen.

Das Modell des demokratischen Verfassungsstaates der heutigen Zeit basiert, wie oben gezeigt[36], auf dem Gedanken von der verfassunggebenden Gewalt des Volkes, wie dieser von SIEYÈS entworfen wurde.[37] Mit der Lehre wird noch heute versucht, die Frage nach der besonderen Geltungskraft und Wirkung der Verfassung zu beantworten. Denn die Ausarbeitung einer Verfassung steht immer am Ende eines bestimmten politischen Vorgangs, der von politischen Kräften getragen und geformt wird. Diese neuen politischen Kräfte sind in der Folgezeit der Revolution oder der politischen Umwälzungen stets bemüht, ihr neu errichtetes Regime zu legitimieren, und greifen in erster Linie auf die verfassunggebende Gewalt des Volkes zurück. Dieser Rekurs findet dann in vielen Fällen Ausdruck in den Präambeln der neu entwickelten Verfassungen.[38]

---

36 vgl. oben B II 1

37 R. HERZOG, Allgemeine Staatslehre, S. 314

38 Bereits die Virginia Bill of Rights von 1776 bezieht sich in dem Vorspruch auf das Recht der „ representatives of the good People of Virginia “. Auch die Bundesverfassung der Vereinigten Staaten versteht sich als Schöpfung des Volkes und beginnt mit den Worten „ We the people of the United States “. Dazu: P. HABERLE, Die verfassunggebende Gewalt des Volkes im Verfassungsstaat - Eine vergleichende Textstufenanalyse, in: AÖR 112 (1987), S. 54 ff. Die französische Verfassung von 1789 weist sich als Schöpfung der „ représentants du peuple francais “ aus. Dazu: J. ISENSEE, Das Volk als Grund der Verfassung, S. 23 ff. Aber ebenso berufen sich Verfassungen, die unter dem Einfluß einer Militärjunta zustande gekommen sind auf die verfassunggebende Gewalt des Volkes. Als Beispiel lassen sich hier die türkische Verfassung von 1982, die portugiesische Verfassung von 1976 und auch die chilenische Verfassung von 1980 anführen. Alle diese Verfassungen verstehen sich als in legitimer Weise von legitimen Repräsentanten der Nation erlassene Dokumente. Dazu: P. HABERLE, Die verfassunggebende Gewalt des Volkes im Verfassungsstaat - Eine vergleichende Textstufenanalyse, in: AÖR 112 (1987), S. 54 ff.

Die Lehre von der verfassunggebenden Gewalt des Volkes hat sich aber im Laufe der Geschichte nach ihrer Entstehung weiterentwickelt. Sie hat sich letztlich in Verbindung mit dem Prinzip der Demokratie durchgesetzt.[39] Diese Verbindung ist die logische Konsequenz des Prinzips der Volkssouveränität. Da nach dem Verständnis der Volkssouveränität alle Staatsgewalt vom Volk ausgeht, ist es nur logisch, gerade den Ursprung einer Verfassung, das Fundament eines Staates, auf den Volkswillen zurückzuführen. Dieses Verständnis von der verfassunggebenden Gewalt zeigt, daß „die verfassunggebende Gewalt letztlich durch das demokratische Prinzip geprägt und auf dieses Prinzip hin angelegt" ist .[40]

Die Form und vor allem das Verfahren, in welchem die Verfassungsgebung zu erfolgen hat, ist nicht auf eine bestimmte Art und Weise festgelegt. Vielmehr wirkt sich auch hier das Prinzip der Demokratie als Volksherrschaft aus. Ob das Volk die ihm zustehende Gewalt selbst durch eine Volksabstimmung oder mittelbar durch ein frei gewähltes Repräsentationsorgan sein Recht auf Verfassungsgebung ausübt, bleibt offen. Für beide Verfahren gibt es Vorbilder in der Geschichte.

Wenn auch weltweit große Unterschiede in dem Verfahren der „Verfassungsgebung" bestehen, die sich in erster Linie aus den nationalen Verfassungsgeschichten der betroffenen Staaten ergeben, so hat sich doch zumindest ein Grundtypus für die Praxis der Verfassungsgebung entwickelt.[41] Zumindest in Europa und Nordamerika haben sich verschiedene Inhaltsregelungen und Verfahrensregeln für die Ausübung der verfassunggebenden Gewalt des Volkes herausgebildet. Teilweise erarbeitet eine zu diesem Zweck gewählte und mit dieser Aufgabe betraute Versammlung eine Verfassung aus oder ein bereits ausgearbeiteter Verfassungstext wird dem Volk in einem Referendum zu Entscheidung vorgelegt.

III. Mögliche Vorgaben für den „pouvoir constituant"

Fraglich im Hinblick auf die Verfassungsgebung ist, inwieweit der Verfassungsgeber bei seiner Tätigkeit gebunden ist, obwohl er nach der Lehre von SIEYÈS im Naturzustand als frei beschrieben wurde. Es stellt sich die Frage, ob nicht die

---

39 U. STEINER, Verfassungsgebung und verfassunggebende Gewalt, S. 67 ff.; D. MURSWIEK, Die verfassunggebende Gewalt nach dem GG für die BRD

40 J. ISENSEE, Das Volk als Grund der Verfassung; S.2, ders. Staat und Verfassung, HbdStR, Bd. I, § 13 Rdnrn. 26 ff.; P. KIRCHHOF, Die Identität der Verfassung in ihren unabänderlichen Inhalten, HbdStR, Bd. I, § 19 Rdnrn. 18

41 P. HABERLE, Die verfassunggebende Gewalt des Volkes im Verfassungsstaat - Eine vergleichende Textstufenanalyse, in: AÖR 112 (1987), S. 54 ff.

Konstituante einer ethischen, eventuell sogar einer rechtlichen Bindung[42] bei der Ausarbeitung der Verfassung unterworfen ist.

Die Grenzen der verfassunggebenden Gewalt können sich in erster Linie aus dem Verfassungsbegriff selbst herleiten, aus den Vorgaben des Völkerrechts, ferner aus dem naturrechtlichen Gedankengut und eventuell früher geltendem Verfassungsrecht. Bereits die Entscheidung der verfassunggebenden Gewalt für einen Verfassungsstaat legt dem Verfassungsgeber Bindungen bei der Verfassungsgestaltung auf. Weiterhin ist zu klären, ob die alte verfassungsrechtliche Ordnung bei revolutionären Verfassungsbrüchen eine Grenzen für die verfassunggebende Gewalt beinhalten könnte.

1. Verfassungsbegriff und seine Bindungswirkungen für den Verfassungsgeber

Weil die Verfassung heute weithin als die rechtliche Grundordnung eines Staates verstanden wird, in der nur die obersten Rechtsnormen aufgenommen werden, auf die die gesamte übrige Rechtsordnung im folgenden aufbaut und die gegenüber Gesetzen und anderen Rechtsquellen einen besonderen Rang einnimmt, ergeben sich bereits durch die Verwendung des Begriffes eine Grenze für den Verfassungsgeber.[43]. Charakteristisch ist die staatsbegrenzende Funktion der Verfassung, in dem sie ein System der wechselseitigen Hemmung und Kontrolle aller Staatsgewalten gewährleistet, und dem einzelnen dem Staat gegenüber die Freiheit durch die Verbürgung von Grundrechten garantiert. Zum Begriff des Verfassungsstaates gehört weiterhin - und dies ist auch gleichzeitig das bedeutendste Merkmal - die Beständigkeit der Verfassung. Eine Grundordnung verdient nur dann den Namen Verfassung, wenn sie eine dauerhafte Ordnung aufstellt. Für eine demokratische Verfassung bedeutet das Kriterium der Beständigkeit gerade nicht, daß mit der Änderung der Mehrheitsverhältnisse auch die Verfassung grundlegend geändert werden kann, also die Mehrheit sich als Verfassungsgeber betätigen kann, wenn sie die Macht dazu besitzt. Beständigkeit der Verfassung bedeutet vielmehr, daß eine Ordnung besteht, die gegenüber wechselnden Mehrheiten an dauerhaften und unverletzlichen Regeln festhält. Es gilt deshalb, die Spannung der Möglichkeit einer permanenten Neuschöpfung der Verfassung und der Schaffung einer beständigen Rechtsordnung mit verfassungsrechtlichen Mitteln aufzulösen.

---

42 H. KELSEN, Das Problem der Souveränität und die Theorie des Völkerrechts, S. 94 ff.; G. RADBRUCH, Der Mensch im Recht, S. 107 ff.; die deutsche Staatslehre und auch das Bundesverfassungsgericht gehen davon aus, daß naturrechtliche Schranken im Verfassungsrecht anerkannt sind; BVerfGE 1, 14 (61); 1, 208 (243); 3, 223 (225); 10, 59 (81); 15, 126 (144); 29, 166 (176)

43 W. KAGI, Die Verfassung als rechtliche Grundordnung des Staates, S. 41 ff.; W. KAGI, Die Verfassung als rechtliche Grundordnung des Gemeinwesens, S. 59 f.

2. *Völkerrecht als Schranke für den Verfassungsgeber*

Aus völkerrechtlicher Sicht hat jeder Staat ein unentziehbares Recht, sein politisches, wirtschaftliches, soziales und kulturelles System ohne Einmischung von außen in irgendeiner Norm durch einen anderen Staat zu wählen. Grundsätzlich besitzt ein Staat bei der Ausarbeitung einer neuen Verfassung aus völkerrechtlicher Sicht die volle Souveränität. Mit der vollen Souveränität ist jedoch nicht die Bindungslosigkeit des sich eine neue Verfassung gebenden Volkes verbunden. Vielmehr müssen alle Normen des universellen Völkergewohnheitsrechts innerhalb dieses Prozesses Beachtung finden.[44] Insbesondere das Recht der Völker auf Selbstbestimmung und in erster Linie die korrekte Anwendung dieses Rechts entfaltet Bedeutung, wenn sich ein souveränes Staatsvolk eine neue Verfassung gibt.[45]

Wenn sich ein Staat eine neue Verfassung gibt, dann bedeutet das aus völkerrechtlicher Sicht, daß dieser Staat sein originäres Recht auf innerer Selbstbestimmung,[46] d. h. auf Regelung der inneren Angelegenheiten, und auf äußere Selbstbestimmung, d. h. auf Errichtung, die Bewahrung oder die Auflösung des Staates,[47] in Anspruch nimmt.[48] Bei der Ausübung dieses Rechts ist der Staat souverän und braucht keine Einmischungen durch Maßnahmen anderer Staaten oder durch die Völkerrechtsgemeinschaft zu dulden.

Der Rechtsträger des inneren Selbstbestimmungsrechts ist allein das Staatsvolk. Sein Recht richtet sich gegen den eigenen Staat, für des es sich aufgrund seines äußeren Selbstbestimmungsrechts entschieden hat.[49] Das Prinzip der Selbstbestimmung garantiert allen Völkern die Möglichkeit, über ihre innerstaatliche Verfassungsordnung selbst und unbeeinflußt zu entscheiden. Es stellt sich aber die Frage, ob die Verfassungsgebung eines jeden Staates trotz des inneren Selbstbestimmungsrechts besonderen Bindungen aus dem Völkerrecht unterworfen ist und zwar in der Form, daß das Volk ein Recht auf eine demokratische Herrschaftsordnung hat, bzw. es stellt sich die Frage, ob es eine Garantie des Prinzips der Volkssouveränität gibt.

---

44 Zur Bindung auch des völkerrechtlich neu konstituierten Staates an die zwingenden Normen des universellen Gewohnheitsrechts vgl. F. BERBER, Lehrbuch des Völkerrechts, Bd. 1, S. 53 ff.

45 Dazu O. KIMMINICH, Rechtscharakter und Inhalt des Selbstbestimmungsrechts, S. 37 ff.

46 K. IPSEN, Völkerrecht, § 57 Rdnr. 50 ff.

47 D. MURSWIEK, Offensives und defensives Selbstbestimmungsrecht, S. 523 ff.

48 B. KEMPEN, Grundgesetz oder neue deutsche Verfassung?“, in: NJW 1991, S. 964 ff. (965)

49 C. HILLGRUBER / B. KEMPEN, Das Selbstbestimmungsrecht des deutschen Volkes und der Teso-Beschluß des Bundesverfassungsgerichts, in: ROW 1989, S. 327

Der Rechtsgedanken der inneren Selbstbestimmung ist von den Vereinten Nationen in der „Friendly Relation Declaration“ aufgenommen worden und erneut in dem Internationalen Pakt über wirtschaftliche, soziale und kulturelle Rechte vom 19. Dezember 1966 kodifiziert. Dort heißt es in Artikel 1 Absatz 1 :

„Alle Völker haben das Recht auf Selbstbestimmung. Kraft dieses Rechts entscheiden sie frei über ihren politischen Status und gestalten in Freiheit ihre wirtschaftliche, soziale und kulturelle Entwicklung.“

Auch der Internationale Gerichtshof der Vereinten Nationen (IGH) hat sich mit dem Inhalt des Selbstbestimmungsrechts befaßt.[50] Danach gehört zu den inneren Angelegenheiten eines Staates,

„(...) the choice of a political, economic, social and cultural system, and the formulation of a foreign policy“

Die Entwicklung des Inhalts des Selbstbestimmungsrechts auf internationaler Ebene macht deutlich, daß der Freiraum der inneren Selbstbestimmung eines Staates immer weiter eingeschränkt wurde. Dadurch, daß die Menschenrechte und die Demokratie immer häufiger in internationalen Verträgen thematisiert wurden, ist der Staat gerade bei der Ausarbeitung seiner Verfassung zunehmend an bereits bestehende völkerrechtliche Vorgaben gebunden. Gerade wenn es um die Bestimmung des politischen Systems eines Staates geht, wird deutlich, daß das internationale Recht auf den demokratischen Verfassungsstaat als Leitbild einer möglichen Verfassungsordnung zurückgreift.[51] Das neuere Völkerrecht trifft immer mehr Vorgaben für die Struktur und den Inhalt der Verfassung. Der Grund dafür liegt in der Tatsache, daß das Völkerrecht gerade nicht wie innerstaatliches Recht durch den Verfassungsgeber beseitigt und in seiner völkerrechtlichen Geltungskraft einseitig ersetzt werden kann. Rechtlich verbindliche Vorgaben sind diese völkerrechtlichen Regelungen für den einzelnen Verfassungsgeber jedoch nicht.

---

50 IGH, Rep. 1986, 108

51 Beispielsweise gibt das Schlußpapier der KSZE vom 29.06.1990 in Kopenhagen die Möglichkeit, daß die Teilnehmerstaaten zum Schutz einer frei gewählten Regierung vor dem Umsturz in anderen Staaten eine Eingriffsmöglichkeit erhalten. Weiterhin wird teilweise eine militärische Intervention um der Demokratie willen für zulässig erachtet. vgl. dazu J. ISENSEE, Das Volk als Grund der Verfassung, S. 15;

3. Naturrechtliche Vorgaben für den Verfassungsgeber

Teilweise wird das Naturrecht als Schranke für den Verfassungsgeber angeführt, welches die Staatsverfassungen in wichtigen Punkten präjudiziert und determiniert.[52] Allgemein anerkannte materielle Gemeinwohl- und Gerechtigkeitskriterien, d.h. allen Rechten innewohnenden ethischen Grundvoraussetzungen, werden aus dem Naturrecht als Maßstäbe für die auszuarbeitenden Verfassungen herangezogen. Die verfassunggebende Gewalt findet ihre Grenzen an elementaren, der Verfassung vorgelagerten Rechtsgrundsätzen.[53] Politische Entscheidungen, die diese anerkannten Rechtsgrundsätze verletzen, werden nicht mehr als Rechtsnormen qualifiziert. Alle existierenden Staaten sind an die überpositiven Menschenrechte gebunden, so daß auch der Verfassungsgeber an die Einhaltung dieser Rechte gebunden ist. Probleme bereitet das Naturrecht aber immer dann, wenn verschiedene Naturrechtskonzeptionen aufeinandertreffen und sich die Frage nach der Vorrangigkeit einer Konzeption stellt. Von einem einheitlich und den Verfassungsgeber bindenden Naturrecht weltweit kann nicht ausgegangen werden.

4. Bindungen an früheres Verfassungsrecht

Der „pouvoir constituant" ist nicht an früheres Verfassungsrecht gebunden, da er in der Regel gerade die alte Verfassungsordnung durch eine neue ersetzen will. Sein erklärtes Ziel wird es in der Regel sein, diese alten Normen und Schranken aufzuheben. Teilweise wird jedoch angenommen, der Verfassungsgeber sei an diese Normen und Schranken während der Verfassungsbeseitigung gebunden.[54] Mit dem Mittel der „Selbstbindung" der verfassunggebenden Gewalt soll sich diese selbst an Verfassungsnormen auch der alten Ordnung binden können mit

---

52 Das Naturrecht als Vorgabe für die Verfassungsgebung werten; Th. MAUNZ in: Th. MAUNZ / G. DURIG, Grundgesetz, Präambel Rdnr. 12; E.-G. MAHRENHOLZ, Die Verfassung und das Volk, 1992, S. 14 f.; H.-P. SCHNEIDER, Die Verfassunggebende Gewalt, in: HbdStR, § 158 Rdnrn. 32 f.; Ebenso erkennt das Bundesverfassungsgericht naturrechtliche Schranken für den Verfassungsgeber an, z.B. BVerfGE 1, 14 (61); 1, 208 (243); 3, 223 (225); 10, 59 (81); 15 126 (144); Abgelehnt wird die Bindung des Verfassungsgebers an Naturrecht, von W. BRUGGER, Menschenrechte im modernen Staat, in: AöR 114 (1989), S. 542 f

53 M. HENKEL, Legitimation des Grundgesetzes, § 197 Rdnr. 82; P. KIRCHHOF; § 19 Rdnr. 27; T. WURTEMBERGER; Art. 146 n. f.: Kontinuität oder Diskontinuität im Verfassungsrecht?, S. 102; E.-W. BOCKENFORDE; Die verfassunggebende Gewalt des Volkes - Ein Grenzbegriff des Verfassungsrechts, S. 108 ff.

54 H.-P. SCHNEIDER, Die verfassunggebende Gewalt, § 158 Rdnr. 1f., 12, 17, 24; P. HABERLE, Die verfassunggebende Gewalt des Volkes, S. 164

dem Ziel, eine Revolution abzufedern und weniger einschneidend zu gestalten. Erfolgt diese Selbstbindung mit dem notwendigen Selbstbindungswillen, verliert der „pouvoir constituant“ seine prä- und extrakonstitutionelle Natur. Dieser Versuch einer Einbindung der verfassunggebenden Gewalt in das alte Verfassungsrecht muß jedoch in der Realität scheitern, da das Volk und seine Vertreter gerade die früheren Verfassungsnormen aufgeben wollen. Erklärt der neue Verfassungsgeber trotzdem die alte Verfassung als Übergangsregelung für wirksam, um einen rechtlosen Zustand zu vermeiden, dann gründet sich die Wirksamkeit der Verfassung auf seinen Willen und nicht auf den Willen des alten Verfassungsgebers. Eine Bindung an früheres Verfassungsrecht besteht für den „pouvoir constituant“ grundsätzlich nicht.

C. Abgrenzung zum „pouvoir constituant“

Der „pouvoir constituant originaire“, als die Gewalt mit dem Recht zur originären Verfassungsgebung, unterscheidet sich von anderen Gewalten, die in der Realität auch zur Verfassungsneuschöpfung führen.[55] Die verfassungsändernde Gewalt kann, wie die Revisionsgewalt auch, Verfassungen ändern. Gemeinsam ist diesen beiden Gewalten, daß die Verfassungskontinuität bei ihrem Handeln gewahrt bleibt, wohingegen der „ pouvoir constituant originaire “ diese Kontinuität unterbricht.

I. Verfassungsgebung und Verfassungsänderung

Von dem „pouvoir constituant originaire“ muß der durch diese Gewalt eingesetzte einfache Gesetzgeber, der „pouvoir constitué“ unterschieden werden. Er ist für den Erlaß einfacher Gesetze zuständig. Beim Erlaß einfacher Gesetze ist dieser an das in der Verfassung festgelegte Verfahren und an die dort niedergelegten Grundsätze gebunden. Diese Bindung läßt sich daraus ableiten, daß der „pouvoir constitué“ gerade erst durch diese Verfassungsordnung konzipiert wird und nur im Rahmen dieser Ordnung agieren kann.[56] Die verfassungsändernde Gewalt ist ebenfalls „pouvoir constitué“. Auf den Bestand und den Inhalt der Verfassung kann diese Gewalt keinen Einfluß nehmen. Durch den Vorrang der Verfassung vor allen anderen Rechtsnormen und der meist auch institutionellen Absicherung durch die Errichtung eines Verfassungsgerichtes wird diese verfassungsändernde

55 U. STEINER, Verfassungsgebung und verfassunggebende Gewalt des Volkes, S. 22
56 C. SCHMITT, Verfassungslehre, S. 79

oder gesetzgebende Gewalt kontrolliert. Da der „pouvoir constitué" das Produkt der Verfassung ist, reicht seine Kompetenz auch nur soweit diese es verfahrensmäßig und inhaltlich zuläßt. [57]

II. Das Zwischenglied des „pouvoir constituant constitué"

Neben dem „pouvoir constituant originaire" und dem „pouvoir constitué" spricht man im Staatsrecht weiterhin auch von einem „pouvoir constituant constitué".[58] Im Gegensatz zum „pouvoir constituant originaire" bezeichnet der „pouvoir constituant constitué" die Instanz, die das verfassungsrechtliche System an sich, falls die Notwendigkeit dazu besteht, abändern kann. Diese besondere verfassungsändernde Gewalt ist anders als die verfassunggebende Gewalt in den meisten der westlichen freiheitlichen Demokratien an ein im Verfassungstext festgelegtes Verfahren gebunden. Daß diese Bindungen notwendig sind, zeigen die negativen Beispiele in der Staatengeschichte, bei denen aufgrund der Verfassung legal Änderungen vorgenommen wurden, um mit Hilfe dieser Änderungen ein völlig neues Verfassungssystem zu errichten[59]. Dieses Verfahren stellt in der Regel sach- und verfahrensbezogene Vorgaben auf. Die Änderungen dürfen nur innerhalb der geltenden Verfassung erfolgen, damit man von einer Verfassungsänderung sprechen kann. Diese verfassungsändernde Gewalt ist somit eine erschwerte Form der Gesetzgebung und bringt damit den besonderen Rang der Verfassung im Gegensatz zu den einfachen Gesetzen zum Ausdruck.[60] Die Funktion dieser Vorrangigkeit besteht in der Stabilisierung und die Dauerhaftigkeit der Verfassungsordnung. Häufig wird diese Funktion auf das Organ des „pouvoir constitué" übertragen, so daß dieser eine doppelte Funktion erfüllt und nur aufgrund des angewendeten Verfahrens unterschieden werden kann, in welcher Funktion es tätig wird.

---

57 B. KEMPEN, Grundgesetz oder neue deutsche Verfassung, in: NJW 1991, S. 966

58 K. HESSE, Grundzüge des Verfassungsrechts, Rdnr. 39, D. BLUMENWITZ, Braucht Deutschland ein neues Grundgesetz, in: ZfP 1992, S. 8

59 Das bekannteste Beispiel ist das sog. Ermächtigungsgesetz vom 24. März 1933, durch welches das parlamentarisch-demokratische Verfassungssystem der Weimarer Reichsverfassung in den späteren nationalsozialistischen Führerstaat übergeleitet würde.

60 Diese erschwerte Abänderbarkeit ist die besondere Ausgestaltung der gesteigerten Geltungskraft einer Verfassung, das Charakteristikum moderner Staatsverfassungen. vgl. dazu: H. DREIER, Grenzen demokratischer Freiheit im Verfassungsstaat, in: JZ 1994 S. 742; G. JELLINEK, Allgemeine Staatslehre, S. 531 ff. ; B.-O. BRYDE, Verfassungsentwicklung, S. 51 ff.; P. BADURA, Evangelisches Staatslexikon, Verfassung, Sp. 3737 ff.

III. Verfassungsgebung im Gegensatz zu Verfassungswandel und Verfassungsrevision

Im Unterschied zu einer Verfassungsänderung, die im formalen Verfahren abläuft, spricht man vom Verfassungswandel, wenn eine von sozialen und politischen Veränderungen abhängige Praxis eine inhaltliche Änderung einzelner Verfassungsbestimmungen herbeiführt,[61] ohne daß es notwendigerweise zu einer formalen Änderung des Verfassungstextes kommt. Der Geltungsgrund dieser Verfassungsbestimmung mit der geänderten Bedeutung liegt nicht in der normativen Kraft des Faktischen, sondern in dem Verständnis und der Funktion der Verfassung selbst. Die Verfassung legt Grundsätze, Richtlinien und Rahmenbedingungen für das staatliche Handeln fest, die sich aber gerade im Wandel der äußeren Verhältnisse durchsetzen soll. Um diese Beständigkeit der Verfassung zu erreichen, muß die Verfassung diesem Wandel auch Rechnung tragen. Die verfassungsrechtlichen Grundprinzipien, die das Fundament der aktuellen politischen Ordnung bilden, müssen aber von dem Verfassungswandel unangetastet bleiben.[62] Anderenfalls vollzieht sich ein Prozeß, den man als schleichende Revolution einordnen könnte, die langfristig umstürzlerisch ist.

Im Gegensatz zur originären Verfassungsgebung, bei der zwischen der bestehenden Ordnung und der neu auszuarbeitenden Ordnung keine rechtliche Verbindung bestehen bleibt, will gerade eine Überleitungsnorm[63] im Rahmen einer Verfassungsrevision den extrakonstitutionellen Charakter der Verfassungsneuschöpfung vermeiden. Die Verfassungsrevision gibt den Staatsorganen aufgrund der verfassungsrechtlichen Ermächtigung die Möglichkeit, die bestehende Verfassung abzuändern.[64] Sie müssen sich innerhalb dieses Verfahrens dann an den

---

61 P. BADURA, Evangelisches Staatslexikon, Verfassung, Sp. 2722, K. HESSE, Grundzüge des Verfassungsrechts, Rdnr. 39, 45

62 P. KIRCHHOF, Die Identität der Verfassung in ihren unabänderlichen Inhalten, in: HStR Bd. I, § 19 Rdnr. 46, auch BVerfGE 2, 1 (20f.)

63 Als Beispiel für eine Überleitungsnorm, die den Weg einer Totalrevision eröffnet, läßt sich Art. 120 der Schweizerischen Bundesverfassung anführen. Vgl. dazu P. HABERLE, Die verfassunggebende Gewalt des Volkes im Verfassungsstaat; in: AöR 112 (1987), S. 54 ff.

64 Zu der Abgrenzung Verfassungsgebung und Verfassungsrevision: C. SCHMITT, Verfassungslehre, S. 26, 92 f., 101 ff; U. STEINER, Verfassungsgebung und verfassunggebende Gewalt, S. 173 ff., D. MURSWIEK, Die verfassunggebende Gewalt nach dem GG für die BRD, S. 163 ff. K. STERN, Das Staatsrecht der BRD, Bd. I, S. 152 ff.; P. KIRCHHOF, Die Identität der Verfassung in ihren unabänderlichen Inhalten, in: HStR Bd. I, § 19 Rdnr. 2, 10 ff., 31 ff.; P. BADURA, Verfassungsänderung, Verfassungswandel, Verfassungsgewohnheitsrecht, in: HStR Bd. VII, § 160 Rdnr. 16 f.; D. BLUMENWITZ, Braucht Deutschland ein neues Grundgesetz ?, in: ZfP 1992, S. 8; J ISENSEE, Das Volk als Grund der Verfassung, S. 13

aufgenommenen verfahrensrechtlichen Vorgaben orientieren und sich in den vorgegebenen Bahnen bewegen. Die Legalität der alten geltenden Verfassung wird nicht durchbrochen, sondern den veränderten gesellschaftlichen Verhältnissen angepaßt. Zu diesem Zweck sehen die meisten Verfassungen die Möglichkeit der Abänderung vor, legen das Verfahren fest, das bei der Änderung zu befolgen ist, und stellen häufig materielle Bedingungen auf, die den Prozeß inhaltlich begrenzen. Die Verfassungsrevision hat regelmäßig die Änderungen des Wortlauts oder des Inhalts des Verfassungsgesetzes zur Folge, sie berührt aber nicht den Geltungsgrund der Verfassung an sich oder hebt die normative Identität und Kontinuität des Verfassungsgesetzes auf. Die Verfassungsgebung aber hebt gerade diese Identität und Kontinuität auf und beruft sich auch nicht auf eine vorgegebene Legalität. Deshalb muß zwischen dem Akt der ursprünglichen Rechtserzeugung und dem Akt abgeleiteter Rechtserzeugung unterschieden werden.

D. Aktualisierung der verfassunggebenden Gewalt in einer Revolution

Die Aktualisierung der verfassunggebenden Gewalt erfolgt in der Regel durch Revolutionen, zur Beseitigung eines verfassungslosen Zustandes, bei der Entstehung neuer Staaten oder zur Ersetzung alter Verfassungen durch neue Verfassungsordnungen.[65] Zu Beginn des Ausarbeitungsprozesses ergibt sich in der Regel neben der Frage nach dem Verfahren der Ausarbeitung der neuen Verfassungsordnung die Frage, wer die Regierungsgewalt vorläufig ausübt und welche Grundsätze er zu beachten hat. Zu diesem Zweck werden für diesen Zeitraum des Übergangs durch die Inhaber der faktischen Macht regelmäßig Vorschriften erlassen, die diese Problemkreise betreffen. Diese Übergangsvorschriften haben häufig einen vorverfassungsrechtlichen Charakter, dürfen aber nicht mit der demokratisch legitimierten, endgültigen Verfassung verwechselt werden. Ihr Zweck besteht vielmehr darin, auch den Übergangsprozeß zu ordnen und rechtlich abzusichern.

In den letzten Jahren hat sich nach dem Zusammenbruch des kommunistischen Regimes in den Staaten Mittel- und Osteuropas[66] eine äußerlich neue Form

---

65 H.-P. Schneider, Die verfassunggebende Gewalt, Rdnr. 25;

66 Vgl. beispielsweise zur Bewertung der verfassungsrechtlichen Entwicklung in der ehemaligen DDR: H. H. Klein, Verfassungskontinuität im revolutionären Umbruch, D. Blumenwitz, Braucht Deutschland eine neues Grundgesetz?, in: ZfP 1992, S. 1 ff, zur Bewertung der verfassungsrechtlicher Entwicklung in Osteuropa, insbesondere Polen, Ungarn, die ehemalige CSFR, die Nachfolgestaaten Jugoslawiens sowie Bulgarien: P. Haberle, Verfassungsentwicklung in Osteuropa - aus der Sicht der Rechtsphilosophie und der Verfassungslehre, in: AöR 117 (1992), S. 169ff.

des Übergangs in ein demokratisches System ergeben, die sich nicht ohne weiteres in die Kategorien der klassischen Revolution oder des verfassungsrechtlichen Übergangs einordnen läßt. Grund für die Schwierigkeiten der Einordnung ist einerseits der meist friedliche Verlauf der Umgestaltung und andererseits der am Ende des Prozesses stehende grundlegende gesellschaftliche Wandel, der auch die rechtlichen Grundwerte des Gemeinwesens verändert hat. In der Regel erfolgte der Wandel darüber hinaus auf der Grundlage der jeweiligen alten kommunistischen Verfassung, die in einem ersten Schritt nur in Teilen abgeändert wurde, ohne jedoch eine verfassunggebende Versammlung einzuberufen, die eine neue Verfassung auszuarbeiten und zu verabschieden hatte.

Es stellt sich insbesondere das Problem, inwieweit die klassischen Kriterien der Revolution oder der Kontinuität innerhalb der Verfassungsentwicklung überhaupt auf die Situation in Südafrika in den letzten Jahren angewendet werden können. Es bestand dort die besondere Situation, daß die alte Apartheidsregierung unter der alten Verfassung mit der Befreiungsorganisation Gespräche über mögliche Verfassungsänderungen begonnen hatte. Im Laufe der Verhandlungen zeichnete sich aber eine Ablösung der Verfassung von 1983 ab. Eventuell läßt sich diese Entwicklung eher mit den Umwälzungen in Mittel- und Osteuropa in den 80er Jahren vergleichen, die einen „dritten Weg", den Weg des Übergangs bzw. der Verhandlung am Runden Tisch, wählten, um das politische und verfassungsrechtliche System zu ändern und den aktuellen Gegebenheiten anzupassen.[67]

Revolutionäre Umbrüche lassen sich auf rechtlichen, geistigen, sozialen oder auch wirtschaftlichen Ebenen feststellen. Den Gegenstand vieler Diskussionen in verschiedenen Wissenschaftsbereichen bildet der Begriff der Revolution und die nähere Typisierung des Begriffes. Gemeinsam ist den Revolutionsbegriffen in allen Bereichen, daß er im Gegensatz zu Begriffen gebraucht wird, die das Phänomen der Kontinuität charakterisieren. Die Revolution beschreibt Vorgänge, die eine plötzliche Veränderung der Verhältnisse mit sich bringen, an dessen Ende etwas regelmäßig Neues entsteht.[68]

Die Theorien der Revolution beschreiben alle eine Form des Wandels innerhalb politischer Systeme. Obwohl es Unruhen, Aufstände, Umwälzungen und Revolutionen in der Geschichte gegeben hat, ist der Begriff der Revolution in seiner heutigen politischen und rechtlichen Anwendung ein Begriff der Neuzeit.

---

67 Zur Eigenart der Revolutionsgeschehens in Deutschland 1989/90 vgl.: D. BLUMENWITZ, Braucht Deutschland eine neues Grundgesetz?, in: ZfP 1992, S. 1 ff.; U. THAYSEN, Der Runde Tisch. Oder: Wo blieb das Volk?; W. HENKE, Das Ende der Revolution und die verfassunggebende Gewalt des Volkes, in: Der Staat 31 (1992), S. 265 ff.;

68 P. SCHNEIDER, Revolution, S. 2202 f.

Die Französische Revolution erfolgte als erste Revolution zu dem Zweck, das alte Regime zu stürzen und neue Rechte für alle Zeit festzulegen, also eine neue Gesamtordnung zu entwerfen.[69] Infolge dieser Revolution setzten sich immer häufiger Staatsrechtler mit der Natur der Revolution auseinander. Es erschien ihnen notwendig, nachdem sich die Veränderlichkeit aller politisch-sozialen Verhältnisse und die Brüchigkeit bestehender menschlicher Ordnungen gezeigt hatte, diese Vorgänge politisch und rechtlich einzuordnen, um danach beurteilen zu können, ob die alte Verfassung weiter gilt oder ob eine neue an ihre Stelle tritt. Letztlich ging es um die Beantwortung der Frage, welches Recht zu welchem Zeitpunkt anzuwenden war.

I. Juristischen Revolutionstheorien

Die rein juristische Revolutionstheorie stellt die legale Kontinuität eines Staates, bzw. die Illegitimität des Machtwechsels in den Vordergrund und geht auf die Lehre von H. KELSEN zurück.[70] Seiner Ansicht nach ereignet sich eine Revolution dann, wenn eine gesetzliche Ordnung eines Staates für nichtig erklärt und durch eine neue Ordnung ersetzt wird, ohne daß die vorgeschriebenen Verfahren der alten Ordnung eingehalten worden sind. Die neue Ordnung wird somit durch einen illegitimen Akt in Vollzug gesetzt. Damit stellt er allein auf das Verfahren ab, das in legitimer Weise zu einer Änderung des Regimes führen kann. Falls die geltende Verfassung nämlich nach dem eigens für diesen Fall vorgesehenen Verfahren abgeändert wird, bleibt die gesetzliche Ordnung des Staates gleich, und die Kontinuität ist gewahrt. Für ihn spielt es keine Rolle, wie grundlegend diese Änderungen für den Staat, seine Rechtsordnung und seine Werteordnung sein mag. Daher sind alle Revolutionen, gemessen am bis dahin geltenden Recht, begriffsnotwendig illegal.[71] Das folgt zwingend daraus, daß es das Ziel jeder Revolution ist, die grundlegenden Prinzipen der bestehenden Verfassungsordnung zu ändern,[72] das bisherige „Grundprinzip der Regierungsform“[73] durch ein neues zu ersetzen, sei es auch nur vorübergehend, etwa in der Absicht, nach einer Zeit des Übergangs die in eine Krise geratene alte politische Ordnung wiederherzu-

---

69 P. SCHNEIDER, Revolution, S. 2205 f., J. ISENSEE, Das Volk als Grund der Verfassung, S. 12

70 H. KELSEN, Reine Rechtslehre, S. W. FIEDLER, Die deutsche Revolution von 1989, HbdStR, Bd VII, § 184, Rdnr. 13, DERS. Zur rechtlichen Bewältigung von Revolutionen und Umbrüchen in der staatlichen Entwicklung Deutschlands, S. 436 ff.

71 P. BADURA, Verfassung, in: EvStL Sp. 3737 (3747)

72 R. ZIPPELIUS, Allgemeine Staatslehre, § 19 I 1 (S. 137)

73 K. DOERING, Allgemeine Staatslehre, Rdnr. 239

stellen.[74] Von einer Revolution im juristischen Sinne ist dann zu sprechen, wenn an die Stelle des die bisherige Ordnung des Staates und der Gesellschaft legitimierenden Prinzips ein anderes tritt, die rechtlichen Grundformen des Gemeinwesens ausgetauscht werden, wenn also der Träger der verfassunggebenden Gewalt wechselt. Die Revolution wirkt immer rechtszerstörend und rechtsbegründend zugleich.[75]

Von einer „demokratischen Revolution" wird immer dann gesprochen, wenn an ihrem Ende die verfassunggebende Gewalt des Volkes tätig wird. Regelmäßig wird das Volk dann durch eine oder mehrere Gruppen, die sich als Wortführer auf politischer Ebene durchgesetzt haben, repräsentiert. Insbesondere die Formulierung des Ziels der Revolution, die sie leitenden Ideen oder Ideologien, kann nur durch diese „contituent groups"[76] geleistet werden. Auch während der revolutionären Vorgänge ist heute die Repräsentation des gesamten Volkes, wie in der Demokratie schlechthin, unentbehrlich.

Diese ältere juristische Theorie, die lediglich darauf abstellt, ob die Verfassung gemäß ihrer eigens dafür vorgesehenen Vorschriften abgeändert wird, berücksichtigt jedoch in keiner Weise, ob sich der revolutionäre Charakter der Verfassungsänderung trotz der Einhaltung der vorgesehenen Vorschriften aus dem Bruch mit dem alten politischen System oder aus dem Bruch mit alten Traditionen, sowohl gesellschaftlichen als auch rechtlichen Traditionen, ergeben kann. In Anknüpfung an diese Kritik wird neben den rein formalen Maßstäben auch darauf abgestellt, wann Verfassungsgrundsätze abgeändert werden und diese eine radikale Abkehr von den Grundsätzen der bisherigen Verfassung bedeuten.[77] Gerade in den vergangenen Jahren haben die politischen Umbrüche gezeigt, daß durchaus Übergangs- und Zwischenformen denkbar und möglich sind.

II. Die Revolution als ein grundlegender gesellschaftlicher Wandel

Die sozialwissenschaftlichen und politikwissenschaftlichen Revolutionstheorien betrachten hauptsächlich den Wandel in der Gesellschaftsordnung als Ganzes. Sie stellen bei ihrer Bewertung in erster Linie auf drei Indikatoren ab. Einerseits soll es auf den radikalen Umbruch im Bereich politischer Systeme ankommen,

---

74 Teilweise wird dieses vorübergehende Etablieren eines Übergangsregimes als eine kommissarischer Diktatur oder als Staatsstreich bezeichnet, vgl. P. SCHNEIDER, Revolution, S. 2295 f.

75 P. BADURA, Verfassung, in: EvStL Sp. 3774

76 H. EHMKE, Grenzen der Verfassungsänderung, S. 86

77 Vgl. dazu in der deutschen Literatur: H. H. KLEIN, Verfassungskontinuität im revolutionären Umbruch ?, S. 461 f.

andererseits auf die völlig veränderten Bedingungen im Wirtschaftsleben und darüber hinaus auf den Austausch der herrschenden politischen Elite durch eine neue, die den komplexen Wandel umsetzt.[78] Es wird daneben auch auf den revolutionären Umbruch des Wertesystems in der Gesellschaft und damit den Umbruch auch in den Lebensauffassungen und Lebensbedingungen der einzelnen Menschen abgestellt. Ohne jedoch an klaren rechtlichen Maßstäben, wie den Bruch mit der alten Rechtsordnung, festzuhalten, kann diese Revolutionstheorie wegen ihrer ungenauen Kriterien nicht als Grundlage zur Qualifizierung der angesprochenen Umbrüche herangezogen werden.

III. Die Revolution als gewaltsamer Wandel

Teilweise wird bei der Einordnung politischer Revolutionen auch auf den Gebrauch physischer Gewalt abgestellt, mit anderen Worten wird sie definiert als plötzlicher und gewaltsamer Umsturz einer etablierten politischen Ordnung.[79] Der Umstand, daß sich Umstürze gewaltfrei entwickeln, darf aber nicht zu dem Mißverständnis führen, daß diese Übergänge als nicht revolutionär qualifiziert werden. So würde man die Möglichkeit nehmen, die friedliche Revolution als solche verstehen und einordnen zu können. Denn gerade die Entwicklung in den ehemaligen Ostblockstaaten hat gezeigt, daß revolutionäre Umstürze nicht notwendig mit der Anwendung von Gewalt einhergehen müssen. Eine Abweichung von dem historischen Bild der mit dem Einsatz von Gewalt verbundenen Revolution ist in diesen Fällen zu erkennen. Der bloß äußere Ablauf eines Geschehens würde so zum Bestandteil eines Begriffes, der in erster Linie eine politischen Vorgang bestimmen soll.[80] Das Merkmal der Gewaltsamkeit muß als entbehrlich angesehen werden.

IV. Der Übergang bzw. die „schleichende Revolution“

Im Unterschied zu den Revolutionen des 19. und des beginnenden 20. Jahrhunderts änderten sich in den 80er Jahren die Formen, politische und verfassungsrechtliche Umbrüche herbeizuführen. Beispielsweise läßt sich der „Zentrale Runde Tisch“ in der DDR, der eine neue Verfassung für die DDR ausarbeiten

---

78 Vgl. dazu in der deutschen Entwicklung: H. HORN, Die Revolution in der DDR von 1989: Prototyp oder Sonderfall ?, in: Außenpolitik, 1993, S. 55 f.

79 P. SCHNEIDER, Revolution, S.2202 f.

80 So P. SCHNEIDER, Revolution, S. 2202 f., H. H. KLEIN, Verfassungskontinuität im revolutionären Umbruch?, S. 464

wollte, anführen, ebenso die runden Tische in Ungarn und Polen. Kennzeichnend für die Absicht der Revolutionäre in Mittel- und Osteuropa war nicht das Berufen auf die verfassunggebende Gewalt des Volkes, um mittels einer verfassunggebenden Versammlung eine neue Verfassung auszuarbeiten und zu verabschieden, sondern kennzeichnend war, daß unter Beachtung der Normen des bisherigen Verfassungsrechts ein Prozeß der Änderung der alten Verfassung durch die noch unter den alten Regimen gewählten Volksvertretungen initiiert wurde.

Auch wenn die Verhältnisse bei den angesprochenen Entwicklungen nicht in einem revolutionären Akt, sondern in einem allmählichen Prozeß umgewälzt wurden, ist die Legitimation der neuen Ordnung durch eine Entscheidung des Volkes im Vergleich zu einem revolutionären Umbruch nicht weniger wichtig. Es bedarf unter dem Gesichtspunkt der allmählichen Wandlung der Verfassung einer Anpassung der Theorie von der verfassunggebenden Gewalt des Volkes und der Revolutionstheorien im klassischen Sinne an die gewandelten Bedingungen der Verfassungsänderungen. Der allmähliche Verfassungswandel scheint auf den ersten Blick nur eine evolutionäre Weiterentwicklung der Verfassung zu sein, aber ändert häufig grundlegende und identitätsbestimmende Merkmale der Grundordnung.[81] An den „runden Tischen“ außerhalb der gewählten Volksvertretungen wurden Entscheidungen auf politischer Ebene und keine rechtlich bindenden Verträge abgeschlossen.[82] An diese aufgestellten Forderungen fühlten sich die alten Regimeanhänger nur moralisch und politisch gebunden. Getragen wurden diese Vereinbarungen von einem hohen „sittlichen Anspruch“[83] an alle Teilnehmer und setzt auf allen Verhandlungsseiten eine besondere Wertschätzung der gefundenen Kompromisse voraus.

Diese Vorgänge warfen neue Probleme auf und waren Gegenstand der juristischen Diskussionen. Der Grund für die Probleme lag in der Tatsache, daß sich nicht in erster Linie auf verfassungsrechtlicher Ebene Änderungen ergaben, sondern sich hauptsächlich auf politischer, wirtschaftlicher und gesellschaftlicher Ebene Veränderungen abzeichneten. Diese Revolutionen waren gekennzeichnet durch einen grundlegenden gesellschaftlichen und sozialen Wandel. Erst in Folge dieses Wandels ergaben sich Änderungen auf verfassungsrechtlicher Ebene. Verschiedene Autoren unterschieden, um den Unterschied des sozialen Wandels im Gegensatz zur Revolution nach der positivistischen Theorie besonders zu beto-

---

81 P. KIRCHHOF, in. HdbStR, Band I, § 19 Rdnr. 46; D. MURSWIEK, Maastricht und der Pouvoir Constituant, S. 172

82 Beteiligt waren an diesen Runden Tischen meistens neben Vertretern der alten Regime auch Kirchenvertreter, Vertreter neuer Oppositionsparteien und sonstiger gesellschaftlicher Gruppen.

83 P. HABERLE, Verfassungsentwicklung in Osteuropa - aus der Sicht der Rechtsphilosophie und der Verfassungslehre; in: AöR 117 (1992), S. 174

nen, zwischen Revolution und Übergang.[84] Danach spricht man von Übergang, wenn der illegitime Staat sich mit Hilfe der nach den alten Verfahren erlassenen Gesetzen in einen legitimen Staat verwandelt.[85] Die Maßnahmen zur Errichtung eines legitimen Staates werden von oben, von der alten Regierung initiiert. Der Übergang wird auch häufig als Reaktion auf einen mehr oder weniger großen Druck der öffentlichen Meinung eingeleitet, aber er wird stets von der durch die alte Verfassung legitimierte Regierung und unter Berücksichtigung des durch die alte Verfassung legitimierten Verfahrens durchgeführt.

Um den Neuanfang auf den Grundlagen eines überkommenen autoritären Systems erfolgversprechend zu gestalten, wurde häufig der runden Tisches als beste Form für eine Verfassungsgebung gerade in einer pluralistischen Gesellschaft gewertet. Der runde Tisch symbolisierte stets eine Ursprungssituation, den Ausgangspunkt für eine neue gesellschaftliche und verfassungsrechtliche Entwicklung. Dort konnte ein Minimalkonsens gefunden und infolgedessen mit dem guten Willen aller Beteiligter auch in die Realität umgesetzt werden. Die ältere Idee, der Staat konstituiere sich durch einen Vertrag, die Verfassung sei ein immer neu zu schließender Vertrag, findet gerade in den Verhandlungen am runden Tisch seine Bestätigung.[86]

E. Verfassungslegitimität und Verfassungskonsens

Wenn die Frage nach der Legitimität einer Verfassung gestellt wird, dann geht es in erster Linie darum, eine staatliche Herrschaftsordnung, die auf einer Verfassung aufbaut, und die aus dieser Verfassung abgeleitete Rechtsordnung zu rechtfertigen. Gelingt diese Rechtfertigung, dann stellt diese den Grund für die Verbindlichkeit der Verfassung dar, macht sie somit zu einer legitimen Verfassung. Gerade eine legitime Verfassung wirkt integrierend und stabilisierend in einem Land, das sich eine neue Verfassung gibt. Auch in diese Bereich ist die Lehre von der verfassunggebenden Gewalt des Volkes von zentraler Bedeutung.

Der Begriff der Verfassungslegitimität wird jedoch besonders vielschichtig verwendet, und es läßt sich keine einheitliche Definition herauskristallisieren. Die Legitimität einer Verfassung läßt sich von mehreren Seiten betrachten. Zum einen bezieht sie sich auf den rechtlichen Geltungsanspruch einer Verfassung,

---

84 R. DAHRENDORF, Transitions: Politics, Economics, and Liberty, S. 134

85 Gerade bei den verfassungsrechtlichen Entwicklungen in Südamerika hat sich der Begriff „Transicion“ für den verfassungsrechtlichen Wandel eines ursprünglich illegitimes in ein legitimes System eingebürgert.

86 P. HABERLE, Verfassungsentwicklung in Osteuropa - aus der Sicht der Rechtsphilosophie und der Verfassungslehre; in: AöR 117 (1992), S. 174

d. h. ob und unter welchen Voraussetzungen eine Verfassung zu akzeptieren ist. Bei der Beantwortung dieser Frage wird häufig auf Kriterien der sittlichen Anerkennungswürdigkeit oder auf die Anerkennungswürdigkeit der politischen Philosophie, die in dieser Verfassung zum Ausdruck kommt, zurückgegriffen.[87] Andererseits wird zum Beispiel auch das Verfahren bei der Verabschiedung einer neuen Verfassung als Legitimationsgrund herangezogen.[88] Es geht also einmal um die inhaltliche Gestaltung der neuen Verfassungsordnung und zum anderen um das rechtmäßige Zustandekommen der Verfassung, d. h. um die Ausübung der verfassunggebenden Gewalt. Es stellt sich auch die Frage nach der Ursache, warum eine Verfassung von einem Volk tatsächlich als seine höchste Rechtsordnung angenommen wird.[89]

Teilweise wird der Legitmitätsbegriff rein politisch verstanden. Nach C. SCHMITT ist eine Verfassung dann legitim, wenn die Macht und Autorität der verfassunggebenden Gewalt anerkannt ist. Es wird bei der Beurteilung nicht auf ideologische oder philosophische Kriterien abgestellt, sondern es geht lediglich um die Anerkennung und Macht zur Durchsetzung der Verfassung.[90] Danach ist die Verfassung dann legitim, wenn die herrschende Regierung oder der Herrschende die faktische Macht zur Durchsetzung der Verfassung hat. Einen anderen ideologischen Legitmitätsbegriff vertritt P. BADURA. Für ihn ist eine Verfassung nur dann legitim, wenn die Verfassungsgebung und die Verfassung selbst mit einer bestimmten vorherrschenden politischen Ideologie übereinstimmt[91]. Es kommt also bei der Beurteilung einer Verfassung immer darauf an, wie die Herrschaft in einer konkreten Gesellschaft verteilt ist. Anders beurteilt beispielsweise K. HESSE die Legitimität einer Verfassung. Für ihn hängt die Legitimität der Verfassung mit der Einigkeit des durch sie verfaßten Volkes über Inhalte oder doch wenigstens des Respektierens ihrer Inhalte zusammen[92]. Nach der Integrationslehre R. SMENDS legitimiert sich die Verfassung aus den „integrierenden Faktoren, die eine Gemeinschaft, innerhalb derer geherrscht werden kann, schon begründet haben und dauernd weiter begründen".[93]

Heute wird fast überall in der Welt die Legitimität aus der These von der demokratischen Legitimation der Verfassung hergeleitet.[94] Legitimität bedeutet die Akzeptanz des Staates und seines Rechts aus der Überzeugung heraus, daß diese

87 G. JELLINEK, Allgemeine Staatslehre, S. 185
88 F. OSSENBUHL, Verwaltungvorschriften und Grundgesetz, S. 196 ff.
89 M. WEBER, Wirtschaft und Gesellschaft, S. 541 ff.
90 C. SCHMITT, Verfassungslehre, S. 87 ff.
91 P. BADURA, Verfassung, S. 2713 f.
92 K. HESSE, Grundzüge des Verfassungsrechts, S. 15
93 R. SMEND, Verfassung und Verfassungsrecht, S. 150
94 M. KRIELE, Einführung in die Staatslehre, S. 260 ff.

demokratisch berechtigt ist. Im Gegensatz zu traditionellen oder charismatisch begründeten Herrschaftssystemen, in denen es immer eine Gruppe benachteiligter Personen gibt, die diese Ideologie nicht teilen und häufig aus diesem Grund unterdrückt werden, beinhaltet gerade das demokratische System ein Maß an Unparteilichkeit gegenüber diesen Ideologien. Gerade in pluralistischen Gesellschaften ohne ethnische Einheit der Bevölkerung schafft es die demokratische Legitimation, den modernen Staat zu legitimieren. Die Prinzipien der Demokratie und der Herrschaft des Rechts werden bereits auf die Phase der Verfassungsgebung vorverlegt und ihre Grundsätze auf die verfassunggebende Gewalt übertragen. Die Verfassung selbst muß sich als demokratisch legitim ausweisen, wenn sie die demokratische Legitimationsgrundlage bilden will.[95] Die Legitimierung der Verfassung wird durch eben die „normative Kraft des Normwillens des Volkes“[96] bewirkt.

I. Bedeutung der Lehre von der verfassunggebenden Gewalt des Volkes für die Legitimität einer Verfassung

Die Frage nach der Legitimität einer Verfassung wird bei demokratischen Verfassungen mit der Frage nach der Volkssouveränität verbunden.[97] Danach legitimiert sich eine Verfassung dann, wenn der Prozeß der Ausarbeitung und Verabschiedung der Verfassung demokratisch verläuft, sich der freie Wille des Volkes in der Verfassung niederschlägt. Die Verfassung leitet sich somit aus dem Willen des gesamten Volkes ab. Der Grund für die Legitimität der demokratischen Verfassung liegt damit im einheitlichen Willen des Volkes über das gefundene Verfassungssystem und seiner Geltung. Aber der Schöpfungsakt der Verfassung ist nur der Beginn einer kontinuierlichen Verfassungsträgerschaft, d.h. das Volk muß auch weiterhin in dem kontinuierlichen Wechsel seiner Generationen die Grundwerte der Verfassung weiterleben.

---

95 J. ISENSEE, Das Volk als Grund der Verfassung, S. 78; E.-W. BOCKENFORDE, Die Verfassunggebende Gewalt des Volkes-Ein Grenzbegriff des Verfassungsrechts, S. 12f.

96 M. Heckel, Legitimation des Grundgesetzes, S.

97 E.-W. BOCKENFORDE, Die verfassunggebende Gewalt des Volkes, S. 12 f.; U. STEINER, Verfassungsgebung und verfassunggebende Gewalt des Volkes, S. 27 ff.

II. Die Repräsentation des Volkes bei der Ausübung der verfassunggebenden Gewalt

Das eigentliche Legitimationsproblem besteht aber nicht darin, daß die Mehrheit ihren Willen durchsetzt, sondern darin, daß die Minderheit sich diesem Willen in Zukunft beugen und ihn als allgemeinen Willen anerkennen soll. Wegen der besonderen Funktion der Verfassung für das Gemeinwesen und unter der Voraussetzung, daß die Verfassung sich aus einem Willensakt abzuleiten hat, erscheint es zwingend, daß sich der Wille aller Mitglieder des Gemeinwesens in ihr niederschlägt. Deshalb findet das verfassungsrechtliche Mehrheitsprinzip seine vorverfassungsrechtliche Legitimation in der Einstimmigkeit.[98] Denn nur wenn sich am Anfang der Demokratie alle einzelnen einig darüber sind, daß die Mehrheit in Zukunft entscheiden soll, kann jedem einzelnen innerhalb der auf diesem Fundament begründeten demokratischen Entscheidungssystems, der überstimmt wird, die Entscheidung der Mehrheit auch zugerechnet werden und diese als eigene annehmen, unter der Voraussetzung, daß er vernünftig denkt und konsequent handelt.[99]

1. Legitimation der Verfassung durch Einstimmigkeit

Die meisten Verfassungen in der Geschichte sind aus der Einigkeit der politischen Mächte, die in der Gesellschaft führend sind, entstanden. Sie müssen ihre Interessen untereinander durch wechselseitiges Nachgeben zum Ausgleich bringen. Die Verfassungsurkunde stellt das Ergebnis von Verständigungsprozessen und Kompromissen zwischen diesen politischen Kräften, die dann auch faktisch diese Ordnung herstellen und für die Zukunft gewährleisten können, dar. Verglichen wurde dieses Aushandeln mit Vertragsverhandlungen, an deren Ende ein Vertrag nur dann geschlossen wurde, wenn alle Vertragsparteien einverstanden sind. Wegen dieser besonderen, grundlegenden Entscheidung für den Staat, forderte man auch bei der Entscheidung über eine Verfassung die Einstimmigkeit. Die Legitimation der Verfassung durch Einstimmigkeit geht auf die Legitimationsfigur des Gesellschaftsvertrages zurück.[100]

2. Legitimation der Verfassung durch Konsens

Die Einstimmigkeitsanforderung im Hinblick auf die Verfassung kann aber nicht unbesehen auf die heutigen Verhältnisse übertragen werden. Denn ein noch so

---

98 J. ISENSEE, Das Volk als Grund der Verfassung, S. 87
99 H. KELSEN, Vom Wesen und Wert der Demokratie, S. 53 ff
100 J. ISENSEE, Das Volk als Grund der Verfassung, S. 88

weitreichender Verfassungskonsens wird gerade in pluralistischen Gesellschaften nicht alle Individuen und alle Gruppen umfassen. Das Gemeinwesen oder auch das Staatswesen würde handlungsunfähig, wenn auch die letzte Zustimmung eines Individuums abzuwarten wäre. Das Abweichen von dem Einstimmigkeitsprinzip darf jedoch so verstanden werden, daß dieses soweit wie möglich angestrebt werden muß. Eine einfache Mehrheitsentscheidung reicht als Entscheidungsgrundlage nicht aus. Daher muß das besondere Ideal der Einstimmigkeit aus pragmatischen Gesichtspunkten auf ein geringeres Maß an Übereinstimmung, den Konsens reduziert werden.[101] Die Frage, wann Konsens anzunehmen ist und wie lange dieser besteht, hängt davon ab, ob und wie lange die politisch relevanten Kräfte des Gemeinwesens die Grundentscheidungen tragen.

III. Die juristische Bedeutung der Legitimation

Inwieweit die Legitimation der Verfassung durch die verfassunggebende Gewalt juristische Bedeutung hat wird unterschiedliche bewertet. Teilweise wird angenommen, die Legitimation der Verfassung habe in erster Linie praktische Bedeutung. Nur eine legitime Verfassung wirke in der Gesellschaft stabilisierend und integrierend. Für das staatliche Verfassungsgesetz, das in Geltung gesetzt worden ist, habe die Legitimation faktisch keine direkte rechtliche Wirkung. Denn die verfassunggebende Gewalt gehört nicht zum

Verfassungsrecht selbst, sondern befindet sich jenseits von diesem.[102] Andererseits wird sie als die Kraft eingeordnet, die der Verfassung die normative Geltung verleiht. Von ihr wird die verfassungsrechtliche Ordnung gefestigt und fortgetragen.[103]

F. Verfassungskonsens

Spricht man von Verfassungskonsens, dann muß man zwischen zwei Arten des Konsenses unterscheiden. Einmal spricht man von einem Basiskonsens innerhalb der Rechtsgemeinschaft, der notwendig ist, damit die Stabilität und die Geltung einer Verfassung gewährleistet wird. Innerhalb eines demokratischen Staatssystems besteht der Grundkonsens gerade darin, daß die Entscheidungen der Mehr-

---

101 E.-W. BOCKENFORDE, Demokratie als Verfassungsprinzip, HbdStR, Band I, § 22 Rdnrn. 63 ff., J. ISENSEE, Das Volk als Grund der Verfassung, S. 87,

102 J. ISENSEE, Das Volk als Grund der Verfassung, S. 79 f.

103 E.-W. BOCKENFORDE, Die verfassunggebende Gewalt des Volkes - Ein Grenzbegriff des Verfassungsrechts, S. 8 f.

heit durch die Minderheit als verbindlich anerkannt werden und sich die Mehrheit im Gegenzug dazu an bestimmte Normen und Werte hält. Gerade eine demokratische Verfassung beinhaltet aber weiterhin den Auftrag, die kontinuierliche Mitwirkung des Volkes in einem andauernden Willensbildungsprozeß zu ermöglichen. Dieser Konsens muß im Vorfeld des Erarbeitens einer Verfassung bestehen. Im Gegensatz zu diesem vorverfassungsrechtlichen Konsens ist nach in Kraft treten der Verfassung ein Verfassungskonsens durch konkludentes Handeln erforderlich, denn jede Verfassung lebt von der dauernden Zustimmung der Bürger.[104]

G. Zwischenergebnis

Die Lehre von der verfassunggebenden Gewalt des Volkes erscheint nach den vorausgegangenen Darstellungen als besonders geeignet, die Probleme, die bei jeder Verfassungsgebung zwangsläufig auftauchen, zu lösen. Die Aktualisierung und auch die Beurteilung der späteren Betätigung der verfassunggebenden Gewalt des Volkes, insbesondere wenn sie im Zusammenhang mit einem grundlegenden Umbau einer Verfassung oder der Beseitigung einer bisher geltenden Verfassung erfolgt, kann anhand dieser Lehre rechtlich qualifiziert werden.

Einerseits werden durch diese Lehre Kriterien entwickelt, anhand derer eine Verfassungsgebung von einer Verfassungsänderung, unterschieden werden kann. Mit dieser Unterscheidung kann erreicht werden, daß die Geltung der Verfassung verstärkt wird, weil alle durch sie konstituierten Gewalten, d.h. alle Organe des Staates an die Verfassung gebunden werden. Weiterhin wird durch die Anerkennung der verfassunggebenden Gewalt auch die notwendige und ständig vorhandene Gewalt als politische Größe anerkannt. Als wichtigste Konsequenz ergibt sich jedoch aus dieser Unterscheidung, daß die politischen Kräfte sich nicht jederzeit auf diese Größe bei der Rechtfertigung ihres Handelns berufen können, sei es durch legale Verfassungsänderungen oder Verfassungsdurchbrechungen. Die Inanspruchnahme der verfassunggebenden Gewalt als Rechtfertigung für das eigene Handeln ist nur auf Ausnahmesituationen zurückgedrängt und bedarf einer besonderen und außergewöhnlichen Begründung, wenn sie sich gegenüber dem organisierten, rechtlichen und verfahrensmäßig gebundenen verfassungsändernden Gesetzgeber absetzen will.

Einhergehend mit der Abgrenzung zwischen Verfassungsänderung und Verfassungsgebung sind die Kriterien auf der Grundlage der Lehre von der verfassunggebenden Gewalt des Volkes auch hilfreich und notwendig, um eine Revolution von einem verfassungsgemäßen Übergang abgrenzen zu können.

---

104 J. ISENSEE, Das Volk als Grund der Verfassung, S. 93 f.

Denn nach revolutionären Umbrüchen tritt der „pouvoir constituant originaire“ auf, der weitestgehend ungebunden, insbesondere nicht an die alte Verfassungsordnung gebunden, eine Verfassung neu entwerfen kann. Die Aufnahme neuer Grundwerte und Grundprinzipien ist durch ihn möglich. Für die Beurteilung der Legitimität oder Illegitimität einer Verfassung wird diese Lehre auch heranzuziehen sein. Die demokratische Lehre von der verfassunggebenden Gewalt wirkt gerade durch die Einhaltung demokratischer Verfahren beim Entwurf und beim Erlaß einer neuen Verfassung legitimierend. Werden bei der Entwicklung und der Annahme weitestgehend alle Bevölkerungsteile miteinbezogen, dann legitimiert sich die neue Verfassung insbesondere aus dem Annahmeverfahren heraus. Diese Legitimation wirkt auch weiterhin, wenn ständig der Konsens über die wesentlichen Inhalte der Verfassung erneuert wird.

Der demokratische Rechtsstaat hat seinen Ursprung in der verfassunggebenden Gewalt des Volkes. Die Verfassungsgebung wird als Prozeß verstanden, in dem bestimmte Ordnungsprinzipien für den Staat und die Gesellschaft nach der Erzielung eines Konsenses festgelegt werden. In ihr spiegelt sich regelmäßig die materielle Werteordnung einer Rechtsgemeinschaft wieder.

Nach der Lehre von SIEYÈS, die auf der Grundlage der Volkssouveränität entstand, ist allein das gesamte Volk zur Verfassungsgebung berufen. Verbunden mit dem modernen Demokratieverständnis muß sowohl die ursprüngliche Entscheidung als auch die immer fortdauernde Legitimation der Rechtsordnung vom Willen des Volkes getragen werden. Da eine einstimmige Entscheidung in der Bevölkerung angesichts vieler unterschiedlicher Bevölkerungsgruppen nie zu erreichen sein wird, wird ein größtmöglicher Konsens angestrebt. Lediglich ein Mindestmaß an Rechtsstaatlichkeit wird von der Völkergemeinschaft bei der Betätigung des „pouvoir constituant“ eingefordert. Der so beschriebene „pouvoir constituant“ ist in seiner Entscheidung frei, eine normative Beschränkung ist nicht konstruierbar.

Die Legitimität einer Verfassung hängt aber nicht alleine von dem Prozeß der Verfassungsgebung ab. Das Verfahren der Verfassungsgebung soll zwar darauf abzielen, der Verfassungsurkunde die Akzeptanz der Gesellschaft von Beginn an zu vermitteln. In der Verfassungspraxis und der Verfassungsgeschichte lassen sich Beispiele der Verfassungsgebung finden, die ursprünglich ein Legitimationsdefizit aufweisen, aber durch die spätere Akzeptanz in der Gesellschaft doch eine langlebige und stabile Ordnung hervorgebracht haben.

Kapitel 2: Die südafrikanische Verfassungsgeschichte unter besonderer Berücksichtigung der verfassunggebenden Gewalt des Volkes

Die Bewältigung der Apartheidsvergangenheit hat Eingang sowohl in die Interimsverfassung als auch in die endgültige Verfassung gefunden. Südafrikas Gesellschaft unter dem alten Apartheidsregime wird im Nachtrag zu der Interimsverfassung beschrieben als „a deeply divided society characterised by strife, conflict, untold suffering and injustice“[1], die „gross violation of human rights, the transgression of humanitarian principles in violent conflict and a legacy of hatred, fear, guilt and revenge“[2] innerhalb der Bevölkerung erzeugt hat. Daher erscheint es wichtig, die historischen, politischen und rechtlichen Zusammenhänge darzustellen. Besondere Berücksichtigung soll die Untersuchung finden, inwieweit Revolutionen und die verfassunggebende Gewalt des Volkes in der verfassungsrechtlichen Geschichte eine Rolle spielten.

Betrachtet man die Verfassungsgeschichte Südafrikas so reicht sie bis in das Jahr 1652 zurück, als JAN VAN RIEBECK das römisch- holländische Rechtssystem einführte. Nach der Gründung der Südafrikanischen Union 1909 gab es immer eine Verfassung für die Union und wie auch später für die Republik Südafrika. Bei dem Überblick über die Verfassungsgeschichte dürfen nicht die politischen Besonderheiten Südafrikas, die Kolonialgeschichte und die Rassentrennung, übersehen werden. Sowohl bei der Ausarbeitung der ersten Verfassung im Jahre 1909 als auch später - bis zu den Wahlen im Jahre 1994 - waren nämlich weite Teile der Bevölkerung von der Mitwirkung am politischen Leben ausgeschlossen. Das Verfassungsleben und die Verfassungstradition Südafrikas seit der Gründung der Südafrikanischen Union waren von der Rassentrennung[3] geprägt. Verfassungsrechtlich gab es stets die Bemühungen, für die weiße Bevölkerung ein demokratisches System zu errichten. Gleichzeitig wurde aber auch mit Hilfe der Verfassung versucht, die „nicht-weiße“ Bevölkerung von dem politischen Prozeß so weit wie möglich auszuschließen.

---

1 1. Absatz des Nachtrages zur IC

2 3. Absatz des Nachtrages zur IC

3 Die Rassentrennung und die Diskriminierung der „nicht-weißen“ Bevölkerung aufgrund ihrer Zugehörigkeit zu einer bestimmten Bevölkerungsgruppe hat im südlichen Afrika eine lange Geschichte. Nach der Ankunft der weißen Siedler wurde immer schon eine getrennte Entwicklung angestrebt und nur wenige Versuche unternommen, gemeinsam zu leben. Aber erst mit der Machtergreifung der NATIONAL PARTY begann auch die Legalisierung des Systems, Vgl. dazu J. FISCHER, Geschichte Südafrikas.

A. Die Kolonialzeit

Die fortschreitende Besiedlung des Landes nach dem Eintreffen der weißen Siedler 1652 machte es notwendig, auch eine rechtliche Organisation des angeeigneten Landes und seiner Bevölkerung vorzunehmen. Die Wanderbewegung der größtenteils holländisch-stämmigen Bevölkerung, der Buren (heute Afrikaaner), und die Gründung der unabhängigen Republiken Orange Free State und Transvaal erstreckten die Verwaltungsstrukturen auf das heutige südafrikanische Staatsgebiet. Aufgrund der räumlichen Trennung und der unterschiedlichen Besiedlungsgeschwindigkeit der einzelnen Kolonien und Republiken gestaltete sich die Entwicklung des rechtlichen Systems in den Kolonien unterschiedlich.

I. Die Kapkolonie

Südafrika, genauer gesagt das Gebiet der späteren Kapkolonie, diente ursprünglich der holländisch-ostindischen Kompanie (VOC) als Versorgungsstützpunkt.[4] Verwaltet wurde die Siedlung der VOC Bediensteten durch einen politischen Rat, auf den alle legislativen, exekutiven und judikativen Kompetenzen übertragen worden waren. Dieser Rat setzte sich aus Beamten, die durch die VOC ernannt wurden, zusammen. Bis 1795 stand dieses Gebiet unter dieser besonderen Verwaltung, die weder die zivile weiße Bevölkerung noch die dort lebenden Eingeborenen repräsentierten.

Den wenigen Bediensteten der VOC, wie auch den weißen Einwanderern, war es von Anfang an strengstens verboten, Kontakt zu den Eingeborenen aufzubauen oder zu unterhalten. Zu diesem Zeitpunkt wurde die Kapregion lediglich als Stützpunkt eines wirtschaftlichen Unternehmens angesehen und eine Aufgabenverwaltung durch die dort ansässigen Personen wurde nicht für notwendig erachtet. Lediglich im Landesinneren übernahmen die Siedler einige Aufgaben im Bereich der Kommunalverwaltung.

Erst als sich der Stützpunkt vergrößerte und weitere Einwanderer dort ankamen, wurde die Region zu einer niederländischen Kolonie erklärt. Veränderungen ergaben sich daraufhin auf organisatorischer Ebene jedoch nur insoweit, daß ein Bürgerversammlung eingesetzt wurde, die dem politischen Rat der VOC bei seiner Tätigkeit mit beratender Funktion zu Seite stand. Diese Versammlung setzte sich aus freien Bürger zusammen, d. h. aus Repräsentanten der weißen Be-

---

4 Vgl. zu der Entwicklungen der Kolonialzeit allgemein: T. R. H. DAVENPORT, South Africa, A Modern History; T. H. BOHNKE / H. F. HEESE, Die neue Übergangsverfassung der Republik Südafrika, S. 493 ff.; J. FISCHER , Geschichte Südafrikas

völkerung, die nicht für die VOC tätig waren. Bis zu ihrer Vertreibung durch die Engländer im Jahr 1795 blieben die Niederländer die Kolonialherren der Kapkolonie.

Die Besetzung der Kapkolonie 1795 durch die Briten[5] bewirkte nur wenige Veränderungen auf organisatorischer Ebene der Kapkolonie. Im Jahr 1797 wurde dieses Gebiet zur britischen Kronkolonie erhoben und die Bürgerversammlung wurde in einen Bürgersenat umbenannt. Die Mitglieder des Bürgersenats wurden ebenfalls ernannt. Dies erfolgte durch die britischen Militärgouverneure und nicht durch Wahlen der Bevölkerung. Diesem Senat wurden erstmals eigene Angelegenheiten zur Verwaltung auf kommunaler Ebene übertragen. Eine Änderung des autoritären Systems gegenüber der Bevölkerung, d. h. die umfassende Abhängigkeit von der Kolonialmacht auf Grund der die Inbesitznahme, erfolgte nicht.

Nach dem Vertrag von Amiens im Jahre 1802 zwischen den Briten und der Holländischen Republik wurde die Kapregion erneut zu einer holländische Kolonie erklärt. Mit der erneuten Übernahme der Verwaltung durch die holländische Republik änderte sich das politische System der Kapkolonie ebenfalls nicht einschneidend. Der Bürgersenat wurde in einen Gemeinderat umgewandelt, der sich aus sieben ernannten Stadtbewohnern zusammensetzte, die die ihm zugewiesenen kommunalen Angelegenheiten zu ordnen und verwalten hatten. Aber auch hier erfolgte keine Demokratisierung des politischen Systems in dem Sinne, daß die Bürger direkten Einfluß auf die Benennung der Repräsentanten, die ihre Interessen vertraten, nehmen konnten.

Im Jahre 1806 eroberten die Briten erneut die Kapkolonie[6], und durch den Londoner Vertrag von 1814 erhielt das Gebiet am Kap erneut den Status einer britischen Kronkolonie. Der britische Militärgouverneur herrschte infolgedessen autokratisch. Weder der weißen Bevölkerung holländischer Abstammung noch der schwarzen, eingeborenen Bevölkerung wurden politische Teilhaberechte zuerkannt. Erst 1825 ergaben sich organisatorische Änderungen im Hinblick auf die politischen Rechte der Bevölkerung. Es wurde ein „Advisory Council" eingesetzt, welches die Funktion des Gouverneurs übernahmen. Ursprünglich bildeten ausschließlich ehemalige Berater des Gouverneurs dieses „Advisory Council", denen aber zwei Jahre später zwei Bewohner der Kolonie beigeordnet wurden. Damit erhielten erstmals Vertreter der zivilen Bevölkerung die Möglichkeit, innerhalb der Kolonie beratend tätig zu werden, und gewannen damit, wenn auch nur geringen Einfluß auf die Verwaltung ihrer Angelegenheiten. 1828 wurden

---

5 T. R. H., DAVENPORT, South Africa, A Modern History, S. 18 ff.; T. H. BOHNKE / H. F. HESSE, Die neue Übergangsverfassung der Republik Südafrika, S. 494

6 D. MARAIS, Constitutional Development of South Africa, S. 12; T. H. BOHNKE / H. F. HESSE, Die neue Übergangsverfassung der Republik Südafrika, S. 494

alle Beschränkungen, die für die ethnische Gruppe der Khoi-Khoi, (Ureinwohner am Kap) galten, außer Kraft gesetzt und waren folglich in allen Angelegenheiten den weißen Bewohnern der Kapkolonie gleichgestellt. Die schwarze Bevölkerung, die nicht als britische Untertanen galt, erhielt keinerlei politische Teilhaberechte, ihr wurde es lediglich erlaubt, sich auf dem Kolonialgebiet zu Arbeitszwecken aufzuhalten.

1834, nach der Abschaffung der Sklaverei in der Kapkolonie, wurde dort auf die Initiative der britischen Regierung ein Legislativrat und ein Exekutivrat errichtet. Der Exekutivrat bestand aus vier Beamten, und der Legislativrat setzte sich aus den Mitgliedern des Exekutivrates und vier weiteren Kolonialbürgern zusammen, die alle durch den Gouverneur ernannt wurden. Zum ersten Mal in der Geschichte der Kolonie am Kap wurden Entscheidungen überhaupt in einem Forum ausdiskutiert, in dem zusätzlich auch Redefreiheit herrschte.

1853 wurde in der Kapkolonie die erste Verfassung in Kraft gesetzt. Eingesetzt wurde sie durch die britische Regierung. Diese Verfassung schuf die erste demokratische Form der Regierung. Es wurde ein Zweikammerparlament, d. h. ein Legislativrat und ein „House of Assembly", eingerichtet. In den Legislativrat, der aus 15 Mitgliedern bestand und für 10 Jahre gewählt wurde, konnten nur die Personen gewählt werden, die älter als 30 Jahre waren und außerdem entweder bewegliches Vermögen in Höhe von 4000 Pfund oder unbewegliches Vermögen in Höhe von 2000 Pfund besaßen. Das „House of Assembly" setzte sich aus 46 Personen zusammen, die für 5 Jahre gewählt wurden und unabhängig von der Hautfarbe wählbar waren. Aktiv wahlberechtigt waren zu dieser Zeit jedoch nur „zivilisierte" Wähler, d. h. nur männliche Untertanen der Krone, die nicht vorbestraft waren und entweder unbewegliches Vermögen im Wert von 25 Pfund oder ein Einkommen von 50 Pfund pro Jahr besaßen.[7] Im Jahr 1872 wurde diese Verfassung nach britischen Vorbild geändert und das „House of Assembly" erhielt die umfassende Kontrolle über die Regierung. Das Westminster-System, das Prinzip der Souveränität des Parlaments, wurde damit auf die Kapkolonie übertragen.

II. Natal

Die Verfassungsentwicklung in der Kolonie Natal verlief ähnlich der Entwicklung in der Kapkolonie. Von 1856 bis 1893 stand sie unter britischer Regierungsgewalt und wurde durch das „House of Assembly" und den Legislativrat

7 Mit dieser Regelung des Aktiv- und Passivwahlrechts wurde auf verfassungsrechtlicher Ebene der Grundstein für die rassistische Apartheidsverfassung gelegt. Vgl. MULLER, C. F. J. 500 Jaar Suid-Afrikaanse Geskiedenis. S. 158 ff.

regiert. Auch dort wurde nach britischem Vorbild das Westminster-System übernommen und es galt der Verfassungsgrundsatz des Primats des Parlaments. In Natal war das Wahlrecht ebenfalls an die Eigentums- und Vermögenslage der aktiven und passiven Wähler gebunden und zusätzlich noch an die Fähigkeit, lesen und schreiben zu können.[8]

III. Der Oranje Freistaat und Transvaal

Die Verfassung der beiden Burenrepubliken, Oranje Freistaat und die South African Republic (heute Transvaal), die 1852 bzw. 1854 gegründet wurden, sahen lediglich für die weiße Bevölkerung ein demokratisches System vor. Ein „Volksraad" fungierte als unabhängiges Parlament, und ein Präsident führte die Verwaltung der Kolonie. Die Verfassung schrieb ein Gesetzgebungsverfahren vor. Das Wahlrecht wie auch die Staatsbürgerschaft der Kolonien waren jedoch an die Religionszugehörigkeit und an die weiße Abstammung geknüpft, so daß die „nicht-weiße" Bevölkerung von allen politischen Rechten ausgeschlossen war.

Die frühen verfassungsrechtlichen Entwicklungen auf dem Gebiet des heutigen Südafrikas zeigen deutlich die koloniale Abhängigkeit einzelner Regionen von ihrem jeweiligen Mutterland. Bereits zu dieser Zeit wurde der Grundstein für den britischen Einfluß auf die verfassungsrechtlichen Vorstellungen gelegt. Insbesondere der Grundsatz des Primats des Parlaments über die Regierung war bereits anerkannt. Auch die Grundlagen für die spätere Apartheidspolitik zeichneten sich bereits in dieser Zeit ab. Das Wahlrecht knüpfte teils an die Zugehörigkeit zu einer ethnischen Gruppe bzw. an den Bildungsstand oder die Vermögensverhältnisse, die jedoch auch mittelbar von der Zugehörigkeit zu einer bestimmten ethnischen Gruppe abhing.

B. Die Verfassung von 1909 und die verfassungsrechtliche Entwicklung bis zum Jahre 1961

Den Ausgangspunkt der einheitlichen verfassungsrechtlichen Entwicklung des Gesamtstaates Südafrika stellt jedoch die Ausarbeitung und die Verabschiedung der Verfassung von 1909 dar. Viele in der damaligen Verfassungsausarbeitung aufgetretenen Streitpunkte waren erneut in der jüngsten Verfassungsdiskussion Grund für weitreichende Erörterungen und Streitigkeiten. Darüber hinaus zeigt

8 G. CARPENTER, Introduction to South African Constitutional Law, S. 137 ff.

auch die schrittweise erfolgte Erosion des Wahlrechts der „nicht-weißen" Bevölkerung in den Jahren nach der Verabschiedung der Verfassung im Jahre 1909 durch die Gesetze des Parlaments, daß die Südafrikaner eigene Vorstellungen von dem ursprünglich britischen Grundsatz des Primat des Parlaments entwickelt hatten und diese Eigenart sich bei der Änderung der „entrenched sections"[9] der Verfassung auswirkte.

I. Die Ausarbeitung der Verfassung von 1909

Nach dem Ende des Burenkrieges zwischen den Briten und Holländern (1899-1902), der zur Annexion der Vortrekker-Staaten durch die Briten führte, wurden die ehemals selbständigen vier Kolonien, die Kapkolonie, Natal, die Oranje Freistaat und die South African Republic unter britischer Herrschaft zur Südafrikanischen Union zusammengeschlossen. Zunächst hatte die Südafrikanische Union den Status eines autonomen britischen Dominiongebietes. Um die Einigung der ehemaligen Kolonien voranzutreiben, setzte die britische Kolonialmacht einen Nationalkonvent ein, der eine Verfassung für die geplante Union ausarbeiten sollte.[10] Die Arbeit des Nationalkonvents mündete in der Verabschiedung der ersten Verfassung der südafrikanischen Union, die am 31. Mai 1910 in Kraft trat.

Die Verfassung wurde eingesetzt, indem die im Nationalkonvent erarbeiteten Verfassungsvorschläge von den jeweiligen kolonialen Gesetzgebungsorganen verabschiedet wurden. Der South Africa Act of 1909 trat aber erst nach der Annahme durch das britische Parlament in Kraft. Das britische Parlament fügte der Verfassung außerdem eine Präambel hinzu, in der unterstrichen wurde, daß die Gründung der Südafrikanischen Union dem Wunsch der vier kolonialen Gesetzgebungsorgane entspricht.

Das Verfahren der Ausarbeitung und Verabschiedung der Verfassung führte daraufhin zu der Frage, ob diese tatsächlich den Grundkonsens der vier früheren Kolonien darstellte, es sich um eine autonom entworfene Verfassung oder um ein Gesetz des britischen Parlaments für das Dominiongebiet handelte, das der neu gegründeten Union aufoktroyiert worden ist. Die Beantwortung dieser Frage hängt davon ab, ob und gegebenenfalls wieweit die Verfassungsvorstellungen der vier ursprünglichen Kolonien in der Unionsverfassung Ausdruck gefunden haben.

9 Bei der Qualifikation einzelner Verfassungsnormen als „entrenched sections" handelt es sich nicht um eine besondere Eigenart des Westminstermodells. Diese Art der Normen bezeichnet lediglich die Teile einer Verfassung, die nur unter erschwerten Bedingungen abgeändert werden können und die die grundlegenden Normen des Staates umfassen.

10 vgl. dazu: H.R. Hahlo und E. Kahn, The Union of South Africa, S. 118 f.

Bereits die Beratungen im Nationalkonvent und das Ergebnis seiner Arbeit wurde in erster Linie durch die verschiedenen Verfassungstraditionen der vier früheren Kolonien geprägt.[11] Die verfassungsrechtlichen Vorstellungen der Kapkolonie und Natals waren primär britisch geprägt, wohingegen die Vorstellungen der Orange River Colony sich an den Beispielen amerikanischer Kolonien orientierte. Die South African Republic hatte für ihr Gebiet eine Verfassungsmodell sui generis erarbeitet. Dort hatte man versucht, die bestehenden Strukturen innerhalb der Gesellschaft aufzugreifen und verfassungsrechtlich festzuschreiben, um auf diese Weise die Konflikte zwischen den Einwohnern der Kolonie zu regeln.

Der „Union of South Africa Act of 1909" errichtete einen starken Einheitsstaat mit vier Provinzen, deren Grenzen den früheren vier Kolonien entsprach. Nach britischem Vorbild wurde das Westminster-System[12] eingeführt, und es wurden ein Oberhaus und ein Unterhaus eingerichtet. Einige föderale Aspekte wurden trotz der unitarischen Staatsform in die Verfassung aufgenommen.[13] Beispielsweise stand das Wahlrecht in der Kapkolonie neben den Weißen auch den Coloured und den Afrikanern zu, wohingegen es in Natal ausschließlich auf die weiße Bevölkerung beschränkt war. Diese Rechte waren neben der Einführung des Englischen und des Afrikaans als Amtssprache in der Verfassung auch besonders geschützt. Nur mit einer Zweidrittelmehrheit in einer gemeinsamen Sitzung beider Häuser konnten diese Bestimmungen geändert werden. Es handelte sich bei diesen Normen um die „entrenched sections".

Es bleibt an dieser Stelle festzuhalten, daß letztlich immer noch das britische Parlament trotz der Beteiligung aller Kolonien dem Gesetz nach die verfassunggebende Autorität in der Union besessen hatte und auch später noch die Gesetzgebungsmacht besaß. Denn nach dem „Colonial Laws' Validity Act of 1865" traten Gesetze jeder Art nur dann in Kraft, wenn sie nicht einem in der betreffenden Kolonie vom britischen Parlament erlassenen Gesetz widersprachen. Erst mit

---

11 Vgl. zu den verfassungsrechtlichen Entwicklungen in den vier Kolonien: H.R. HAHLO und E. KAHN, The Union of South Africa, S. 51 ff.; L. M. THOMPSON, The Unification of South Africa, S. 94 ff.;

12 Mit dem Begriff „Westminster-Modell" werden die Verfassungen bezeichnet, die in enger Anlehnung an die britischen Verfassung entworfen worden sind. Insbesondere werden sie als Westminster Verfassungen eingeordnet, wenn sie typische Merkmale der britischen Verfassungsordnung übernommen haben, beispielsweise die Zweikammerstruktur (ein Unterhaus und eine Oberhaus), das englische Mehrheitswahlrecht (Einmann-Wahlbezirke)

13 Im Oberhaus sollten die vom Generalgouverneur nominierten Vertreter und die auf der Grundlage gleicher Vertretung aller vier Provinzen gewählten Vertreter beratende Funktionen gegenüber dem Unterhaus übernehmen.

dem Erlaß des „Statue of Westminster“[14] 1931 durch das britische Parlament erlangte Südafrika die volle Souveränität und wurde auch Mitglied im Commonwealth of Nations mit dem König von England als symbolischem Staatsoberhaupt. In staatsrechtlicher Hinsicht führte der Erlaß des Gesetzes zu einer Entwicklung des Staatssystems nach britischem Modell. Dicey's Konzept der „Rule of Law“[15] wurde übernommen und beherrschte damit auch das südafrikanische Verfassungsrecht.

Durch die Majorisierung des weißen Teils der Bevölkerung innerhalb des parlamentarsichen Systems fand die „Rule of Law“ aber sehr schnell eine besondere Ausprägung. Die demokratischen Rechte wurden ausschließlich als Rechte der weißen Bevölkerungsgruppe verstanden und diese Gruppe und ihre Interessen wurde im Parlament vertreten.

Bereits zu diesem Zeitpunkt legte die Verfassung die getrennte wirtschaftliche und soziale Entwicklung der verschiedenen Rassen fest. Aus diesem Grund formierte sich der schwarze Widerstand. Vor dem Erlaß der Verfassung sprachen Vertreter der Schwarzen und der Coloureds, Vertreter der African Political Organisation und der Black African Native Convention vor dem britischen Parlament, um ihren Widerstand gegen diese Verfassung deutlich zu machen.

II. Die Entwicklung des Wahlrechts der „nicht-weißen“ Bevölkerung nach 1909

Der schwarzen Bevölkerung in der Kapprovinz wurde im Jahre 1931 durch den „Representation of Native Act“ das allgemeine Wahlrecht aberkannt.[16] Das Parlament erließ dieses Gesetz, daß eine „entrenched section“ der Verfassung in den dafür vorgesehenen Verfahren der Art. 35 und 152 des „South Africa Act of 1909“ abänderte. Faktisch hatte es damit die Bindung an die „entrenched section“ trotz Erlaß des Statute of Westminster anerkannt. Im Gegensatz dazu stellte

---

14 Das „Statue of Westminster“ befreite das Unionsparlament von verfahrensrechtlichen Beschränkungen seiner Gesetzgebung und ließ diesem die freie Wahl bezüglich der Verfahrensart bei der Gesetzgebung.

15 DICEY'S Konzept der „Rule of Law“ basiert auf drei Grundvoraussetzungen:
1. Das ordnungsgemäß erlassene Gesetz gilt als das höchste des Landes, so daß jeder Bürger nicht der willkürlichen Macht des Staates ausgeliefert ist.
2. Staatsbeamte unterliegen in der gleichen Art wie jeder Bürger der Jurisdiktion der ordentlichen Gerichte.
3. Die Verfassung des Landes ergibt sich aus den einfachen Gesetzen, so daß es die Aufgabe der Gerichte ist, die Grenzen der Exekutive nach dem einfachen Recht zu bestimmen haben, um auf diese Weise die Privatsphäre des Einzelnen zu schützen.

16 Representation of Native Act; Act. No. 12 of 1931

jedoch das Gericht im Verfahren „Ndlwana v. Hofmeyer"[17] fest, daß das „Statute of Westminster" das Unionsparlament von jeglichen Bindungen hinsichtlich des Umfanges seiner Gesetzgebung befreit habe und es in der Wahl des Entscheidungsverfahrens frei sei. Es war nach dieser Rechtsprechung nicht notwendig, die besonderen Verfahrensvorschriften zur Abänderung der „entrenched sections" einzuhalten. Die Folge dieses Urteils bestand darin, daß mittelbar die „entrenched sections" für unwirksam erklärt wurden und der Gesetzgeber in verfahrensrechtlicher Hinsicht an verfassungsrechtliche Vorgaben gebunden war. Darüber hinaus hatte das Gericht auch seine eigene Überprüfungsmöglichkeit gegenüber Gesetzen des Parlaments für unrechtmäßig erklärt, was es auf die Ungebundenheit des Gesetzgebers stützte. Diese Auffassung hinsichtlich der unbeschränkten Gesetzgebungsmacht blieb die herrschende Auffassung unter den südafrikanischen Verfassungsrechtlern und Gerichten bis in das Jahr 1948.

Die Rechtsauffassung änderte sich in der Zeit nach der Übernahme der Regierungsmacht durch die NP jedoch insofern, daß nunmehr davon ausgegangen wurde, daß die „entrenched sections" in der Verfassung die Souveränität des Gesetzgebers in keiner Weise, weder in formeller noch in materieller Hinsicht, einschränken können. Diese Vorschriften und die dort geregelten Inhalte konnten daher durch das Parlament zu jeder Zeit geändert oder abgeschafft werden..[18]

Der farbigen Bevölkerungsgruppe sollte in einem ersten Versuch im Jahre 1951 durch den „Seperate Representation Voters Act"[19] das Wahlrecht entzogen werden. Der Verabschiedung diese Gesetzes war eine breite verfassungsrechtliche Diskussion vorausgegangen, und eine gerichtliche Entscheidungen verhinderte anfangs das Inkrafttreten des Gesetzes. Erst eine Verfassungsänderung im Jahr 1955 ermöglichte letztendlich den Erlaß des Gesetzes.

Mit Erlaß des „Appelate Division Quorum Act"[20] und dem „Senate Act"[21] im Jahre 1955 sicherte sich die regierende NP eine ausreichende Mehrheit, um die „entrenched sections" in dem für diesen Fall in der Verfassung vorgesehenen Verfahren zu ändern. Notwendige Voraussetzung für die Änderung der

17 Appelate Division, 1937; S. 229 ff.; Der Kläger wendete sich in diesem Verfahren gegen die Streichung der schwarzen Bevölkerung von den Wahllisten. Die entscheidende Passage des Urteils besagt, daß
„Parliament ...can adopt any procedure it thinks fit;..Parliament's will ... as expressed in an Act of Parliament cannot ...be questioned by a court of law, whose function it is to enforce that will, not to question ist."

18 Vgl. zu dieser Entwicklung G. CARPENTER, Introduction to South African Constitutional Law, S. 141 ff.; Klavs SKOVSHOLM, The Right to Vote in South Africa - A hundred Years of Experience, VRÜ 32 (999), S. 242 ff.

19 Seperate Representation Voters Act, Act No. 46 of 1951

20 Appelate Division Quorum Act, Act No. 27 of 1955

21 Senate Act, Act No. 53 of 1955

„entrenched sections“ war eine Zweidrittelmehrheit der abgegebenen Stimmen in einer gemeinsamen Sitzung beider Kammern, d. h. dem Parlament im Sinne der Verfassung von 1909, wie es von der Rechtsprechung ausgelegt wurde, vgl. § 152 des South Africa Act of 1909. Der „Appelate Division Quorum Act“ sah die Einrichtung eines Gerichts vor, das in Streitigkeiten über die Wirksamkeit parlamentarischer Maßnahmen die höchste Rechtsmittelinstanz darstellen sollte. Die Kammer sollte aus elf Richtern bestehen und mit einfacher Mehrheit die Streitigkeiten entscheiden können. Aufgrund des „Senate Acts“ wurde die Anzahl der Senatoren im Oberhaus von 48 auf 89 erhöht und das Wahlsystem abgeändert. Mit diesen Änderungen erreichte die NP die Zweidrittelmehrheit im Oberhaus und sicherte damit ihren Einfluß auch auf die verfassungsändernden Gesetze gesetzlich ab. Beide Gesetze konnten mit einer einfachen Mehrheit im Zweikammer-Verfahren verabschiedet werden, weil beide Gesetze nicht direkt die „entrenched sections“ betrafen.

Mit der notwendigen Zweidrittelmehrheit wurde daraufhin erst 1956 durch den „South Africa Amendment Act“[22] den farbigen Wählern in der Kapprovinz das Wahlrecht entzogen. Aufgrund des Gesetzes wurde einerseits Art 35 des „South Africa Acts of 1909“ abgeschafft, d.h. die „entrenched section“, die der farbigen Bevölkerung das Wahlrecht garantierte, und der „Seperate Representation of Voters Act“ wieder für wirksam erklärt. Die in Folge der Verabschiedung dieses Gesetzes erhobene Klage Collins v. Minister of the Interior[23] wurde, da sie die Wirksamkeit eines Parlamentsgesetzes betraf, gemäß dem Appelate Division Quorum Act der Kammer zu Entscheidung vorgelegt und mit zehn zu einer Stimme für wirksam erklärt. Damit war die Legalität der Verfassungsänderung geschaffen und eingehalten worden.

Erst die gesetzlichen Änderungen, d. h. die Verfassungsänderung und die Umgestaltung des gerichtlichen Systems ermöglichten der Regierung diese Verfassungsänderungen. Das vorrangige Ziel der NP bestand zu dieser Zeit darin, die geplanten Umgestaltungen auf legale Weise zu erreichen. Mit der Übernahme des Westminster-Systems, mit dem Zweck ihre Ziele unter der Beachtung der formellen Legalität zu erreichen, und der Ablehnung des britischen Grundsatzes der „rule of law“ sicherte sich die Regierung der weißen Bevölkerung ihre Vorherrschaft und die Möglichkeit ihre Idee der Apartheid umzusetzen. Sie hatte damit eine „omnipotent lawmaking machine“[24] geschaffen, mit Hilfe der Anschein der Legalität beibehalten werden konnte.

---

22 South Africa Amendment Act, Act No. 9 of 1956

23 Collins v. Minister of the Interior 1957

24 J. R. DUGARD, Human Rights and the South African Legal Order, S. 34

C. Die Verfassung von 1961

Nach dem Wahlsieg der NP im Jahr 1948 wurde die weiße Vorherrschaft in Südafrika immer weiter ausgebaut und mit Hilfe der Verfassung durch Gesetze verfestigt. Das südafrikanische Parlament erließ dann 1961 den „South Africa Constitution Act of 1961". Mit dieser Verfassung löste sich Südafrika dann endgültig von seinen traditionellen Bindungen zur englischen Krone. Trotz der Forderungen der Opposition, eine Grundrechtskatalog in die Verfassung aufzunehmen, an den auch der Gesetzgeber gebunden wäre, und somit von der Souveränität des Parlaments Abstand zu nehmen, hielt das Parlament an dem alten Konzept - dem Status der Legislative als ungebundener Primat - fest. Die Verfassung wurde lediglich dahingehend geändert, daß die monarchische Staatsform von einer republikanischen abgelöst wurde.[25] Unter dieser Verfassung erlangte das Apartheidsregime seinen fragwürdigen Höhepunkt. Hendrik Frensch Verwoerd, der Premierminister von 1958 bis 1966, gilt als der Architekt der Apartheid. Er errichtete die sog. „kleine Apartheid".

D. Die Verfassung von 1983

Im Jahre 1983 erließ das Parlament den „South Africa Constitution Act of 1983"[26] und gab sich damit die dritte Verfassung in der Geschichte des Landes. Es erließ diese Verfassung in der Form eines einfachen Parlamentsgesetzes. Die Bestrebungen zu einer neuen Verfassungsordnung gingen auf die Initiative des damaligen Staatspräsidenten P. W. BOTHA, den damalige Vorsitzende der regierenden NP, zurück. Nach dem Aufstand in Soweto 1976, den daraufhin erlassenen internationalen Wirtschaftssanktionen und aufgrund des wachsenden nationalen Drucks wurden die Forderungen innerhalb der Bevölkerung wie auch unter einem Teil der Verfassungsrechtler nach einer nicht rassistischen Verfassung stärker. Diese sollte allen Menschen, insbesondere auch der schwarzen Bevölkerungsmehrheit das allgemeine Wahlrecht garantieren und das Parlament in seiner ungebundenen Entscheidungsfreiheit durch einen Grundrechtskatalog binden. Mit dem Erlaß der dritten Verfassung des Landes wollte P. W. BOTHA den geforderten Wandel herbeiführen und das Apartheidssystem abschaffen, damit Südafrika in die Internationale Staatengemeinschaft zurückkehren konnte.

---

25 D. MARAIS, Constitutional Development of South Africa, S. 33 ff.

26 South Africa Constitution Act of 1983, Act No. 110 of 1983, abgedruckt im Anhang zu J.L. PRETORIUS, South Africa Constitution Act of 1983, JöR 33 (1984), S. 546-573

Das Schlagwort, unter dem die Reform durchgeführt wurde, hieß „consociatialism“[27] bzw. „consociational democracy“ als neues politisches Konzept im Gegensatz zu dem alten System der Apartheid. Die Idee des „consociatialism“ basiert auf der Annahme, daß die verschiedenen ethnischen Gruppen nur unter der Voraussetzung friedlich zusammenleben können, daß die demokratische Verfassung jeder einzelnen ethnischen Gruppe die Kompetenzen und Mittel zur Verfügung stellt, die notwendig sind, damit sie ihre grundlegenden Interessen verfolgen und verwirklichen kann.[28]

I. Die verfassungsrechtlichen Änderungsvorschläge in den 80er Jahren

Im südafrikanischen Parlament wurde zu Beginn der 80er Jahre noch die Aufnahme eines Grundrechtskatalogs in die Verfassung, der alle staatliche Gewalt binden sollte, erwogen.[29] Weiterhin wurde als Staatsform eine Kantonsystem am Beispiel der Schweiz diskutiert.·[30] Die schwarze Widerstandsbewegung forderte weiterhin die Schaffung eines zentral verwalteten Einheitsstaat und die Aufnahme eines Grundrechtskatalogs in die Verfassung.[31] Die IFP forderte die Aufteilung der Macht nach dem Indaba-Modell, d.h. sie favorisierte das Konkordanzsystem.[32] Letztlich fand aber keiner dieser Entwürfe Eingang in die Verfassung von 1983, sondern das Parlament verabschiedete 1983 auf der Grundlage des Entwurfs eines Regierungsausschusses aus dem Mai 1983 eine Verfassung, die erneut auf der alten Apartheidsgesetzgebung basierte.

---

27 Dieses Konzept wurde von A. LIJPHART entwickelt und geht auf das Werk J. ALTHUSIUS', Politica Methodica Digesta, zurück. Es handelt sich um einen Begriff der amerikanischen Politikwissenschaft und untersucht die besonderen Probleme, die sich in einem Demokratischen System innerhalb einer heterogenen, pluralen Gesellschaft ergeben. J. L. PRETORIUS, South Africa's New Constitution, in: JOR 33 (1984), S. 527 f.

28 Vgl. zu dem Modell des „ Consociationalism “: J. L. PRETORIUS, South Africa's New Constitution, in: JOR 33 (1984), S. 527 f

29 dazu J. L. PRETORIUS, South Africa's New Constitution, in: JOR 33 (1984), S. 527 f.

30 F. KENDALL-LOUW, / L. LOUW, Let The People Govern, insbesondere „The relevance of Swiss history for South Africa“ S. 27 ff.

31 Vgl. zu den verfassungsrechtlichen Vorstellungen des ANC zu Beginn der 80er Jahre, B. STEINMEYER, Verfassungsrechtliche Ansätze zur Neuordnung der multirassischen Gesellschaft Südafrikas unter Berücksichtigung des Vorschlages des Verhandlungsforums der „KwaZulu/Natal Indaba“, S. 131 ff

32 Zu den Verfassungsvorschlägen der KwaZulu/Natal Indaba, B. STEINMEYER, Verfassungsrechtliche Ansätze zur Neuordnung der multirassischen Gesellschaft Südafrikas unter Berücksichtigung des Vorschlages des Verhandlungsforums der „KwaZulu/Natal Indaba“, S. 206 ff.

II. Ein Überblick über den Inhalt der Verfassung von 1983

Die Verfassung von 1983 ist wie ihre Vorgängerin aus dem Jahr 1961 in erster Linie eine formelle Verfassung, die lediglich die staatliche Organisation und die Verfahren festlegt.[33] Einen Grundrechtskatalog oder andere materielle Verfassungsbestimmungen enthielt diese Verfassung nicht.

Die Umsetzung des Konzeptes der „consociational democracy“ schlug sich auch in dem neuen Regierungssystem nieder. Die Verfassung schuf besondere Kompetenzbereiche für jede am politischen Leben beteiligten Bevölkerungsgruppe, die diese in eigener Verantwortung regeln konnten („own affairs“). Die allgemeinen Angelegenheiten blieben aber weiterhin der Regelung durch das Drei-Kammer-Parlament vorbehalten, faktisch bedeutete diese Regelung die uneingeschränkte Kompetenz der weißen Bevölkerungsgruppe in diesen Angelegenheiten. Als allgemeine Angelegenheiten („general affairs“) wurden sämtlichen Angelegenheiten unter Ausklammerung der „own affairs“ verstanden. Welche dieser Angelegenheiten als allgemeine oder als eigene zu qualifizieren waren, entschied allein der Staatspräsident. Weiterhin konnte er im Konfliktfall zwischen den verschiedenen Kammern des Parlamentes bei Entscheidungen über allgemeine Angelegenheiten, diese dem Präsidialrat zur Entscheidung überweisen.[34]

Verfassungsänderungen ließ die Verfassung von 1983 grundsätzlich zu, forderte jedoch im Hinblick auf einige Verfassungsbestimmungen eine besondere Abstimmungsmehrheiten. Eine Zweidrittelmehrheit war gemäß Art. 99 Abs. 1 dieser Verfassung notwendig, um die Bestimmung über die zwei offiziellen Landessprachen, Afrikaans und Englisch, zu ändern. Die meisten der anderen Verfassungsbestimmungen bedurften der Zustimmung der Mitglieder aller drei Häuser. Zur Annahme des Änderungsgesetzes war gemäß Art. 99 Abs. 3 die einfache Mehrheit, aller Sitze zusammen notwendig. Durch die Sitzverteilung innerhalb der drei Häuser des Parlaments war gesichert, daß durch die Zustimmung des ersten Hauses, es den Vertretern der weißen Bevölkerung möglich war, jedes Verfassungsgesetz zu ändern war.

Trotz weitreichender Diskussionen in der Lehre und der Politik enthielt diese Verfassungsordnung keinen Grundrechtskatalog. Lediglich die Präambel der damaligen Verfassung stellte einige Staatsziele auf, die die staatlichen Organe bei ihrem Handeln in Betracht zu ziehen hatten und die den Gerichten als Interpreta-

33 Vgl. zu der Verfassung von 1983: B. STEINMEYER, Verfassungsrechtliche Ansätze zur Neuordnung der multirassischen Gesellschaft Südafrikas, S182 ff.; J.L. PRETORIUS, South Africa's New Constitution, JOR 33 (1984), S. 517ff.; K. VON DER ROPP, VRÜ 1984, S. 194 ff;

34 Art. 31 Abs. 1 der Verfassung von 1983

tionshilfe dienen sollten. Als nationale Ziele wurden in der Präambel aufgezählt: die Aufrechterhaltung christlicher Werte und bürgerlicher Normen, mit Anerkennung und Schutz des Glaubens; die Aufrechterhaltung der Unabhängigkeit der Gerichte und der Gleichheit vor dem Gesetz; die Steigerung der Zufriedenheit und des geistigen und wirtschaftlichen Wohlergehens aller; die Respektierung und der Schutz der Menschenwürde, des Lebens, der Freiheit und des Eigentums aller; die Respektierung, die Förderung und der Schutz des Selbstbestimmungsrechts der Bevölkerungsgruppen und des Volkes und die Förderung der privaten Initiative und des Wettbewerbes.

III. Die Bewertung der Verfassungsreform von 1983

Während mit der Verfassung von 1983 versucht wurde, für die weiße südafrikanische Bevölkerung das überwiegend demokratisches System angesichts der Spannungen der vorausgegangenen Jahre zu verbessern und zu modernisieren, bedeutete dieses System - eine autoritäre Ausgestaltung des Westminster-Systems - für die „schwarze" Bevölkerung weiterhin den umfassenden Ausschluß vom politischen Leben, während die indische und die farbige Bevölkerungsgruppe zumindest durch die Bildung des zweiten und dritten Hauses des Parlaments politische Rechte erhielten. Letztlich wurden diese beiden Bevölkerungsgruppen jedoch nur de jure Teil des neuen Regierungssystems für Südafrika. De facto bildeten sie nur die Opposition zu der regierenden NP der weißen Bevölkerung in einem System, das nach Ansicht dieser Partei in erster Linie dahingehend ausgestaltet war, einen Konsens zwischen den verschiedenen Bevölkerungsgruppen herzustellen.

Die verfassungsrechtliche Ausgestaltung des Apartheidsystems fand mit dieser Verfassung ihren Höhepunkt. Das Apartheidsystem, d. h. die Diskriminierung gerade der schwarzen Bevölkerung, wurde in dieser Verfassung vollständig konstitutionalisiert. Die Änderungen bilden darüber hinaus die Grundlage für ein in hohem Maße autokratisches Regierungssystem. Die staatliche Macht ist auf das Amt des Staatspräsidenten verlagert und in seiner Person konzentriert worden. Mit diesem Konzept erhält der Staatspräsident als Spitze der Exekutive aber auch die maßgebliche Kompetenz in der Legislative.

Festzuhalten bleibt, daß diese Verfassung in zweifacher Hinsicht problematisch erschien. Auf der einen Seite wurde weiterhin der schwarzen Bevölkerung ihr Wahlrecht mit der Begründung abgesprochen, daß sie nicht Staatsangehörige der Republik Südafrikas wären, sondern Staatsangehörige der „unabhängigen" Bantustans. Dies bedeutete tatsächlich eine Fortführung der alten diskriminierenden Homelandpolitik. Auf der anderen Seite entschied der Staatspräsident, der nach der Verfassung stets eine Weißer sein mußte, welche Angelegenheiten die besonderen Interessen einer jeden Gruppe sind, somit inwieweit die einzelnen ethnischen Gruppen eigenständig handeln konnten.

Bei der Verabschiedung der neuen Verfassung von 1983 handelte es sich nicht um einen Prozeß der Verfassungsgebung, sondern lediglich um eine Verfassungsrevision. Ihre Legitimität soll sie nach Ansicht der südafrikanischen Regierung nicht aus der Wahl ableiten, die Anfang der 80er Jahre abgehalten wurden, sondern sie leitet ihre Legitimität aus der vorherigen Verfassung ab, da die neue Verfassung nach den Vorschriften ihrer Vorgängerin verabschiedet wurde. Das Problem der demokratischen Legitimität der Verfassung von 1983 unter dem Gesichtspunkt der verfassunggebenden Gewalt stellte sich daher nach der innerstaatlichen Rechtsordnung nicht.

IV. Die Legitimität der Verfassung aus der Sicht der Völkerrechtsgemeinschaft

Von der innerstaatlichen Legitimität der Verfassung ist die Sicht der Völkerrechtsgemeinschaft hinsichtlich der Legitimität dieser Verfassung zu unterscheiden.[35] Die neue südafrikanische Verfassung von 1983 war Gegenstand mehrerer Maßnahmen und Entschließungen verschiedener Organe der Vereinten Nationen.

Zum einen erging am 15. November 1983 in der Generalversammlung der Vereinten Nationen eine Resolution,[36] die sich mit der „proposed new racial constitution of South Africa" beschäftigte. Es wurde in dieser Resolution festgestellt, daß die neue südafrikanische Verfassung den Grundsätzen der Charta der Vereinten Nationen widerspreche, daß dem unterdrückten Volk von Südafrika in seinem legitimen Kampf für eine vom Rassismus freie Demokratie Hilfe zu leisten sei, und daß der Sicherheitsrat alle notwendigen Maßnahmen in Übereinstimmung mit der Charta der Vereinten Nationen ergreifen solle, um Spannungen im südafrikanischen Raum und insbesondere in der Südafrikanischen Union zu verhindern. Am 2. Oktober 1984 beschloß die UN-Generalversammlung dann erneut eine Resolution, die die Verfassung der Südafrikanischen Union für null und

---

35 Vgl. zu der völkerrechtlichen Beurteilung der Verfassungsreform in Südafrika 1984, J. DELBRUCK, Apartheid, in: R. Bernhardt (ed), EPIL, Volume I (1992), S. 192 ff., K. DOEHRING, Die völkerrechtliche Beurteilung der Maßnahmen der Organe der Vereinten Nationen im Zusammenhang mit der Verfassungsreform in Südafrika, S. 9 ff.

36 Die Resolution 38/11 wurde am 15.11.1983 mit 141 Stimmen bei keiner Gegenstimme und 7 Enthaltungen angenommen, UN-DOC GAOR 28th Sess. Suppl. No. 47 (A/38/47), S. 22 f.

nichtig erklärt und das Apartheidssystem als Verbrechen gegen die Menschlichkeit qualifiziert, das den internationalen Frieden und die internationale Sicherheit bedrohe.[37]

Zum anderen beschäftigte sich auch der Sicherheitsrat der Vereinten Nationen auf diese Anregung hin in Stellungnahmen, aber auch in Resolutionen mit dieser Verfassung. Am 20. August 1984 verabschiedete der Sicherheitsrat die Resolution 554 (1984)[38], mit der erklärt wurde, daß diese Verfassung der Südafrikanischen Union den Grundsätzen der Charta der Vereinten Nationen widerspreche, daß das am 2. November 1983 durchgeführte Referendum keinerlei Gültigkeit besitze und daß sie neue Verfassung selbst null und nichtig sei. Alle Regierungen wurde erneut aufgefordert, dieser Verfassung ihre Anerkennung zu versagen. Am 23. Oktober 1984 erging die Resolution 556 (1984)[39] des Sicherheitsrates. Dort wurde auf Art. 21. Abs. 1 und 3 der Allgemeinen Erklärung über die Menschenrechte von 1948 und auf das Selbstbestimmungsrecht des unterdrückten Volkes von Südafrika verwiesen, dessen Unterstützung von allen anderen Regierungen erbeten wurde. Gegenüber der Südafrikanischen Union wurde die Forderung aufgestellt, das System der Apartheid abzuschaffen und alle notwendigen Maßnahmen in dieser Hinsicht zu ergreifen.

Die rechtliche Qualifizierung dieser UN-Resolutionen und damit die rechtliche Konsequenz für die Verfassung der Südafrikanischen Union auf innerstaatlicher und auf internationaler Ebene war problematisch. Unabhängig von der rechtlichen Qualifizierung konnte jedoch die völkerrechtliche Beurteilung der Rechtmäßigkeit der Verfassung wegen der äußeren Selbstbestimmung des südafrikanischen Staates keine innerstaatliche Wirkung entfalten.

E. Zwischenergebnis

In der südafrikanischen Verfassungsgeschichte dominierte ganz deutlich das britische Westminster-System und damit das Prinzip des Parlamentsvorrangs. Die Lehre von der verfassunggebenden Gewalt des Volkes hat in der südafrikanischen Verfassungstradition nur für die weiße Bevölkerung eine Rolle gespielt. Dadurch daß der überwiegende Teil der Bevölkerung stets von ihren politischen

37 Diese Stellungnahme 39/2 wurde am 02.10.1984 angenommen, UN-Doc. A / RES / 29 /2

38 Diese Resolution wurde am 20.08.1984 mit 13 Stimmen ohne Gegenstimme aber bei zwei Enthaltungen (USA und Großbritannien) verabschiedet, UN-DOC S / RES / 554 (1984)

39 Diese Resolution wurde am 23.10.1984 mit 14 Stimmen bei eine Enthaltungen (USA) angenommen, UN-DOC S / RES / 556 (1984)

Rechten ausgeschlossen war, wurde das Volk nie umfassend an dem Prozeß der Verfassungsgebung beteiligt.

Die Entwicklung der früheren holländischen bzw. britischen Kolonie bis 1909 war in erster Linie durch die rechtlichen Verbindungen zu dem jeweiligen Mutterland geprägt. Verwaltet wurde das Gebiet am Kap ausschließlich durch die überseeischen Parlamente. Mit dem Erlaß der Verfassung von 1853 wurde dieses Gebiet zu einem britischen Dominion mit einer eigenen Verfassung, die jedoch nur Verwaltungskompetenzen und die Macht des Gouverneurs bestimmte.

Mit der Hilfe der drei Verfassungen, die seit der Gründung der Südafrikanischen Union nach 1909 erlassen wurden, und zahlreicher einfachgesetzlichen Regelungen und Verwaltungsvorschriften baute das Regime der weißen Bevölkerung das Apartheidsystem aus. Vor diesem Hintergrund lassen sich einige Besonderheiten innerhalb der Verfassungsentwicklung feststellen.

Das Apartheidsregime legte größten Wert auf die Errichtung „legaler" Fundamente für die Politik der Apartheid, bzw. wie sie später bezeichnet wurde, die Politik der getrennten Entwicklung. Das detailliert ausgearbeitete System gesetzlicher und behördlicher Anordnungen stellte einerseits ein effektives System zur Durchsetzung der Apartheidspolitik der NP dar, auf der anderen Seite bringt dieses System auch zum Ausdruck, das das Verständnis von Legalität und Verfassungsmäßigkeit im hohen Maße positivistisch und formal geprägt ist.

Das Defizit an materieller Legitimität des Systems, das wegen der Qualifizierung des Apartheidsystems als Verbrechen gegen die Menschlichkeit von der internationalen Staatengemeinschaft festgestellt worden war, sollte gerade durch die Systematisierung und Formalität entgegengetreten werden. Dieses übersteigerte tradierte Ordnungsdenken der durch das römisch-holländischen Recht geprägten weißen Minderheit hat ein pervertiertes Verständnis von Rechtsstaatlichkeit zur Folge und führte zu einer systematischen Instrumentalisierung des Rechts zum Zweck der Politik der Herrschenden.

Es bleibt also festzuhalten, daß in der traditionellen von der Apartheid geprägten südafrikanischen Verfassungslehre die Lehre von der verfassunggebenden Gewalt des Volkes, des „pouvoir constituant" im Sinne SIEYÈS, keine Rolle spielte[40]. Der Grund für die Ablehnung und die Unanwendbarkeit diese Lehre kann darin gesehen werden, daß das verfassungsrechtliche Denken auf dem britischen Westminster-System basierte, das in Südafrika jedoch eine besondere Ausprägung gefunden hatte. Es wurden keine qualitativen Unterscheidung zwischen den einfachen Parlamentsgesetzen oder besonderen Verfassungsgesetzen getroffen, so daß bei dem Verfahren zur Änderung der jeweiligen Gesetze auch keine besonderen Anforderungen erfüllt werden mußten. Die Verfassung wurde viel-

40 J.L. PRETORIUS, South Africa's New Constitution, in: JöR 33 (1984), S. 525 f.

mehr nur als ein Gesetz gesehen, daß den organisatorischen Rahmen für die Regierung festlegte[41]. Das Problem der demokratischen Legitimation des Prozesses der Verfassungsgebung, d. h. der Legitimation der Verfassung durch den Willen des Volkes, der durch Wahlen zu einer verfassunggebenden Versammlung oder durch eine Abstimmung über die Verfassung zum Ausdruck kommen kann, stellte sich daher im Rahmen dieser traditionellen und damals noch vorherrschenden Lehre bei der Beschäftigung mit dem Ursprung der Verfassung zu keinem Zeitpunkt.

Im Gegenteil berief sich die Lehre[42] auf die Herleitung der Legitimität der Verfassung von 1983 aus dem „South Africa Act of 1909". Insbesondere wurde die Abkehr von dem traditionellen britischen Westminster-System auch nicht als Bruch der Legalität oder Legitimität der verfassungsrechtlichen Tradition angesehen, sondern als Neuordnung und Neuorientierung der rechtlichen Ordnung durch das souveräne Parlament.

41 J.L. PRETORIUS, South Africa's New Constitution, in: JöR 33 (1984), S. 519
42 G. E. DEVENISH, The Nature and Scope of the Constitutional Act of 1983, S. 1 f.

Kapitel 3: Die neuere südafrikanische Verfassungsentwicklung unter besonderer Berücksichtigung der verfassunggebenden Gewalt des Volkes

Mit der Verabschiedung des neuen und endgültigen Verfassungstextes am 10. Dezember 1996 und seinem Inkrafttreten am 4. Februar 1997 wurde ein langwieriger Verhandlungs- und Übergangsprozeß über die verfassungsrechtliche Neuordnung abgeschlossen, an dessen Ende für Südafrika erstmals ein demokratisches und rechtsstaatliches System steht. Mit der Verabschiedung des Verfassungstextes wurde der letzte und bedeutendste Beitrag zur Herstellung einer dauerhaften und stabilen Demokratie geleistet. Die Verfassung vom 10. Dezember 1996 ist auf keinem der oben dargestellten klassischen Wege einer Verfassungsgebung zustande gekommen; insbesondere die Mehrparteienverhandlungen, ihre bindenden Verfassungsgrundsätze für die später eingesetzte verfassunggebende Versammlung und die Überprüfung durch das Verfassungsgericht entsprechen nicht dem herkömmlichen Akt einer Verfassungsgebung.

Um die Verfassungsentwicklung, die Frage der Legitimität der Verfassung in Bezug auf den Akt der Verfassungsgebung und auf ihre Anerkennung durch das Volk verstehen und einordnen zu können, muß der Ursprung, die geschichtliche Entwicklung und die eventuell übernommenen Traditionen, der neuen Verfassungsordnung, ihre Hauptmerkmale und dieses insbesondere vor dem Hintergrund der südafrikanischen Verfassungsgeschichte betrachtet werden. Ohne die Einbettung der Betrachtungen in den besonderen historischen Rahmen des Landes kann die Entwicklung der letzten sechs Jahre nicht analysiert werden.

Als Ausgangspunkt der Arbeit, wie die aktuellen verfassungsrechtlichen Entwicklungen innerhalb Südafrikas einzuordnen ist, die Fragestellung zu untersuchen, ob der letztendlich erfolgte Zusammenbruch des Apartheidsregimes und der diesem Regime zugrunde liegenden Rechtsordnung als ein revolutionärer Vorgang zu werten ist[1] oder ob der Wandel friedlich innerhalb des alten verfassungsrechtlichen Rahmens[2] abgelaufen ist. Einerseits wurde dieser Wandel in den Medien häufig als „verhandelte Revolution" bezeichnet[3], andererseits strebte die alte Apartheidsregierung anfangs lediglich eine Verfassungsänderung der damals geltenden Verfassung von 1983 an und war auch im Laufe der Verhandlung unter

---

1 vgl. oben B VII 1

2 vgl. oben B VII 2

3 U. KARPEN, Die Mühen um die Einheit des Landes. in: FAZ, 11.03.1996 S. 10; R. von LUCIUS, Südafrikas sanftfriedliche Revolution, in: Das Parlament vom 5. April 1996 S. 13

der alten Verfassung von 1984 bis zum Jahr 1994 stets bemüht, einen Verfassungsbruch zu vermeiden. Zu dieser Zeit versuchte die damalige Regierung, die sich aus Mitgliedern der NP zusammensetzte, politisch gefundene Kompromisse dem alten Parlament zur Entscheidung vorzulegen. Beide Wege, Revolution und Verfassungsänderung, wurden in der politischen Diskussion als Charakterisierung dieser Entwicklung gewählt.

A. Die Aktualisierung der verfassunggebenden Gewalt zu Beginn der 90er Jahre - die verhandelte „Revolution"

Mit der Entlassung Nelson MANDELAS aus dem Gefängnis am 11. Februar 1990 begann nach außen sichtbar der politische Prozeß der Aushandlung der Revolution.[4] Zur Beurteilung der Rechtmäßigkeit staatlichen Handelns und der Frage nach der möglichen Aktualisierung der verfassunggebenden Gewalt, muß zunächst geprüft werden, welche Normen im einzelnen zur Beurteilung der rechtlichen Lage heranzuziehen sind. Von Legitimität der Verfassung kann einerseits gesprochen werden, wenn sich das staatliche Handeln im Rahmen der alten legitimierten Verfassungsordnung hält oder die verfassunggebende Gewalt nach revolutionären Vorgängen sich in legitimer Weise aktualisiert und ausgeübt wird. Was bis zum Inkrafttreten der Übergangsverfassung, bzw. der endgültigen Verfassung die tatsächliche Verfassungsordnung war, ist angesichts der Entwicklungen zu Beginn der 90er Jahre aufgrund der vielen politischen Absprachen neben der konkreten Verfassungsurkunde von 1983 nicht eindeutig erkennbar.

Die Übergangsverfassung für Südafrika von 1994 bewirkte für die Beurteilung der internationalen Konstellation keine Veränderungen. Durch die Interimsverfassung wurden die alten TBVC-Staaten und die „self-governing territories" wieder Teil des südafrikanischen Staatsgebietes.[5] International waren diese Bantustans ohnehin nie anerkannt worden.

Die von vielen Beobachtern des Geschehens bezeichnete „verhandelte Revolution" in Südafrika nimmt in der südafrikanischen Geschichte eine Sonderstellung schon allein deshalb ein, weil erstmals alle in Südafrika lebenden Bevölkerungsgruppen an den revolutionären Vorgängen beteiligt wurden. Daß diese neuen Einfluß nehmenden Kräfte das Staatswesen so weitreichend abän-

---

4 Archiv der Gegenwart vom 2. Februar 1990 S. 43198

5 Archiv der Gegenwart vom 18. Nov. 1993, S. 38400; Mittels Parlamentsbeschluß - Restoration and Extension of South African Citizenship Act, Act. no. 196 of 1993 - wurden diese Territorien wieder eingegliedert. Art. 230 i.V.m. Anhang 7 der Verfassung räumte allen Bewohnern dieser Gebiete wieder die südafrikanische Staatsangehörigkeit ein.

derten, wollten die alten politischen Kräften ursprünglich verhindern und strebten lediglich einige Verfassungsänderungen an. Letztlich gewannen die Verhandlungen zwischen den ehemaligen Gegnern gleichwohl eine alle staatliche und gesellschaftliche Bereiche betreffende Dimension.

Mit dem Ausbruch der Revolution, bzw. dem Beginn der Verhandlungen zwischen den ehemaligen Gegnern im Jahre 1990 war noch nicht gesichert, daß die Folgen zu einer Errichtung eines freiheitlichen, demokratischen Staates führen würden, in dem die Menschen aller ehemals feindlich gesinnten Ethnien miteinander leben würden. Der über neun Jahrzehnte auf die südafrikanische Bevölkerung über Bildung und Erziehung und Maßnahmen im alltäglichen Leben ausgeübte staatlich vermittelte Einfluß und die ideologische Ausrichtung der politischen Eliten der Bevölkerungsgruppen hätte durchaus ein Auseinanderbrechen der südafrikanischen Republik erwarten lassen können. Ein friedlicher Verlauf dieser Revolution und die politischen wie staatlichen Konsequenzen lagen nicht notwendiger Weise nahe.

Wie oben[6] festgestellt aktualisiert sich die verfassunggebende Gewalt nur bei dem Vorliegen besonderer Tatbeständen, in erster Linie bei Revolutionen. Nur unter diesen besonderen Voraussetzungen ist nach der demokratischen Lehre von der verfassunggebenden Gewalt des Volkes die Verfassungsgebung legitim. Die südafrikanische Rechtswissenschaft hat sich kaum mit der Beurteilung der Rechtmäßigkeit der Entwicklung befaßt und spricht von einer „verhandelten Revolution".

Demzufolge ist im folgenden Abschnitt zu untersuchen, ob sich in Südafrika zu Beginn dieses Jahrzehnts in der sogenannten „verhandelten Revolution" die verfassunggebenden Gewalt des Volkes aktualisiert hat. Verglichen mit den dargestellten klaren staatsrechtlichen Konturen der Revolution als Ursprung einer neuen Legitimität ist die „verhandelte Revolution" in Südafrika vielschichtiger und vieldeutiger. Die Ereignisse am Ende der 80er und zu Beginn der 90er Jahre haben teilweise revolutionären Charakter, aber weisen auch Elemente staatlicher Kontinuität auf.

Ein Problem bereitet das Eingrenzen des zeitlichen Rahmens der revolutionären Vorgänge, d. h. es läßt sich kein bestimmter Tag festlegen, an dem die Revolution tatsächlich begonnen hat oder an dem sich sichtbar und eindeutig ein Bruch mit der alten Ordnung vollzogen hat. In Frage käme für dieses Ereignis beispielsweise die Rede des damaligen Staatspräsidenten F. W. DE KLERK am 2. Februar 1990 anläßlich der Parlamentseröffnung, in der er die Aufhebung der wichtigsten Apartheidsgesetze und die Freilassung Nelson MANDELAS ankündigte. Es könnte sich aber auch um den 27. April 1994 handeln, den Tag an dem

---

6 vgl. B VII

die ersten freien und allgemeinen Wahlen in der Republik Südafrika stattfanden und an dem die Interimsverfassung in Kraft trat. Dieser Zeitpunkt könnte der Tag sein, an dem die endgültige südafrikanische Verfassung in Kraft tritt, die von der verfassunggebenden Versammlung verabschiedet wurde oder den Tag, an dem die getroffenen Übergangsregelungen auslaufen.

Der politisch erzwungene Rücktritt der bisherigen Machtelite in Verbindung mit der radikalen Abkehr von ihrer ideologischen Ausrichtung hätte für sich genommen ausgereicht, im Hinblick auf die konkreten Entwicklungen von einer Revolution zu sprechen. Deutlichen Ausdruck des erfolgten Umbruchs stellt das Inkrafttreten der Übergangsverfassung am 27. April 1994 dar und die Amtsaufnahme des neuen Staatspräsidenten Nelson MANDELAS nach der Wahl. Wenn auch die politische Entwicklung zu Beginn des Jahrzehnts nur auf die Umgestaltung des alten rechtlichen Systems gerichtet war, so läßt sich die Ausdehnung der Entwicklung zur Revolution mit ihrem konkreten Verlauf, ihren Ursachen und ihren politischen wie auch rechtlichen Folgen nur unter besonderer Berücksichtigung der Entwicklung der internationalen Konstellation erklären.

I. Zeitlicher Rahmen

Es ergeben sich zu Beginn der Darstellungen größere Schwierigkeiten, den genauen zeitlichen Rahmen der Revolution zu bestimmen. Die Aktionen des zivilen Ungehorsams und auch die gewalttätigen Aktionen der Befreiungsbewegung der schwarzen Bevölkerung in den 80er Jahren stellten wichtige Elemente für den Zusammenbruch des alten politischen Systems dar.[7] Der ANC konnte zu dieser Zeit lediglich aus dem Untergrund heraus agieren, da er seit dem Jahr 1960 eine nach südafrikanischem Recht verbotene Organisation war. Trotzdem formierte sich der schwarze Widerstand. Insbesondere die Streiks der schwarzen Industriearbeiter in den 80er Jahren und die anschließende Anerkennung des kollektiven Verhandlungsrecht der Arbeiter durch das Regime zeigten deutlich, welchen Einfluß diese Bevölkerungsgruppe besaß, daß sie unentbehrlich für den südafrikanischen Staat und seine Wirtschaft war und einen wichtigen Teil der südafrikanischen Gesellschaft repräsentierten.

Der infolge der Aufstände von der Apartheidsregierung 1986 erklärte Notstand und die verschärfte Sicherheitsgesetzgebung wegen der landesweiten Unruhen der schwarzen Bevölkerung stellte das letzte Aufbäumen des alten Systems

7 S. FRIEDMAN, The long journey, S. 6 ff.; A. DAVIDSON / P. STRAND, The Path to Democracy, S. 3 ff.

gegenüber der Änderungen des staatlichen Systems dar.[8] Die Befreiungsbewegung der Schwarzen hatten die Unruhen begonnen, um den südafrikanischen Staat unregierbar zu machen[9] und das durch das Regime errichtete Apartheidssystem zur Aufgabe zu zwingen.

Eine weitaus größere Bedeutung für die Bestimmung des zeitlichen Rahmens der südafrikanischen Revolution beinhalten jedoch die Veränderung im damaligen Herrschaftsapparat selbst. Mit der Wahl F. W. DE KLERKS zum Vorsitzenden der NP im Februar 1989 und zum Staatspräsidenten im August des Jahres als Nachfolger P. W. BOTHA zeichnete sich eine Änderung der politischen Linie innerhalb der NP zugunsten des gemäßigten, reformwilligeren Flügels ab. Maßgeblicher Zeitpunkt für die „verhandelte Revolution“ könnte daher unter Zugrundelegen der innerparteilichen Entwicklung in der NP der 2. Februar 1990 gewesen sein, dem Tag, an dem der damaligen Staatspräsident F. W. DE KLERK in seiner Rede zur Parlamentseröffnung die Entlassung Nelson MANDELAS und die Aufhebung der alten Apartheidsgesetzgebung ankündigte.[10]

Mit dieser Rede eröffnete er den Dialog mit den Organisationen der Befreiungsbewegung und mache den Weg für verfassungsrechtliche Verhandlungen frei. Die bedingungslose Haftentlassung Nelson MANDELAS und die Aufhebung der alten Apartheidsgesetze signalisierte das Eingehen der Apartheidsregierung auf die Hauptforderungen des ANC, die er an jene gestellt hatte, bevor dieser in Verhandlungen über die zukünftige staatliche Organisation eintreten wollte.

Dennoch war mit F. W. DE KLERK immer noch ein Repräsentant des alten Apartheidsregimes am Ruder. Obwohl sich ein politischer und auch verfassungsrechtlicher Umbruch abzeichnete, blieb es offen, wohin die Entwicklung laufen würde. Die Repräsentanten des alten Regime besaßen nach wie vor das Kommando und die Kontrolle über die gut ausgestatteten Streit- und Sicherheitskräfte. Die staatliche Verwaltung stand unter ihrem Einfluß. Das Regime strebte einen Systemwechsel an, der der schwarzen Bevölkerung mehr politische Rechte einräumen sollte. Deshalb war es zu Beginn der 90er Jahre völlig offen, ob die Ereignisse sich zu einem revolutionären Vorgang entwickeln oder das bestehende System erneuert würde.

---

8 S. FRIEDMAN, The long journey, S. 6; A. DAVIDSON / P. STRAND, The Path to Democracy, S. 5.

9 Die Protestaktionen umfaßten Schulstreiks, Arbeitsniederlegungen, Kaufboykotts, usw. Auch der bewaffnete Untergrundkampf verstärkte sich zunehmend. Die Anzahl der Guerillaaktionen erhöhten sich von 23 im Jahr 1977, auf 56 im Jahr 1983 und auf 228 Angriffe im Jahr 1986; vgl. dazu A. DAVIDSON / P. STRAND, The Path to Democracy, S. 5

10 Archiv der Gegenwart vom 2. Februar 1990, S. 31496

Die eigentliche Entscheidung für eine wirkliche politische und auch verfassungsrechtliche Wende fiel erst in der Nacht zum 18. November 1993. Das Verhandlungsforum des MPNP verabschiedete mit deutlicher Mehrheit die Übergangsverfassung. Seine rechtliche Bestätigung fand die Entscheidung der außerparlamentarischen Verhandlungsgruppe durch das Parlament in Kapstadt am 22. Dezember 1993.[11] In diesem Moment war die Entscheidung für eine wirkliche politische Wende gefallen. Die Antwort auf die Frage, ob dieser Umbruch erfolgreich verlaufen werde und auf welches Ziel er sich tatsächlich zubewegen würde, blieb aber auch weiterhin noch offen. Lediglich der in der Übergangsverfassung aufgenommene „solemn pact“, die richtungsweisenden und justitiablen Verfassungsprinzipien grenzten die mögliche Entwicklung ein.

Der erste Schritt zur Ablösung der bisherigen Führungselite zog sich jedoch über einen Zeitraum von über 4 Jahren hin, der spätestens mit den ersten freien Wahlen vom 27. bis 29. April 1994 zum Parlament und zur verfassunggebenden Versammlung und dem Inkrafttreten der Interimsverfassung beendet war.[12] Damit erhielt Südafrika zum ersten Mal in seiner Geschichte eine von der Gesamtheit der Bürger einwandfrei legitimierten Volksvertretung. Die Souveränität des Volkes war damit erstmals erreicht. Doch in bezug auf die Umgestaltung der Führung Südafrikas und den Umbaus des Staatssystems war mit diesem Zeitpunkt der Endpunkt der Entwicklung noch nicht erreicht. Erst mit den Wahlen im April 1999 wird die Übergangsphase vollständig beendet sein. Das Ende der Übergangszeit wurde im 33. Verfassungsprinzip festgelegt.

Der alles entscheidende Schritt auf staatsorganisatorischer Ebene vollzog sich erst im Laufe des Jahres 1996. Am 5. Mai dieses Jahres verabschiedete die verfassunggebende Versammlung die endgültige Verfassung für die Südafrikanische Republik. Wie während des MPNP festgelegt mußte diese Verfassung durch das Verfassungsgericht ausgefertigt werden. Erst in seiner zweiten Entscheidung vom Dezember 1996 nach einer Ausbesserung verschiedener beanstandeter Punkte durch die verfassunggebende Versammlung wurde die Verfassung am 5. Dezember 1996 durch das Verfassungsgericht bestätigt und am 8. Dezember 1996 von Präsident MANDELA unterzeichnet und ausgefertigt.[13] In Kraft getreten ist die Verfassung dann tatsächlich am 1. Januar 1997. Erst mit dem Inkrafttreten diese Verfassung wurde der Umbruch auf verfassungsrechtlicher Ebene - abgesehen von einigen Übergangsregelungen, die erst zum Ende des Jahres 1999 auslaufen werden - vollendet. Eine demokratische Verfassung wird zukünftig die Grundlage des Staates bilden.

---

11 Archiv der Gegenwart vom 18. Nov. 1993, S. 38400

12 Zum Verhandlungsverlauf zu Beginn der 90er Jahre: S. FRIEDMAN, The long journey, Teil 1. S. 5 ff.

13 SZ vom 10. Dezember 1996, S. 10

Festzuhalten bleibt, daß mehrere Ereignisse den Untergang des alten Regimes bewirkten und ihrerseits in einem vielschichtigen Zusammenhang miteinander stehen. Letztlich verursachten alle Ereignisse den nach außen hin sichtbaren Zusammenbruch des politischen Regimes.

Die einzelnen, getrennt voneinander betrachteten Ereignisse, z. B. die Rede einer einzelnen Führungspersönlichkeit eines Regimes, die daraufhin erfolgte Umsetzung der angekündigten Maßnahmen, die Übergangsverfassung und die freien Wahlen begründen für sich genommen noch keine Kriterien zur genaueren Bestimmung des Zeitraums der eigentlichen Revolution und ihrer Auswirkungen. Vielmehr handelte es sich um teilweise symbolische Maßnahmen und Teilschritte innerhalb dieser Entwicklung mit eher politischer als rechtlicher Dimension, die für den rechtlichen Revolutionsbegriff und die Bestimmung des zeitlichen Rahmens der Revolution keine Bedeutung haben.

Folglich muß für die Darstellung zwischen den verschiedenen Einzelphasen der „verhandelten Revolution" unterschieden werden, ohne daß der zeitliche Rahmen der Revolution exakt anzugeben wäre. Der Grund für diese Ungewißheit liegt darin, daß die Ursachen, der Anlaß und auch der Verlauf der Revolution nicht klar eingegrenzt werden können und sich die Dynamik zwischenzeitlich änderte. Die revolutionären Entwicklungen der 90er Jahre bildeten nur die letzte Konsequenz eines länger andauernden Prozesses. Ihr Grundstein war schon wesentlich früher gelegt worden und entwickelte sich eine gewisse Eigendynamik innerhalb des Prozesses.

Die Darstellung des Verlaufs der „verhandelten Revolution" muß sich auf die Einteilung in verschiedene Verhandlungsphasen, auf die wechselnden Zielrichtungen der politischen Akteure, auf die fortschreitende Umgestaltung und die schließliche Ablösung des alten herrschenden politischen Apartheitsregimes und seines Organisationsapparates richten.

1. Die Vorverhandlungen über Verhandlungen

Bereits am Ende der 80er Jahre nahmen Regierungsbeamte Kontakt mit den noch verbotenen Oppositionsgruppen auf, um mit Verhandlungen über Verhandlungen bezogen auf die Umgestaltung des Staates zu beginnen. Trotz der neuen Verfassung von 1983, die den Indern und den Coloureds politische Teilhaberechte zuerkannten, der schwarzen Bevölkerung weiterhin alle politischen Rechte vorenthielt, beruhigte sich der Konflikt zwischen der schwarzen und weißen Bevölkerung nicht. Die regierende NP mußte daher erkennen, daß diese Bevölkerungsgruppe, deren Arbeit in den 87%-Anteil der Weißen am Land notwendig und unentbehrlich wurde, nicht länger von der Teilnahme am politischen System ausgeschlossen bleiben konnte. Aber in dieser Verhandlungsphase blieb innerhalb der NP die Überzeugung bestehen, daß dieser Konflikt und die weitere politische Entwicklung nicht ohne die weiße Vorherrschaft gelöst werden könne. Alle von ihr vorgebrachten Verfassungsvorschläge der 80er Jahre stellten nur Vorschläge dar, die im Ergebnis die schwarze Bevölkerung von der tatsächlichen Teilhabe ausschlossen. Die Weißen und ihre politische Vertreter sollten die letzte Entscheidung in Angelegenheiten und gegebenenfalls auch Vetorechte über Entscheidungen der schwarzen Bevölkerung haben. Beide Hauptakteure glaubten zu Beginn der 80er Jahre noch, daß nur mit Hilfe von Gewalt der jeweiligen Gegner der Gruppe besiegt werden konnte.

Vor dem Hintergrund dieser Ereignisse, begannen trotzdem auf inoffiziellen Bahnen Vorverhandlungen über die zukünftige Ordnung der Republik. Im Oktober 1988 formulierte der ANC Vorschläge für seine weitere Vorgehensweise. Er stellte der Regierung Bedingung, die sie zu erfüllen hätte, bevor tatsächlich in Verhandlungen eintreten würde. Die Hauptbedingung für ein positives Verhandlungsklima bestanden in der Entlassung aller politischer Gefangener, dem Aufheben des Parteienverbotes, der bedingungslosen Rückkehr der Exilpolitiker und dem Aufheben des staatlichen Notstandes. Weiterhin forderte der ANC, daß eine öffentliche gewählte verfassunggebende Versammlung eine demokratische und nicht rassistische Verfassung ausarbeiten und verabschieden solle.[14]

a) Die Zukunftsvorstellungen des ANC

In den darauf folgenden Jahren veröffentlichte der ANC weitere Dokumente, die den Willen und die Ziele der Befreiungsbewegungen deutlich machten. Zum eine handelt es sich um die „Constitutional Guidelines“ aus dem Jahr 1988 und die „Harare Declaration“, die 1989 veröffentlicht wurde.[15] Die besondere Bedeutung dieser Dokumente liegt darin, daß sie erstmals die prinzipielle Bereitschaft der Befreiungsbewegung verdeutlicht, im Gegensatz zu ihrer gewaltbereiten früheren revolutionären Position, die damals existierende verfassungsmäßige Ordnung friedlich umzuwandeln.

Ihre Hauptforderung bestand darin, einen unitarischen, demokratischen nicht rassistischen südafrikanischen Staat zu schaffen.[16] Die Forderung nach einem unitarischen Staat beinhaltete die Absicht, die Staatsmacht, die vom gesamten

---

14 Archiv der Gegenwart vom 2. Februar 1990 S. 34197, Archiv der Gegenwart vom 5. April 1990 S. 34400

15 Diese Erklärungen werden in Folgenden zitiert nach: M. HOUGH, / A. DU PLESSIS, Selected Documents and commentaries on negotiations and constitutional development in the RSA

16 Ziffer 5.0, 16.1, 16.2 und 16.4 der HARARE DECLARATION; Vgl. dazu: A. DAVIDSON / P. STRAND, The Path to Democracy, S. 89 f.

Volk ausgehen sollte, durch eine einzige zentrale Gesetzgebung, Verwaltung und Gerichtsbarkeit zu steuern. Die Zentrale sollte dann in einzelnen Bereichen in der Lage versetzt werden, Kompetenzen an untergeordnete Verwaltungseinheiten zu delegieren, um eine effektivere, bürgernähere Verwaltung zu schaffen und mehr demokratische Beteiligung zu gewährleisten. Mit dem Ziel der einheitlichen Staatsorganisation sollten die untergeordneten Stellen keine autonomen Kompetenzen besitzen, sondern der Zentralstaat grundsätzlich die staatliche Gewalt ausüben.

Weiterhin war beabsichtigt, daß Südafrika als demokratischer Staat organisiert wird, in dem nach allgemeinem und gleichen Wahlrecht und nach dem Prinzip „one-person-one-vote" gewählt werden. Es sollte ein Mehrparteiensystem geschaffen werden, in dem alle Parteien zugelassen werden, die nicht rassistische, diskriminierende Ziele verfolgten und keine wirtschaftliche Privatisierung anstrebten.

Der Staat sollte weiterhin nach den Vorstellungen des ANC nicht rassistisch strukturiert sein.[17] Das Volk dürfte seiner Ansicht nach nicht nach Rassen oder anderen ethnischen Gruppen eingeordnet werden, sondern es könnte nur eine einheitliche südafrikanische Staatsangehörigkeit geben in einem einheitlichen südafrikanischen Staat.[18] Kulturelle und sprachliche Unterschiede innerhalb der Bevölkerung wollten sie anerkennen, aber es sollte eine einheitliche südafrikanische Nation ohne ethnische oder regionale Unterschiede gebildet werden.

Die Vorstellungen der ANC über den Übergangsprozeß wurden ebenfalls in der „Harare Declaration" aufgenommen[19] und stimmten weitgehend mit den Inhalten der „Constitutional Guidelines" überein.

b) Die Vorstellungen der Regierung / National Party

Die regierende NP präsentierte ebenfalls ihre Vorschläge für den Aufbau eines demokratischen Südafrikas. Sie veröffentlichte 1989 einen „Plan of Action", in dem sowohl ihre verfassungsrechtlichen Vorschläge dargestellt, als auch auf konkrete Schritte für den Übergangsprozeß eingegangen wurde.[20]

---

17 Ziffer 5.0 und 16.1 der HARARE DECLARATION; Vgl.: A. DAVIDSON / P. STRAND, The Path to Democracy, S. 89 f.

18 Ziffer 16.2 der HARARE DECLARATION; Vgl.: A. DAVIDSON / P. STRAND, The Path to Democracy, S. 89 f.

19 Ziffer 21.0 der HARARE DECLARATION; Vgl.: A. DAVIDSON / P. STRAND, The Path to Democracy, S. 89

20 Zu diesem Aktionsplan vgl.: A. DAVIDSON / P. STRAND, The Path to Democracy, S. 89 f.

An den Übergangsprozeß stellte die NP/Regierung insbesondere drei Forderungen. Erstens wollte sie nicht nur den ANC als Verhandlungspartner einbeziehen, sondern, um eine breite Legitimationsbasis zu erreichen, alle in der Gesellschaft vertretenen Bevölkerungsgruppen in die Verfassungsdiskussionen einbeziehen, damit sie ihren besonderen Interessen Ausdruck verleihen können. Als zweiten Punkt sah sie das Drei-Kammer-Parlament als einziges legitimiertes Organ an, eine neue Verfassung zu erlassen und forderte, daß nur dieses verfassungsändernde Schritte beschließen kann. Drittens hielt sie an der ursprünglichen Voraussetzung für den Eintritt in Verhandlungen fest, daß alle potentiellen Verhandlungsgegner den bewaffneten Kampf gegen die Regierung aufgeben.

Als grundlegende Verfassungsprinzipien sollten das Recht auf „Selbstbestimmung“ und die „Machtteilung“ in der zukünftigen Verfassung verankert werden.[21] Unter dem Recht auf Selbstbestimmung und dem Konzept der Machtteilung verstand die regierende NP die Aufnahme von Verfassungsbestimmungen, die die Einführung besonderer Mehrheiten für parlamentarische Abstimmungen festlegen oder die Übertragung von Aufgaben und Kompetenzen zur eigenständigen Ausübung an sich selbstverwaltende Bevölkerungsgruppen. Weiterhin ist mit diesem System die Einführung besonderer Vetorechte für Minderheitengruppen für den Fall einer Entscheidung der Mehrheit in besonderen Aufgabengebieten verbunden. Die zu erfüllenden Aufgaben sollten wie unter der alten Verfassung von 1983 in allgemeine und besondere Aufgaben unterteilt werden und letztere durch die betroffenen Bevölkerungsgruppen in eigener Verantwortung verwaltet werden. Die allgemeinen Aufgaben sollten von allen Bevölkerungsgruppen gemeinsam und ohne eine Majorisierung durch die stärkste Bevölkerungsgruppe ausgeführt werden. Alle Bevölkerungsgruppen sollten mit gleichem Stimmrecht an diesen Entscheidungen beteiligt werden. Diese verfassungsrechtlichen Bestimmungen sollten ihrer Ansicht nach lediglich die föderale Struktur des Staates stützen. Die Aufnahme dieser Gruppenrechte sah die NP als notwendig an, weil die südafrikanische Bevölkerung aus verschiedenen kulturellen und ethnischen Gruppen besteht, die ihre eigenen Angelegenheiten nur jeweils für sich unter Beachtung ihrer Besonderheiten regeln kann.

Diese Vorschläge zielten im Grunde genommen nicht darauf ab, ein demokratisches System auf der Grundlage der Souveränität des gesamten Volkes zu schaffen, sondern die NP wollten mit ihren Vorschlägen weiterhin die getrennte Entwicklung der verschiedenen Bevölkerungsgruppen fördern und die Vorrechte der Weißen verfassungsrechtlich absichern. Rein formal gesehen wurde die Dis-

21 A. DAVIDSON / P. STRAND, The Path to Democracy, S. 91 f., H GILIOMEE, The Last Trek? Afrikaaners in Transition to Democracy, in. Peace, Politics and Violence in the New South Africa, Normann Etherington (Hrsg.), S. 29 ff

kussion um die Einführung eines föderalen Staatssystems vorgeschoben, um die Vorrechte der weißen Bevölkerung auch in Zukunft abzusichern.

c) Die Zukunftsvorstellungen der anderen Parteien

Die Vorstellung anderer Parteien oder Gruppierungen waren im Vorfeld der Verhandlungen faktisch ohne große Bedeutung. Ihre Konzeptionen sollen der Vollständigkeit halber kurz dargestellt werden. PAC und AZAPO, der radikale kommunistische Flügel der Widerstandsbewegung, lehnten grundsätzlich jede Verhandlung mit dem Apartheidsregime ab und wollten nach der erfolgreichen Revolution einen kommunistische Einheitsstaat errichten.[22] Die CP, der radikale Flügel der weißen Bevölkerung, lehnte jeden Kompromiß mit der Widerstandsbewegung der schwarzen Bevölkerung ab und vertrat weiterhin die traditionelle Apartheidspolitik, d. h. die Forderung nach der Trennung der Rassen in allen gesellschaftlichen und politischen Bereichen.[23]

DP und der IFP befürworteten Verhandlungen über die Zukunft Südafrikas und ihre Forderung zielten auf die Errichtung eines föderalen Staates ab, zum einen wegen der Größe des Landes und zum anderen wegen der kulturellen und ethnischen Vielfalt in der Bevölkerung.[24] Die IFP bezog sich bei ihren Forderung auf die Vorschläge des Verhandlungsforums der „KwaZulu/Natal Indaba".[25] Neben der Umsetzung der Forderung nach „one-person-one-vote" sah das „Indaba Verfassungsmodell" einen Grundrechtskatalog, der an klassischen Grund- und Menschenrechten der westlichen Demokratien orientiert war, vor. Außerdem wurde darüber hinaus ein ausreichender Minderheitenschutz durch das Prinzip der Konkordanz in seiner grundsätzlich demokratisch verfassungsrechtlichen Struktur gewährt. Das Konkordanzmodell sah vor, daß das Kabinett nicht durch die Mehrheitspartei besetzt wurde, sondern auch unter der Maßgabe des Konsenses von Vertretern kleinerer politischer Parteien und Führern ethnisch-kultureller Gruppierungen ergänzt werden sollte. Weiterhin waren zum Schutz der Minderheiten sowohl absolute als auch suspensive Vetorechte einzelner politischer oder ethnisch-kultureller Gruppen im Gesetzgebungsverfahren vorgesehen.[26]

---

22 Vgl. dazu: A. DAVIDSON / P. STRAND, The Path to Democracy, S. 91

23 Vgl. dazu: A. DAVIDSON / P. STRAND, The Path to Democracy, S. 91 f.

24 Vgl.: A. DAVIDSON / P. STRAND, The Path to Democracy, S. 91

25 Vgl. dazu: B. STEINMEYER, Verfassungsrechtliche Ansätze zur Neuordnung der multirassischen Gesellschaft Südafrikas, S 206 ff.

26 Vgl zu Konkordanzprinzip der Indaba im allgemeinen, L. J. BOULLE, South Africa and the Consociational Option, S. 48 ff.

2. Die politischen Entwicklungen zwischen 1990 und 1992: Annäherung der ehemaligen Gegner und Zusammenbruch des Apartheidregimes

Die Faktoren, die letztlich ausschlaggebend für den Zusammenbruch des Apartheidsystems Südafrikas waren, sind auch in anderen Ländern häufig Vorboten einer Revolution gewesen. Ein Hauptgrund für die Entwicklung in Südafrika stellt die wirtschaftliche Krise der 80er Jahre dar, die in erster Linie soziale Spannungen hervorriefen. Die Kosten für die Aufrechterhaltung des Apartheidsystems, insbesondere die Ausrüstung der Sicherheitskräfte, wuchsen rapide an. Außerdem wirkten sich die weltweiten Wirtschaftssanktionen empfindlich auf die südafrikanische Wirtschaft aus. Die Bedeutung der Oppositionsgruppen der schwarzen Bevölkerung stieg im Laufe der Zeit immer weiter an, was hauptsächlich durch die Unterstützung anderer Staaten möglich war. Ihnen gelang es trotz des staatlich verhängten Ausnahmezustandes und trotz der Sanktionen gegenüber ihren politischen Führern, sich im Untergrund zu organisieren.

Innerhalb der Regierungspartei wuchs der Widerstand gegen das alte System, und Reformen wurden angestrebt. Anzeichen für den inneren Wandel in der NP bestanden bereits während der Verhandlungen über eine neue verfassungsrechtliche Ordnung zu Beginn der 80er Jahre. Aber erst durch die Wahl F. W. DE KLERKS zum Parteivorsitzenden, als Nachfolger des damaligen Staatspräsidenten P. W. BOTHAS änderte sich auch nach außen sichtbar die Politik der NP.

Der Zusammenbruch der Sowjetunion spielt ebenfalls als Grund für das Zusammenbrechen des Apartheidsystems eine bedeutende Rollen, da das System des Kommunismus als gescheitert eingestuft werden konnte und die Angst des Apartheidsregime vor einem kommunistischen Südafrika stark gesunken war.

Im folgenden soll untersucht werden, wie der Verhandlungsprozeß zu Beginn der 90er Jahre einzuordnen ist. Es ist die Frage zu stellen, ob es sich um eine Revolution oder um einen besonderen Übergangsprozeß im oben erwähnten Sinne[27] handelt. Um diese Einordnung vornehmen zu können, sollen die politischen Verhandlungen der Jahre 1990 bis 1992 beleuchtet werden, insbesondere die während dieser Zeit abgeschlossenen politischen Vereinbarungen zwischen den Verhandlungsparteien, den Formen und Strukturen der Verhandlungsgespräche und der Umsetzung der Verhandlungsergebnisse. Aus diesen Gesprächen und den dort vertretenen Standpunkten lassen sich weitere Schlußfolgerungen für diese Einordnung des Umbruchs ziehen.

Zu beachten bleibt, daß zu Beginn der Verhandlungen die NP als Regierungspartei nicht das Ziel verfolgte, das alte Verfassungssystem abzuschaffen, sondern sie beabsichtigte lediglich das System zu reformieren, dadurch daß die

---

27 siehe oben B VII 1

bis zu diesem Zeitpunkt ausgeschlossenen Bevölkerungsgruppen an dem politischen Prozeß beteiligt werden. Ihre Vormachtstellung innerhalb dieses Systems wollten sie anfangs nicht aufgeben, was dadurch deutlich wird, daß sie freie Wahlen nach dem Prinzip „one-person-one-vote" generell ablehnten. Die Befreiungsbewegung wollte das alte System revolutionieren, um es durch eine legitime demokratische Verfassung zu ersetzen. Die Spannung zwischen einem kontinuierlichen Wechsel des Systems und einem revolutionären Wechsels des Systems war bereits von Anfang an durch die Pläne und Vorstellungen der Parteien vorgezeichnet.

a) Die „Groote Schuur Minute vom 4. Mai 1990"

Das erste offizielle Treffen zwischen verantwortlichen Vertretern der Regierung und des ANC fand vom 2. bis zum 4. Mai 1990 in Kapstadt statt.[28] Das Ziel des Treffens bestand darin, Hindernisse für die zukünftigen Verhandlungen über die neue Verfassungsordnung zu beseitigen. Gespräche über den Verhandlungsablauf oder über Inhalte der Verfassung wurden zu diesem Zeitpunkt noch nicht geführt. Am Ende der Verhandlungen unterzeichneten die Teilnehmer die „Groote Schuur Minute"[29]. Mit diesem Protokoll wollten die Verhandlungspartner das Klima der Gewalt und der Sabotage, unabhängig von welcher politischen Gruppe diese Aktionen auch initiiert worden waren, beseitigen, um einen friedlichen Verhandlungsprozeß zu ermöglichen. Sie verschrieben sich friedlichen und beständigen Verhandlungen. Es sollte in Anschluß an diese Gespräche eine Arbeitsgruppe eingerichtet werden, deren Aufgabe darin bestand, die Voraussetzungen und Zeitpläne für die Entlassung aller politischer Gefangenen und die Rückkehr politischer Gegner des Regimes aus dem Exil zu erarbeiten. Die Regierung bekundete zusätzlich ihre Bemühungen, den Ausnahmezustand und andere Sicherheitsgesetze aufzuheben.

Beide Verhandlungspartner, die Regierung - nicht die NP - und der ANC stimmten darin überein, „that the objectives contained in this minute should be achieved as early as possible." In dieser Phase wurde rein auf politischer Ebene verhandelt.[30] Die Regierung dokumentierte in dieser Vereinbarung lediglich ihre Verhandlungsbereitschaft bezüglich des Umgangs mit dem politischen Gegner, unterwarf sich aber keiner rechtlichen Bindung hinsichtlich der zukünftigen Entwicklungen. Daher sind auch die beabsichtigten Vorgaben nur sehr vage und un-

---

28 Archiv der Gegenwart vom 4. Mai 1990 S. 34476

29 Zitiert nach: M. HOUGH, / A. DU PLESSIS, Selected documents and commentaries on negotiations and constitutional development in the RSA, S. 51; das Protokoll erhielt seinen Namen nach dem Verhandlungsort, dem Groote Schuur Krankenhaus in Kapstadt.

30 Archiv der Gegenwart vom 4. Mai 1990 S. 34477

genau umschrieben worden. Es sollten Empfehlungen abgegeben werden, bestimmten Mißständen Aufmerksamkeit entgegengebracht werden, und die Regierung wollte, die damals existierenden Sicherheitsgesetze überprüfen und sie mit der neuen Situation in Einklang bringen. Als weiteres Ziel dieser Vereinbarung wurde noch die Schaffung eines normalen Klimas für freie politische Betätigung vereinbart.

Zu diesem Zeitpunkt hielt die alte Regierung die Bildung einer verfassunggebenden Versammlung für unnötig, weil eine derartige Versammlung nur für den Fall nötig sei, wenn ein neuer Staat gebildet wird und nicht wenn die Verfassung eines bereits existierenden Staates lediglich abgeändert wird.[31] Die Ergebnisse der Verhandlungen über eine mögliche neue Verfassungsordnung sollte den Volksgruppen, die in den drei Häusern der alten Verfassung vertreten waren, in einem Referendum zur Entscheidung vorgelegt werden. Außerdem wurde in der Regierung beraten, diese Ergebnisse auch der nicht im Parlament vertretenen Bevölkerungsgruppe der Schwarzen in einem Referendum vorzulegen. Die damalige Regierung legte jedoch besonderen Wert darauf, daß kein allgemeines Referendum der ganzen Bevölkerung auf der Grundlage „one-person-one-vote" stattfinden, sondern getrennt nach Gruppen über die Ergebnisse abgestimmt werden sollte. Auf diese Weise wollte sie die Unterstützung nicht nur der Bevölkerung als ganzes, sondern aller einzelnen Bevölkerungsgruppen überprüfen. Denn nach den Mehrheitsverhältnissen innerhalb der Bevölkerung war klar, daß die schwarze Bevölkerungsgruppe mit ihren Vorstellungen die Entwicklung in einem Referendum alleine beeinflussen und die Minderheitengruppen überstimmen würden. Weiterhin betonte die Regierung, daß nur das gemäß der Verfassung von 1983 eingesetzte Parlament die neue Verfassung annehmen und legitimieren könne.

b) Die „Pretoria Minute vom 6. August 1990"

Die zweite Verhandlungsrunde zwischen der Regierung und dem ANC zur Vorbereitung der Beratung über eine neue Verfassung für Südafrika fand am 6. August 1990 in Pretoria statt. Als Ergebnis dieser Verhandlungsrunde verabschiedeten die Verhandlungsparteien die „Pretoria Minute". Dieses Protokoll hielt einige der bereits erzielten Verhandlungsergebnisse fest und wurde von vielen Beobachtern des Prozesses als „the real beginnig of a negotiated settlement in South Africa"[32] betrachtet.

---

31 Interview mit Dr. Gerrit Viljoen, damaliger Minister für Verfassungsentwicklung, abgedruckt in: Policy Review, Juni/Juli 1990, S.17 f.

32 M. HOUGH / A. DU PLESSIS, Selected documents and commentaries on negotiations and constitutional development in RSA, S. 7; A. Davidson P. Strand, The Path to Democracy, S. 96 f.

Die Besonderheit dieses Protokolls besteht einerseits darin, daß der ANC ein einseitiges Zugeständnis gegenüber der Regierung machte. Nummer 3 des Protokolls beinhaltet den Gewaltverzicht auf Seiten des ANC. Er verzichtete auf den bewaffneten Kampf gegen das Regime durch den militärischen Flügel „Umkhonto We Sizwe". Dieses Dokument ist andererseits das erste gemeinsame offizielle Dokument der Verhandlungsparteien, das über eine neu Verfassung für Südafrika spricht. In der Nummer 9 des Protokolls heißt es:

„Against this background, the way is now open to proceed towards negotiations on a new constitution."

Obwohl die bilateralen Gespräche zwischen dem ANC und der NP weiterhin in Kapstadt und Pretoria fortgesetzt wurden, gelangte man nicht zu einem ernsthaften und tatsächlichen Durchbruch, der konstruktive Verfassungsgespräche ermöglichte. Die Parteien waren in erster Linie damit beschäftigt, tatsächliche Hindernisse und Meinungsverschiedenheiten aus dem Weg zu räumen, um über eine neue geänderte Verfassungsordnung zu verhandeln. Die regierende NP führte während dieser Zeit ihre Aufgaben weiterhin auf der Grundlage der alten verfassungsrechtlichen Ordnung aus und war zu keiner Zeit rechtlich an die unterzeichneten Abkommen mit dem ANC gebunden. Lediglich auf politischer Ebene und in den Augen der Bevölkerung, die sich von den Verhandlungen für die Zukunft einer positivere Entwicklung erhofften, waren die Verhandlungsparteien an die Vereinbarungen gebunden.

Am 1. Februar 1991 stellte F. W. DE KLERK erneut das Programm der Regierung hinsichtlich einer neuen Verfassungsordnung vor.[33] In seiner Rede zur Parlamentseröffnung bekräftigte er den eingeschlagenen Reformkurs und kündigte erneut die Abschaffung weiterer Apartheidsgesetze an.

c) Der „National Peace Accord vom 14. September 1991"

Die erneut aufgenommen Verhandlungen, die dem Abschluß des National Peace Accord vorausgingen und am 15. August 1991 begannen, wiesen erstmals die Struktur von Vielparteiengesprächen auf und repräsentierten nahezu die gesamte Bandbreite der Bevölkerung. Neben der Regierung und dem ANC nahmen 26 weitere politische und ethnisch-kulturelle Gruppierungen, darunter die IFP, die CP, PAC und AZAPO an den Gesprächen teil, mit dem Ziel, den politisch motivierten Gewalttaten eine Ende zu setzen. Der Inhalt des erzielten Vergleichs bestand insbesondere aus der Vereinbarung eines Verhaltenskodexes für alle politischen Parteien und sonstigen Gruppierungen, aus grundsätzlichen Regelun-

---

33 Archiv der Gegenwart 1991, S. 35311 A

gen für die Sicherheitskräfte, aus der Vereinbarung eines Verhaltenskodexes für die Polizeikräfte, aus der Vereinbarung von Maßnahmen zum wirtschaftlichen Wiederaufbau und Weiterentwicklung des Landes.

„We, the signatories accordingly solemnly bind ourselves to this accord and shall ensure as far as humanly possible that our members and supporters will comlpy with the provisions of this accord and will respect its underlying rights and values and we, the government signatories, undertake to pursue the objectives of this accord and seek to give effect to its provisions by way of the legislative, executive and budgeting procedures to which we have access."

Die Unterzeichner verpflichteten sich durch diese erklärte Übereinstimmung dazu, ein Mehrparteiensystem aufzubauen, demokratische Prinzipien anzuerkennen und die Wahrung der grundlegenden Individualrechte.[34] Dieser Vergleich wurde jedoch nicht von der CP, dem PAC und der AZAPO unterstützt

d) Die „Convention for a Democratic South Africa"

Auf die Initiative der Regierung hin, wie oben bereits erwähnt, kam am 20 / 21 Dezember 1991 die „Convention for a Democratic South Africa"[35] zustande, die sich als eine Verhandlungsrunde aus allen bedeutenden Bevölkerungs- und Interessengruppen des Landes zusammensetzte und im World Trade Centre, Kempton Park, einem Vorort Johannesburgs, tagte.[36] In dieser Versammlung waren jeweils zwölf Vertretern von neunzehn[37] politischen Parteien oder anderen gesellschaftli-

---

34 J. LUCKE, Grundrechte in einer neuen südafrikanischen Verfassung, in: ZaöRV 52 (1992), 79 ff; F. GINWALA, Into and Out of Codesa Negotiation: The View of the ANC, in Peace Politics and violance in the New South Africa, Norman Etherington (Hrsg.), S. 12 ff.

35 Archiv der Gegenwart 1991 S. 36340

36 Das internationale Echo auf den Verhandlungsbeginn war positiv und man erhoffte sich Maßnahmen zur Abschaffung des alten Apartheidsystems und dadurch einen friedlichen Systemwechsel:
Die Europäische Gemeinschaft hob daraufhin die Importverbote gegenüber Südafrika bezüglich Eisen, Stahl und Goldmünzen auf. Japan nahm wieder die vollen diplomatischen Beziehungen auf. Die Generalversammlung der Vereinten Nationen verabschiedete eine an ihre Mitglieder gerichtete Resolution, die ihnen empfahl, alle Boykotte in akademischen, wissenschaftliche, kulturellen und sportlichen Bereichen aufzuheben, um den Fortschritt zu honorieren, den das Land hinsichtlich der Beendigung des Apartheidsystems machte.

37 Die vertretenen Parteien waren neben der südafrikanischen Regierung der ANC, die Regierung Bophuthatswanas, die Regierung der Ciskei, die Democratic Party (DP), die Dikwankwetla Party, die Inkatha Freedom Party (IFP), die Intando Yesizwe Party, das Inyandza National Movement, die Labour Party (LP), der Na-

chen Organisationen vertreten.[38] Die Vertreter dieser Verhandlungsrunde repräsentierten 80 % der südafrikanischen Bevölkerung. Nennenswerte, nicht an den Verhandlungen teilnehmende Gruppen waren der PAC und die CP.

Neben diesen südafrikanischen Interessenvertretern fand diese Verhandlungsrunde auch internationales Interesse und Unterstützung. Delegationen der Vereinten Nationen, des Commenwealth, der Europäischen Gemeinschaft und der Organisation der Afrikanischen Einheit nahmen teil.[39]

Obwohl dem Konzept der CODESA nach alle Verhandlungsteilnehmer in der Diskussion gleichberechtigte Verhandlungspartner sein sollten, stellte sich jedoch sehr schnell heraus, daß es zwei Parteien gab, die den Prozeß maßgeblich beeinflußten bzw. beherrschten. Auf der einen Seite war es die südafrikanische Regierung, die von Präsident F.W. DE KLERK geleitet wurde und den gesamten Staatsapparat kontrollierte, und auf der anderen Seite der ANC, der von Nelson MANDELA vertreten wurde und die Mehrheit der südafrikanischen Bevölkerung repräsentierte. Diese Tatsache wirkte sich auch in den Verfahrensregelungen der CODESA, insbesondere der Regelung des Entscheidungsverfahrens, aus und verursachte Spannungen unter den Teilnehmern.

Besonders kritisch wurde das Abstimmungsverfahren des Verhandlungsforums bewertet. Notwendige Entscheidungen wurden grundsätzlich mit „sufficient consensus“,[40] d. h. mit ausreichender Mehrheit getroffen. Faktisch bedeutete diese Forderung, daß Entscheidungen, die sowohl von der Regierung als auch dem ANC unterstützt wurden, in den festgehaltenen Verhandlungsergebnissen Niederschlag fanden, die Argumente der kleineren Parteien in diesem Fall nicht mehr die ursprünglich erhoffte und erwartete Beachtung fanden.

---

tal / Transvaal Indian Congress, die National Party (NP), die National People's Party, die Solidarity Party, die South African Communist Party (SACP), die Regierung der Transkei, die United People's Front, die Regierung Vendas und die Ximoko Progresseve Party.

38 Die Verhandlungen wurden von Ismael Mohamed und Petrus Scabort, zwei Richtern des Supreme Courts geleitet.

39 Auf die Ankündigung der Verhandlungen durch die südafrikanischen Regierung hatte die internationale Staatengemeinschaft das Ende der internationalen Sanktionen beschlossen; vgl. Archiv der Gegenwart 1991 S. 36223

40 Dieses Entscheidungsverfahren bildete im weiteren Verlauf der Verhandlungen auch einen der Hauptdiskussionspunkte.

(1) Die „Declaration of Intent"

Nach dieser ersten Verhandlungsrunde unterzeichneten alle Teilnehmer als Abschlußdokument die „Declaration of Intent"[41], in der sie sich *inter alia* verpflichteten, nur Vorschläge in die Verhandlungen einzubringen, die demokratischer Natur sind. Die die Regierung verpflichtete sich, die notwendigen Gesetze auf den Weg bringt, um die Beschlüsse der CODESA umzusetzen. Außerdem bekräftigte sie erneut:

„that South Africa will be an united democratic, non-racial and non-sexist state".

Diese Erklärung über gemeinsamen Ziele, die Trennung der Rassen in der Vergangenheit zu überwinden, die Lebensqualität des gesamten Volkes zu verbessern und ein friedliches Klima für den bevorstehenden Verfassungswandel zu schaffen, stellt wiederum nur eine politische Absichtserklärung dar, aus der keinerlei rechtliche Bindungen abgeleitet werden konnten. Bereits ihre allgemein gehaltenen Formulierungen sprechen für ihre politische Bedeutung. Deutlich wird diese Tatsache besonders dadurch, daß der Inhalt der einzelnen Strukturbestimmungen von den verschiedenen Verhandlungsparteien sehr unterschiedlich ausgelegt wurden und nur nach langwierigen Verhandlungen der Wortlaut gefunden werden konnte.[42]

---

41 H. CORDER, Towards a South African Constitution, in: The Modern Law Review 57 (1994), 497; H. CORDER / A. DU PLESSIS, Understanding South Africa's Transitional Bill of Rights, S. 5;
Bereits diese Erklärung, die von der NP, dem ANC und den weiteren 17 kleineren Parteien unterzeichnet wurden, enthielt wesentliche Strukturmerkmale für die zukünftige verfassungsrechtliche Ordnung des Landes, die sich auch heute in der endgültigen Verfassung wiederfinden lassen. Die Parteien einigten sich das die zu errichtende neue Verfassung folgende Punkte garantieren wird:
a. Südafrika soll ein einheitlicher, demokratischer, nicht-rassistischer und nicht-sexistischer, souveräner Staat werden;
b. die Verfassung soll den höchsten Rang in der Normenhierarchie einnehmen und eine unabhängige Gerichtsbarkeit soll dieses überwachen;
c. es soll ein Mehrparteiensystem errichtet werden, regelmäßige Wahlen auf der Grundlage eines allgemeinen Erwachsenenwahlrechts und Proportionalwahlrechts mit einer einheitlichen landesweiten Wählerliste durchgeführt werde;
d. das Gewaltenteilungsprinzip zwischen Legislative, Judikative und Exekutive mit ausreichenden sichernden Mechanismen wird vereinbart;
e. die Anerkennung der verschiedenen Sprachen, Kulturen und Religionen soll garantiert werden;
f. die neue Verfassung soll eine justitiablen, besonders geschützten Grundrechtskatalog mit allen weltweit anerkannten Menschenrechten, Freiheitsrechten und zivilen Rechten enthalten.

42 Die IFP, die Ciskei und die Regierung Bophuthatswanas erkärten sich erst nach einigen Beratungen bereit, die Formulierung „united South Africa" in die Erklärung

(2) Die Ziele der CODESA

Die Ziele der CODESA wurden von den Delegierten im Vorfeld abgesteckt. Es sollte in erster Linie diskutiert werden, wie ein Klima für eine freie politische Betätigung aller Parteien geschaffen werden kann. Darüber hinaus erhofften sich die einzelnen Verhandlungsteilnehmer weitere Fortschritte für zukünftige Verfassungsänderungen.

Es sollte der zukünftige Verhandlungsgang, die grundlegenden Prinzipien der zukünftigen Verfassung verbunden mit der Natur der verfassunggebenden Institution diskutiert werden. Weiterhin sollten Vereinbarungen hinsichtlich einer Übergangsregierung erörtert werden. Einen weiteren Diskussionspunkt stellte die zukünftige Entwicklung der „Homelands“ dar.

Der ANC wollte mit diesen Verhandlungen einen Weg für einen schnellen Übergang mit allgemeinen Wahlen zu einer verfassunggebenden Versammlung aushandeln. Die Regierung hingegen legte diesem Forum eine größere Bedeutung bei. Dieses Forum sollte für eine Übergangsphase - einen Zeitraum von 10 bis 15 Jahren - im Amt bleiben und für die später einzuberufende verfassunggebende Versammlung bindende Strukturprinzipien für eine endgültige Verfassung aufstellen. Die Forderungen der IFP gingen sogar soweit, daß die CODESA als verfassunggebendes Organ im Konsens zwischen allen Parteien die neue Verfassung ausarbeiten und verabschieden sollte.

(3) Die Struktur der CODESA

Die Einigung auf erste Verhandlungsstrukturen war der eigentliche Erfolg der CODESA, d. h. dieser Etappe dieses Treffens. Es wurden fünf Arbeitsgruppen eingesetzt, die bis zu dem Folgetreffen der CODESA I, das am 15. und 16. Mai 1992 stattfinden sollte. Details wurden in einem kleineren Gremium diskutieren und beraten[43].

Die erste Arbeitsgruppe sollte Wege finden, eine Klima für freie politische Aktivitäten zu schaffen; die Arbeitsgruppe 2 wurde mit der Beratung der Prinzipien für die zukünftige Verfassung und Bildung der verfassunggebenden Einrichtung beauftragt; Arbeitsgruppe 3 verhandelte die Formen für eine Übergangsregierung und die diesbezüglichen Übergangsregelungen und Arbeitsgruppe 4

---

aufzunehmen. Erst als in einem Zusatzdokument festgehalten wurde, daß eine zukünftige Verfassung nicht ausgeschlossen erscheint, unterzeichneten sie diese Erklärung. Vgl dazu A. DAVIDSON / P. STRAND, The Path to Democracy, S. 99 f.

43 F. W. DE KLERK, The Progress of Political Negotiation: 1990-1993, S. 6; Allgemein zur Organisation und zur Analyse der CODESA, S. FRIEDMAN, The Long Journey, S. 21 ff.

sollte die Wiedereingliederung der TBVC-Staaten in die südafrikanische Republik beraten. Die fünfte Arbeitsgruppe sollte den Zeitrahmen für die Umsetzung der Verhandlungsergebnisse entwickeln. Neben diesen fünf Arbeitsgruppen wurde noch ein die anderen Gruppen beratendes Gremium eingerichtet, das sich mit Frauenfragen befaßte.

(4) Die Gründe für das Scheitern der CODESA

Offiziell wurde für das Scheitern der Verhandlungen stets die mangelnde Einigkeit bezüglich der Abstimmungsquoren über mögliche Verfassungsänderungen angegeben. Die NP favorisierte eine Mehrheit von 75% der Stimmen im Parlament und der ANC eine Zweidrittelmehrheit. Hinter dieser offensichtlichen Differenzen verbargen sich jedoch weitreichendere Unstimmigkeiten. Letztlich hatte sich zu dieser Zeit innerhalb der einzelnen Parteien noch keine genau Verhandlungsstrategie mit dem Ziel eines Kompromisses zwischen ihnen herausgebildet. Jede der Parteien verharrte auf ihrem Standpunkt und konnte sich nicht, ohne sich von den Versprechen gegenüber ihren Parteimitgliedern zu lösen, von diesen entfernen.

Abschließend kann man daher sagen, daß die CODESA trotz ihrer offiziellen Erklärungen nicht als der Durchbruch in den Verhandlungen über die Verfassung zu werten oder sogar als das verfassunggebende Gremium zu qualifizieren ist, denn es wurden in diesem frühen Stadium keine Ergebnisse erzielt, die für die Zukunft wegweisend gewesen wären.[44] Der eigentliche Erfolg der Verhandlungen bestand darin, daß die ehemaligen Gegner an einem Verhandlungstisch gemeinsam und auf gleichgeordneter Ebene über die Zukunft des Landes berieten. Die CODESA kann lediglich als eine „Trockenübung“ für die noch folgenden Verhandlungsrunden.

Die nationalen und auch internationalen Erwartungen an dieses Verhandlungsforum wurde weit überspannt. Nach den Erfahrungen in der Verfassungsentwicklung und letztlich der Verfassungsgebung in Namibia und Simbabwe glaubte man auf allen Seiten, daß diese Gespräche die verfassungsrechtliche Krise lösen und der südafrikanischen Republik eine demokratische Verfassung geben könnten. Diese Erwartungen waren durch die Rede DE KLERKS zur Parlamentseröffnung[45] geweckt worden, als er versprach, „(to turn) this country into a democracy within the next seven years“ und ankündigte welche Schritte er für

44 W. DE KLERK, The Progress of Political Negotiation: 1990-1993, S. 7 ff.; F. GINWALA, Into and Out of Codesa Negotiation: The View of the ANC, in Peace Politics and violance in the New South Africa, Norman Etherington (Hrsg.), S. 17 ff.

45 Archiv der Gegenwart 1990, S. 34196 A

diese Übergangsphase plante. Die Verhandlungsparteien hatten jedoch in dieser Phase ihre Ziele für die Verhandlungen noch nicht genau definiert und ihre Strategien ausgearbeitet, so daß diese Verhandlungen zum Scheitern verurteilt waren

Ihre Vorstellungen hinsichtlich der Demokratisierung des staatlichen Systems lagen von Beginn an zu weit auseinander. Mit der Ankündigung de Klerks in Bezug auf die Demokratisierung der Verfassung ging der ANC davon aus, daß die Regierung der Forderung nach der Umsetzung der „majority rule“ nachgeben würde. Für den ANC beinhaltete die Demokratisierung jedoch in erster Linie die Umsetzung des Mehrheitsprinzips. Die NP bezog sich aber zu Beginn der 90er Jahre immer noch auf die Demokratisierungsvorstellungen auf der Grundlage des „consociational model of democracy“, das von einer Machtteilung zwischen den verschiedenen Bevölkerungsgruppen unabhängig von der tatsächlichen Stärke dieser Gruppen innerhalb der Gesamtbevölkerung ist. Keine dieser Hauptverhandlungsparteien hat jedoch ein umfassendes Konzept für den Übergang zu einer neue verfassungsrechtlichen Ordnung vorgelegt, noch könnten sie ihre Verhandlungsspielräume eingrenzen und definieren.

In zentralen Streitpunkten konnten während der CODESA keine Einigung gefunden werden. Der Grundstein für die Uneinigkeit lag bereits in der Struktur und dem Rückhalt in der Bevölkerung dieses Verhandlungsgremiums. Die demokratische Legitimation ihrer Entscheidungen, die Legitimation der Entscheidungen der Parteien durch ihre Mitglieder und die Rolle der CODESA während des Übergangsprozesses blieben ungeklärt. Daher konnten keine Problem gelöst werden. Sie wurden nur in bilaterale Verhandlungsgremien des ANC und der Regierung weitergeleitet.

II. Die Entwicklung zur „Revolution“?

Nach dem Massaker von Boitong vom 17. Juni 1992, das den ANC zum Rückzug aus der CODESA bewegte, drohte die Lage in Südafrika zu eskalieren. Ein Bürgerkrieg konnte zu dieser Zeit nicht mehr ausgeschlossen werden. Mit dem Beginn der neuen Verhandlungsrunde wurden trotzdem nach neun Monaten die politischen Gespräche wieder aufgenommen. Das sonst rein politische Geschehen verlagerte sich wieder an den Verhandlungstisch.[46] Der grundlegende Mangel des Verhandlungsforums blieb jedoch wie bereits vorher bei der CODESA das Fehlen einer demokratischen Legitimation des Forums.

Der Durchbruch zu neuen Verhandlungen gelang dem ANC und der NP in inoffiziellen bilateralen Gesprächen mit dem „Record of Understandig“ vom

---

46 Ch. Pippan, Südafrikas Verfassungswandel, S. 1002 f.

26. September 1992.[47] Dort einigten sich die Regierung und der ANC darauf, daß während der Übergangsphase die verfassungsrechtliche Kontinuität anzustreben sei und ein Verfassungsbruch gemieden werden solle. Aus diesem Grunde wurden zum einen der verfassunggebenden Versammlung zwei Funktionen zugewiesen, einerseits arbeitete es als Übergangsparlament und zum anderen als Verfassungsgeber. Darüber hinaus sollte eine Regierung der nationalen Einheit für den Übergang eingerichtet werden. Weiterhin sollte das Übergangsparlament und die Regierung der nationalen Einheit auf der Grundlage einer Übergangsverfassung arbeiten, die für die Übergangsphase die nationale Ebene und die Provinzen in ihrer Arbeit schützen und einen justitiablen Grundrechtskatalog enthalten sollte. Mit diesem Dokument wurde erstmals gemeinsam von den Hauptakteuren der Verhandlungen eine genaue Vorgehensweise für die Zukunft festgelegt und ausdrücklich davon gesprochen, daß ein formaler Verfassungsbruch zu Beginn der Übergangszeit vermieden werden sollte.

Nach diesen Vorgesprächen zwischen Regierungsvertretern und Vertretern des ANC nahmen Anfang April 1993 26 Parteien und Organisationen die bis dahin unterbrochenen Verfassungsgespräche wieder auf, die als „Multi-Party-Negotiating-Process“ bezeichnet wurden. Ebenso wie die CODESA waren an den Verhandlungen des MPNP Vertreter aller wichtiger Parteien und anderer Bevölkerungsgruppen beteiligt[48]. Sie wurde zu der effektiveren Plattform der offenen Diskussionen neuer politischer Ordungsvorstellungen.

Aus den Gesprächen während des MPNP entwickelte sich im Laufe der Zeit die Idee zur Einsetzung des Übergangsrates[49] (Transitional Exekutive Council), dessen Bildung und Einsetzung am 8. September 1993 einen Meilenstein in der Entwicklung auf eine demokratische Ordnung hin bedeutete.[50] Die Bildung des TEC sicherte allen am Verhandlungsprozeß beteiligten Parteien ein gleichwertiges Mitspracherecht bei politischen Entscheidungen, soweit dem Rat der Aufgabenbereich und die Entscheidungskompetenz zugewiesen wurde.

---

47 Seit dem August 1992 verhandelten Roelf MEYER, der damalige Minister für Verfassungsentwicklung und Cyril RAMAPOSA, der damalige Genalsekretär des ANC über weitere mögliche Verhandlungen und die Beseitigung der Hindernisse vor diesen Verhandlungen.

48 Zusätzlich zu den 19 Verhandlungspartnern der CODESA nahmen noch sechs weitere Gruppen teil: die Afrikaner Volksunie, die CP, die Cape Province Traditional Leaders, die Regierung KwaZulus, die Orange State Traditional Leaders, der PAC und die Transvaal Traditional Leaders.

49 Transtionale Executive Council Act, Act. No. 151 of 1993, Dieses Gesetz sah vor, daß jede an den Mehrparteiengesprächen teilnehmenden Partei mit einem Repräsentanten vertreten war und für Entscheidungen eine Dreiviertelmehrheit notwendig war. Vgl. dazu J. HATCHARD, Towards Majority Rule in South Africa: The Transitional Executive Council, S. 206 ff.

50 Ch. PIPPAN, Südafrikas Verfassungswandel, S. 1003 f.

Das Programm des „Record of Understandig“ und die Fortentwicklung der Idee zur Einsetzung eines politischen Organs mit Steuerungswirkung im Regierungsbereich war kennzeichnend für den weiteren Verlauf der Entwicklung bis zu den Wahlen im April 1994. Auf politischer Ebene wurden Kompromisse ausgearbeitet, die von der verfassungsmäßig eingesetzten Regierung der NP umgesetzt wurden. Das TEC kontrollierte diese Umsetzung und wurde an den wichtigsten Entscheidungsprozessen beteiligt.

1. Die partielle Verlagerung der Revolution an den Verhandlungstisch

Die erneute partielle Verlagerung des politischen Geschehens an den Verhandlungstisch und seine Funktion als Übergangseinrichtung mit weitreichender politischer Einflußmöglichkeit kennzeichnet die Besonderheit der „verhandelten“ Revolution. Denn mit den Entscheidungen im Hinblick auf die zukünftige verfassungsrechtliche Entwicklung war dieses Forum das entscheidende Element der friedlichen Revolution. Dort wurden die Entscheidungen für den weiteren Gesamtprozeß getroffen. Vorausgegangen war eine gewisse Umorientierung der revolutionären Bewegung. Die Hauptverhandlungsparteien waren von ihren starren Positionen abgerückt, einerseits als elitäre revolutionäre Führungskraft, einen revolutionären Umbruch nach ihrer Vorstellung zu initiieren, andererseits als politische Kraft, einen kontinuierlichen Wandel durchzusetzen.[51]

Aber ein wesentlicher Mangel des Verhandlungsforums muß auch hier - wie bereits bei der CODESA - das Fehlen einer direkten demokratischen Legitimation durch Wahlen festgestellt werden. Es wurden zwar alle wesentlichen Vertreter aller gesellschaftlichen Gruppen zu den Gesprächen über die verfassungsrechtliche Zukunft eingeladen und konnten auf diese Weise Einfluß auf die zukünftige Entwicklung des Landes nehmen. Jedoch wurden die Vertreter der einzelnen Gruppierungen nicht unmittelbar zu diesem Zweck beauftragt.

Es war zusätzlich problematisch, daß innerhalb des Gremiums nicht aufgrund einer bestimmten, quotenmäßig festgelegten Mehrheit, sondern nach dem Grundsatz des „suffient consensus“[52] entschieden wurde. So setzten sich regelmäßig der

---

51 Archiv der Gegenwart vom 31 Juli und 1. August 1993 S. 38091 ff.

52 Wie bereits während der CODESA entschieden die Gremien des MPNP aufgrund des „suffient consensus“. Auch hier lag die Annahme einer Entscheidung in der Hand des Verhandlungsvorsitzenden, der anhand der erfolgten Abstimmung trotz einer Anzahl von Gegenstimmen entschied, ob eine ausreichende Mehrheit erreicht worden war. Erst nach einer positiven Entscheidung konnten die Verhandlungen über weitere streitige Themen erfolgen. Vgl. dazu F. GINWALA, Into and Out of Codesa: The View of the ANC, in: Peace, Politics and Violence in the New South Africa, Norman ETHERINGTON (Hrsg.), S. 4

ANC und die NP - soweit sie sich einigen konnten - mit ihren Vorstellungen durch. Welche Probleme dieser Entscheidungsmodus bereitet hat, zweigt auch das später initiierte gerichtliche Verfahren. Es war Gegenstand einer Klage der IFP und der Regierung KwaZulu Natals vor dem Supreme Court in Pretoria.[53] Dort wurde es als zulässiges von den politischen Parteien festgelegtes Verfahrenen eingestuft. Trotz dieser Schwierigkeiten stellt dieses Gremium jedoch das einzige Beratungsgremium der revolutionären Kräfte dar und trug daneben auch noch die wesentliche Verantwortung für die weitere staatliche Entwicklung.

Der große und herausragende Verdienst dieses Forums besteht einerseits darin, daß es den friedlichen Verlauf der Revolution bewahrt und weiterhin stabilisiert hat. Andererseits gehört der Entwurf der Übergangsverfassung zu seinen wesentlichen Leistungen.

2. Der „Multi Party Negotiation Process": Die Diskussionen um die Übergangsverfassung

Im folgenden werden die Struktur und die wesentlichen Verhandlungsergebnisse des MPNP herausgearbeitet und dargestellt. Während dieser Verhandlungsrunde wurde die Zukunft des Landes durch die dort gefaßten Beschlüsse entscheidend geprägt.

a) Die Struktur des MPNP

Schon die Gestaltung der MPNP[54] unterscheidet sich deutlich von der Gestaltung der CODESA. An der Spitze der Verhandlungsrunde stand ein Plenum, in dem alle vertretenen Parteien mit jeweils zehn Delegierten teilnahmen. Diesem war ein Verhandlungsforum, ein Verhandlungsrat und ein planendes Komitee nachgeordnet. Das Verhandlungsforum bestand aus jeweils zwei Delegierten einer Partei und ihren jeweils vier Beratern; der Verhandlungsrat setzte sich aus jeweils zwei Delegierten einer Partei und ihren zwei Berater zusammen; in das planende Komitee entsendete das Verhandlungsgremium jeweils eine verschiedene Anzahl von Delegierte und Vertreter. Der Verhandlungsrat und das Planungskomitee waren die entscheidenden Verhandlungsgremien während der Gespräche. Die Besonderheit ihrer Zusammenarbeit bestand in der Durchführung der Verhandlungen. Die Diskussionen des Verhandlungsrates waren öffentlich. Die Dis-

---

53 Government of the self-governing territory of KwaZulu v. Mahlangu and another, Case No 1747/93, 1994 (1) SA 626

54 Vgl. zur Struktur des MPNP: Th. ELOFF, The Process of Giving Birth, in: Birth of a Constitution, B. de VILLIERS (Hrsg.), S. 14 f.

kussionen des Planungskomitees fanden unter Ausschluß der Öffentlichkeit statt, so daß sich schnell ein Verfahren einbürgerte, daß besonders umstrittene Punkte vorab im Planungskomitee beraten und dann dem Verhandlungsrat zur Entscheidung vorgelegt wurde.

Ursprünglich war der MPNP eine Verhandlungsrunde, die alle Teile der Bevölkerung einbezogen hatte, bis jedoch die COSAG[55] ihren Rückzug aus den Verhandlungen erklärte. Der Hauptgrund für diesen Rückzug lag in der beabsichtigten Vereinbarung der anderen Verhandlungsparteien, die endgültige Ausarbeitung der Verfassung einer verfassunggebenden Versammlung zu überlassen und nicht bereits auf diesen Vielparteiengesprächen, eine Verfassung auszuarbeiten. Durch die Annahme des besonderen Verfahrens, des sog. zweistufigen Verfahrens, glaubten die kleineren, einige Minderheiten der Bevölkerung vertretenden Gruppen nicht ausreichend mit ihren Interessen gehört zu werden. Insbesondere die IFP und die Regierung KwaZulu Natals wollten mit ihrem Rückzug aus dem MPNP politischen Druck auf den ANC und die NP ausüben, um ihren Forderungen nach größerer Autonomie, insbesondere der Verankerung der Monarchie in der Verfassung, Ausdruck zu verleihen.[56]

In Folge dieses Rückzugs entstanden die Diskussionen um die Legitimität der Verfassung, weil nun ein Teil der Bevölkerung den Inhalt der Verfassung nicht mehr durch ihre Zustimmung tragen würde. So lassen sich auch die Bemühungen aller Hauptakteure der Verhandlungen erklären, die COSAG zu der erneuten Teilnahme an den Verhandlungen zu überreden, um den weitreichendsten Konsens zu erreichen.

b) Verhandlungsergebnisse: Die Verfassung von 1993

Die Verhandlungsergebnisse des MPNP bilden eine Mischung aus der einerseits behaupteten Notwendigkeit, die alten verfassungsrechtlichen Strukturen zu beseitigen und durch neue Strukturen zu ersetzen. Andererseits wurden sie auch von dem Wunsch und dem Bestreben getragen, soweit wie möglich die alten verfassungsrechtlichen Institutionen beizubehalten, die sich in der Vergangenheit bewährt haben und die durch die alte Verfassung legitimiert sind.

---

55 Der Rüchzug der Parteien, die sich zu dieser Allianz zusammengeschlossen hatten, vollzog sich in drei Etappen. erst zogen sich die IFP, die CP und die Regierung KwaZulu Natals auch dem Verhandlungsprozeß zurück, in einem zweiten Schritt die Regierungen Bophuthatswana und der Ciskei und schließlich verließen als letzte die Afrikaner Volksfront die Verhandlungen.

56 Vgl. B. de VILLIERS, The Constitutional Principles: Content Significance, in: Birth of a Constitution, B. de VILLIERS (Hrsg.)

Am 7. Mai 1993 einigten sich die Parteien darauf, das Datum für die ersten freien Wahlen nicht später als für den April 1994 festzusetzen. Am 2. Juni 1993 einigte man sich endlich auf den 27. April 1994, zugleich auf einen Zeitplan für den Übergangsprozeß, auf die Zusammensetzung des Transitional Executive Council, auf die Einrichtung einer unabhängigen Medienkommission, die eine faire Wahlkampagne garantieren und eine unabhängige Wahlkommission, die den fairen Verlauf der Wahlen überwachen sollte. Außerdem einigte man sich darauf, daß die Übergangsverfassung einige Verfassungsprinzipien enthalten sollte, die vor der Wahl als bindend für die Verfassunggebende Versammlung festgelegt wurden.[57]

Am 18. November 1993 akzeptierte das Negotiating Council des MPNP die Interimsverfassung.[58] Am 22. Dezember 1993 billigte daraufhin das Parlament in Kapstadt die Interimsverfassung für das neue Südafrika,[59] und am 25. Dezember 1993 fertigte Präsident DE KLERK diese Verfassung aus und verkündete sie. Nach erneuten Verhandlungen, insbesondere mit dem Ziel die IFP trotz anfänglicher Weigerung zur Teilnahme an den ersten freien Wahlen zu überzeugen, wurde die Übergangsverfassung nach der Ausfertigung durch den Präsidenten bereits vor ihrem in Kraft treten durch die beiden Änderungsgesetze vom 3. März und 26. April[60] 1994 novelliert. Diese Änderungsgesetze betrafen neben organisatorischen Vorschriften der Übergangsverfassung auch die Verfassungsprinzipien zur Übergangsverfassung und daher auch die Grundlage der zukünftigen Verfassung.

Diese Interimsverfassung sollte zwei, höchstens drei Jahre in Kraft bleiben. Nach ihrem in Kraft treten wurde sie bereits in Lauf des Jahres 1994 durch Änderungsgesetze nach dem dafür vorgesehenen Verfahren geändert.[61] Diese Gesetze änderten die Verfassung jedoch nicht in ihrem Gesamtgefüge, sondern betrafen nur spezifische Teilbereiche, beispielsweise die Rentenzahlungen an ausgeschiedene Staatspräsidenten oder die Vertretung des Staatspräsidenten im Falle seiner Abwesenheit. Die Verfassungsprinzipien selbst wurden nicht mehr geändert.

---

57 A. DAVIDSON / P. STRAND, The Path to Democracy, S. 111

58 Vgl. zur Interimverfassung: Ch. PIPPAN, Südafrikas Verfassungswandel, S. 992 ff.; B. DE VILLIERS (Hrsg.), Birth of a Constitution; D. BASSON, South Africa's Interim Constitution; H. CORDER / L. DU PLESSIS, Understanding South Africa's Transitional Bill of Rights, H. F. HEESE / T. H. BOHNKE, Die neue Übergangsverfassung der Republik Südafrika

59 Constitution of the Republic of South Africa, Act no. 200 of 1993, Das Parlament billigte den Entwurf mit 237 zu 45 Stimmen.

60 Act 2 of 1994, Government Gazette No 15550 vom 3. März 1994, Act 3 of 1994, Government Gazette No 15681 vom 26. April 1994,

61 Act 13 of 1994, Government Gazette No 15878 vom 22. Juli 1994 und Act No. 14 of 1994, Government Gazette No 15986 vom 19. September 1994 und Act No. 29 of 1994, Government Gazette No 16098 vom 23 November 1994

Die Interimsverfassung bildete das umfassende „Grundgesetz" für den Übergang der alten Apartheidsordnung zu einer vollkommen neuen verfassungsrechtlichen Ordnung. Am 27. April 1994 fand mit ihrem Inkrafttreten der Hauptschritt des Übergangs fest.

3. Die wesentlichen Merkmale der Übergangsverfassung

Die Übergangsverfassung vereinigte die Ideen vieler moderner westlicher Verfassungstexte. [62] Immer wieder wurde jedoch von den Hauptakteuren der Verhandlungen vorgebracht, es seien nur Verfassungsbestimmungen in Anlehnung an diese Verfassungstexte aufgenommen worden; nach einer Gesamtbetrachtung sei die Übergangsverfassung jedoch als „homegrown" einzustufen.

Eine Besonderheit stellen die „Constitutional Principles" dar. Sie sind nach dem Vorbild der Verfassungsprinzipien der Vereinten Nationen für die Verfassungsverhandlungen in Namibia aufgenommen worden, um der Übergangszeit Stabilität zu verleihen und bereits vor den Verhandlungen der einzelnen Verfassungsbestimmungen die grundlegenden Prinzipien für die zukünftige Verfassung festzulegen. Die wichtigste und tiefgreifendste Neuerung der Übergangsverfassung im Vergleich zur alten Apartheidsverfassung ist die Errichtung eines Rechtsstaates nach westlichem Vorbild[63] und die Schaffung eines „composite state"[64].

a) Die Einführung des Rechtsstaatsprinzips

Als Teil des Verfassungstextes und als Interpretationshilfe für die weiteren Verfassungsnormen[65] verweist die Präambel auf die Absicht der Errichtung eines Rechtsstaates. Dort heißt es:

---

62 Vgl. allgemein zum Inhalt der Übergangsverfassung: F. VENTER, Milestones in the Revolution of the New South African Constitution and some of ist salient features, SALR 1994; U. KARPEN, Südafrika auf dem Wge zu einer demokratisch-rechtsstaatlichen Verfassung, JöR Band 44 (1996); H. CORDER / A. DU PLESSIS, Understanding South Africa's Transitional Bill of Rights; Ch. PIPPAN, Südafrikas Verfassungswandel, in ZaöRV 1995

63 Die Übergangsverfassung wie auch die endgültige Verfassung verwendet nicht den Terminus „Rechtsstaat". Es läßt sich für den Begriff Rechtsstaat keinen adäquaten englischen Ausdruck finden, so daß die Terminologie „constitutional state" gewählt wurde. Der deutsche Begriff Verfassungsstaat und der Begriff „constitutional state" sind jedoch nicht synonym.

64 „Composite state" bezeichnet in diesem Zusammenhang im Gegensatz zu einem zentralistisch organisiertem Staat die Aufgliederung des Staates in horizontale und vertikale Ebenen.

65 F. VENTER, Milestones in the Revolution of the new South African Constitution and some of ist salient features, in: South African Law Report Vol. 1994 S. 217

„Whereas there is a need to create a new order in which all South Africans will be entitled to a common South African citizenship in a sovereign and democratic constitutional state."

Im Gegensatz zu der alten Apartheidsverfassung, die nach britischem Vorbild ein souveränes Parlament eingesetzt hatte, deren gesetzgeberischen Akte nicht durch ein Gericht überprüft werden und damit völlig frei entscheiden konnte, wurde nun ein Verfassungsgericht errichtet, das als Hüter der Verfassung diese auch gegenüber dem Parlament zu schützen hat. Weiterhin sind auch die folgenden Verfassungsbestimmungen Ausdruck des Rechtsstaats:

- Als wesentlichstes Element legt Artikel 4 ÜVerf. fest, daß die Verfassung das höchste Gesetz des Landes sein wird.
- In Artikel 7 ÜVerf. wird die Bindung der Legislative, der Exekutive und der Judikative an die Grundrechte festgeschrieben.
- Artikel 62 Abs. 1 ÜVerf. legt die erschwerte Abänderbarkeit der Verfassungsbestimmungen dadurch fest, daß er eine Zweidrittelmehrheit im Parlament, das sich aus dem Senat und der Nationalversammlung zusammensetzt, verlangt.
- Gemäß Art. 92 Abs. 2 ÜVerf. wird garantiert, daß die Gericht unabhängig und unparteiisch sind.

b) „Quasi-Föderalismus"

Die zweite wesentliche Besonderheit war die Errichtung eines „quasi-föderalen"[66] Staates. Die Kompetenzen wurden in Anlehnung an die Grundsätze des Föderalismus zwischen den neu geschaffenen Provinzen und dem Zentralstaat aufgeteilt. Da weder klar und eindeutig ein föderaler noch ein zentraler Staatsaufbau gewählt wurde, war stets die Einordnung des gefundenen Systems zwischen den Verhandlungsparteien umstritten. Festzuhalten bleibt, daß erstmals die Kompetenzen horizontal zwischen verschiedenen staatlichen Organen aufgeteilt wurde und vertikal zwischen verschiedenen Regierungsebenen. Dieser Aufbau zeigt sich gerade durch die folgenden Bestimmungen:

- Gemäß Artikel 1 ÜVerf. i.V. mit. dem ersten Anhang zur Verfassung wird zwar ein souveräner Staat gegründet, jedoch besteht er aus neun Provinzen.

66 Die Kompetenzverteilung zwischen Zentral- und Provinzebene war ein langwieriger Streit der Mehrparteienverhandlungen. Die Diskussion verwendete für das gefundene Modell verschiedene Begriffe, z. B. „föderaler Zentralismus" oder auch „Quasi-Föderalismus". Vgl. Ch. PIPPAN, Südafrikas Verfassungswandel, in ZaöRV 1995, S. 1018 f.

- Der Senat wird aufgrund der ihm zugewiesenen Aufgaben und Kompetenzen nach Artikel 68 Abs. 1, 61, 62 Abs. 2, 73 Abs. 2, 73 Abs. 11, 156 Abs. 1 A und 157 Abs. 1 B ÜVerf. das Organ auf nationalstaatlicher Ebenen, das die Interessen der Provinzen innerhalb des Gesetzgebungsprozesses und innerhalb des Verfassungsänderungsverfahrens repräsentiert, soweit die Interessen der Provinzen betroffen sind.
- Die wesentliche Neuerung ist in den Artikeln 126, 144 Abs. 2 i.V. mit dem 6. Anhang zur ÜVerf. festgelegt. Dort werden den Provinzparlamenten eigene und originäre Gesetzgebungs- und Verwaltungskompetenzen übertragen. Dem nationalen Parlament und der nationalen Verwaltung ist es nur in Ausnahmefällen vorbehalten, innerhalb dieser Regelungsmaterien tätig zu werden.
- Gemäß Artikel 155 Abs. 1 ÜVerf. hat jede Provinz Anspruch auf einen bestimmten Anteil an den erhobenen Steuern und darüber hinaus gemäß Artikel 200 Abs. 1b ÜVerf. Anspruch darauf, im nationalen Finanzausschuß vertreten zu sein.
- Gemäß Art. 160 ÜVerf. können sich die neun Provinzen jeweils ihre eigenen Provinzverfassungen geben und dort im Rahmen der Übergangsverfassung ihre eigenen legislativen und exekutiven Strukturen und Verfahren schaffen.
- Gemäß Artikel 183 Abs. 1 ÜVerf. werden die Provinzen, in denen es noch traditionelle Stammesstrukturen gibt, eine Vertretung für die traditionellen Stammesführer einrichten und diese auf Provinzebene in legislative und exekutive Verfahren einbinden.
- Gemäß Artikel 217 ÜVerf. wird den Provinzen innerhalb der polizeilichen Tätigkeit auf Provinzebene eine Einflußnahmemöglichkeiten eröffnet.

III. Die Bewertung der Entwicklung: Wahrung der Form und Wechsel des Gehalts

Trotz mehrerer Verhandlungsunterbrechungen und häufig stockenden Gesprächen, ist die Kontinuität der äußeren Form des Prozesses im Gegensatz zur Diskontinuität des inneren Gehalts der Entwicklung nach dem Umbruch in Südafrika ihr besonderes Kennzeichen. Die Apartheidsgesetzgebung wurde durch das alte Regime nach der alten Apartheidsverfassung abgeschafft, durch eine Parlamentsabstimmung wurde der Übergangsverfassung zugestimmt und durch allgemeine freie und gleiche Wahlen die verfassunggebende Versammlung eingesetzt, die letztlich endgültig eine Verfassung für das Land ausarbeitete.[67] Die Formen

67 Archiv der Gegenwart vom 18. November 1993 S. 38399

der Legalität blieben stets erhalten. Jedoch wechselte die Legitimitätsgrundlage der Verfassung und wesentliche Verfassungsinhalte wurden ausgewechselt.

In den ersten vier Jahren der Verhandlungen blieb die alte Apartheidsverfassung trotz parallel laufender Gespräche zwecks ihrer eigenen Überarbeitung, bzw. Abschaffung weiterhin in Kraft. Das alte Parlament wurde anfangs nicht aufgelöst, sondern tagte weiter und setzte sogar förmlich die während den bilateralen Gesprächen getroffenen Entscheidungen um. In das alte Drei-Kammer-Parlament zogen Vertreter der schwarzen Oppositionsparteien ein. Anfänglich versuchte die alte Apartheidsregierung durch Verfassungs- und Gesetzesänderungen das Verfassungssystem zu modernisieren und die schwarze Bevölkerung in den politischen Prozeß einzubeziehen. Die später durch die alte Regierung und die NP in Verhandlungen nicht mehr aufzuhaltende Revolution legalisierte die alte Apartheidsregierung durch „Verfassungsänderungen“. Die Übergangsverfassung und die endgültige Verfassung dienten dazu, die alte Apartheidsverfassung zu beseitigen. Diese war jedoch in der Verhandlungsphase von 1990 bis 1994 noch die Grundlage politischen Handelns.

Diese als „legal“ zu bezeichnende Revolution stellt ein weiteres Beispiel für die Verwendung eines überkommenen Verfassungsinstrumentariums zur völligen Umwälzung der Legitimationsgrundlage sowie der Legitimationsziele, die zur völligen Umwälzung des gesamten Verfassungssystems und der Rechtsordnung geführt hat. In erster Linie versuchten die beteiligten Parteien ihre revolutionären Vorstellungen und Bedürfnisse in Verfassungsnormen und Gesetzesbestimmungen umzusetzen. Mit Hilfe der durch den alten Staat gebildeten Strukturen regierten nun die revolutionären Gruppen und Parteien. Sie nutzen die durch die alte Verfassungsordnung berufenen Staatsorgane, um die neuen entgegengesetzten Ziele zu verfolgen und die notwendigen Normen zu erlassen. Die wirkliche Verfassungs- und Werteordnung änderte sich in dieser Phase.

1. Die Ziele der „legalen“ Revolution

Zu Beginn der Gespräche bestand das Ziel der oppositionellen Gruppe in erster Linie darin, Wahlen nach dem Grundprinzip „one-person-one-vote“ durchzuführen und Südafrika in einen einheitlichen, demokratischen und nicht-rassistischen Staat umzuwandeln. Zu diesem Zweck sollte ein Verhandlungsprozeß einsetzen, an dessen Ende eine neu verfassungsrechtliche Ordnung steht, die dem Willen der Mehrheit der Bevölkerung entspricht. Der Grund für die Verhandlungsbereitschaft der Befreiungsbewegung lag in ihrer Erkenntnis, daß sie durch Streiks zwar immer in der Lage waren, dem Staat in wirtschaftlicher Hinsicht zu schaden, jedoch mit ihrer militärischen Ausrüstung in ferner Zukunft nicht in der Lage sein würden, das Regime mit seinen Sicherheitskräften zu besiegen.

Im Verlauf der Verhandlungen fand jedoch ein Wechsel der Zielsetzungen statt. Der ANC als der Hauptvertreter der Opposition erkannte, daß er ohne eine Zusammenarbeit mit der alten Regierungspartei als Vertreter der weißen Minderheit des Landes und auch ohne Zugeständnisse an die IFP und rechte burische Gruppen, als weitere Gruppen mit politischen Einfluß, nicht zur Stabilisierung der politischen und wirtschaftlichen Lage beitragen konnte[68]. Daher favorisierte auch die Partei der schwarzen Mehrheit die kooperative Zusammenarbeit mit den Minderheitenparteien.

Die Regierungspartei erkannte aufgrund des internationalen Drucks und vor allem vor dem Hintergrund wachsender wirtschaftlicher Probleme, daß eine Beteiligung der schwarze Bevölkerung am politischen Leben unausweichlich war. Wegen der quantitativen Überlegenheit der schwarzen Bevölkerung und auch dem Druck der Bevölkerung durch die Gewalt auf den Straßen Südafrikas mußte die Regierungspartei immer weitreichendere Zugeständnisse an die Opposition machen.

Letztlich haben alle Verhandlungsparteien die Notwendigkeit erkannt, Kompromisse einzugehen, um ein Auseinanderbrechen des Landes und vor allem um das Ausbrechen eines Bürgerkrieges zu verhindern. Insbesondere die Verhandlungspausen haben die Parteien darauf verwendet für sich und ihre Wählerschaft, neue Verhandlungspositionen zu definieren und Bereiche herauszuarbeiten, innerhalb derer Zugeständnisse an den Verhandlungsgegner möglich sind[69].

2. Die Folgen der „legalen" Revolution

Kennzeichnend für die „verhandelte" Revolution ist die Kontinuität in der äußeren Form. Die Legalität der Umwälzungen wurde stets von den Verhandlungsparteien in den Vordergrund gerückt.[70]

Die Verfassung von 1983 galt so lange fort, trotz ihrer beabsichtigten Abänderung bis sich die Verhandlungsteilnehmer auf die Interimsverfassung geeinigt hatten und diese durch das alte Parlament verabschiedet wurde. Während dieser

68 Ein Beispiel für diese Zugeständnisse sind die noch kurzfristig in die Übergangsverfassung aufgenommenen neuen Verfassungsprinzipien, die den Provinzen mehr Autonomie gegenüber dem Zentralstaat einräumte.

69 J. SLOVO, Negotiations: What room for compromise?, in: African Communist / Third Quarter 1992, S. 36

70 Vgl. dazu: Understanding the Transitional Bill of Rights, S. 10, 18, W. DE KLERK, The Process of Political Negotiation: 1990-1993, in: Birth of a Constitution, B. de VILLIERS (Hrsg.) S. 10 f. und die Verfassungsbestimmungen, die insbesondere für diese Kontinuität bedeutsam sind: Art. 212 Abs. 7, 236 Abs. 1-5, 28, 33 Abs. 5, 229, 246, 247, 231 Abs. 1 Üverf.

Verhandlungen wurde das alte Parlament nicht aufgelöst und die alte Regierung nicht gestürzt, sondern alle staatlichen Organe nahmen weiter ihre Aufgaben war. Die alte Apartheidsregierung arbeitete unter der alten Verfassung weiter und waren lediglich durch eigene Absichtserklärungen gegenüber den Verhandlungspartnern gebunden. Die Revolution legalisierte sich in ihrem weiteren Verlauf durch die von dem alten Parlament vorgenommenen Verfassungsänderungen. Die Verfassungsbestimmungen der alten Verfassung wurden letztlich zur Beseitigung der bisher geltenden Verfassungsgrundlagen benutzt.

Die Regierung legte stets höchsten Wert darauf, daß sich der Übergang in den Bahnen der alten Verfassung vollzieht und hat auch stets alle notwendigen Maßnahmen, die durch den TEC beschlossen wurden, zusätzlich dem gewählten Parlament zur Entscheidung vorgelegt. Von dem Standpunkt der Regierung läßt sich der Prozeß daher als verfassungsrechtlicher Übergangsprozeß einordnen, der durch die Staatsorgane unter der alten Ordnung eingeleitet worden war, ursprünglich von politischen Vereinbarungen unter den politischen Parteien ausging und vom Willen der Bevölkerung getragen wurde.

Die Entwicklung dieser Jahre muß besonders wegen der gesellschaftlichen Veränderungen als Revolution eingeordnet werden. Es handelt sich um eine Revolution mit dem Bewußtsein des gesellschaftlichen Fortschritts jedoch ohne den Anspruch auf die grenzenlose Ausdehnung politischer Macht- und Wissenskontrollen über die Gesellschaft, eher um den Kampf für eine neue gerechtere Verfassung. Die traditionellen Formen von Revolution und Fortschritt des Jahres 1789 finden hier eine Fortentwicklung ähnlich wie sie sich in den europäischen Revolutionen des Jahres 1989 bereits abgezeichnet hatte. Die Verfassungsfragen standen auch in Südafrika im Mittelpunkt des Neuaufbaus. Angestrebt wurde ein friedlicher Übergang trotz des umfassenden Prozesses der gesellschaftlichen und institutionellen Umwälzung.

Nach dem Konzept des MPNP sollte die Übergangsverfassung, insbesondere die „Constitutional Principles“ aber auch die endgültige Verfassung nicht der Ausdruck eines autoritativ gesetzten Willens des Volkes sein, sondern ein wechselseitiges Versprechen auf der besonderen Grundlage der Anerkennung eines jeden durch einen jeden als freien und gleichen Menschen.[71] Von Anfang an wurde ein breiter Konsens in der Gesellschaft über die Verfassungsinhalte angestrebt.

---

71 Archiv der Gegenwart vom 18. November 1993 S. 38399

3. Verfassungsänderung oder Verfassungsgebung?

Das Parlament handelte zu Beginn der 90er Jahre im Hinblick auf die vorgenommen Verfassungsänderungen in selbst ernannter Autorität und ohne ein demokratisches Mandat der Bevölkerung. Ein demokratisches Mandat zu den Verfassungsverhandlungen wurde der Volksvertretung der weißen Bevölkerung nicht durch das 1993 durchgeführte Referendum innerhalb der weißen Bevölkerung verliehen. Das Parlament handelte zu dieser Zeit in erster Linie mit dem Ziel, die durch die Mehrheit der Bevölkerung geforderten Veränderungen zu realisieren und legalisieren. Die ursprünglich geplanten Gesetzes- und Verfassungsänderungen waren noch als ein Angebot an das Volk im gesamten als Inhaber der verfassunggebenden Gewalt zu sehen, die durch das nicht zur Verfassungsgebung legitimierte Parlament ausgearbeiteten Veränderungen durch seinen nachfolgenden Konsens zu bestätigen.

Obwohl alle Parteien bemüht waren, die revolutionäre Umwälzungen zu Beginn der 90er Jahre in legale Vorgänge zu kleiden, kann nicht mehr über einen in allen Bereichen kontinuierlichen Wechsel der alten Verfassung des Apartheidsystem gesprochen werden. Es wurde zwar versucht, durch entsprechende Verfahren den Schein einer Kontinuität zu wahren. Jedoch ist die alte Verfassung und ihre Grundwerte aufgrund revolutionärer Vorgänge abgelöst und durch die neue Ordnung der Übergangsverfassung ersetzt worden.

Der Wandel des Westminster-Systems zu einem rechtsstaatlichen System stellt eine so weitreichende Änderung der verfassungsrechtlichen Ordnung dar, daß nicht mehr von einem verfassungsgemäßen Wandel gesprochen werden kann. Besonders deutlich zeigte sich die Änderung dadurch, daß in diese Verfassung erstmals ein Grundrechtskatalog aufgenommen und eine freiheitliche, pluralistisch-demokratische Verfassungsordnung geschaffen wurde, die auf der Gleichheit aller Menschen aufbaut. Darüber hinaus wurde auch das Parlament durch die Verfassung, insbesondere durch die Grundrechte gebunden, und verlor damit seine weitreichende Souveränität.

B. Die verfassunggebende Versammlung oder der MPNP als Ausübung der verfassunggebende Gewalt des Volkes ?

Die zweite Runde der Verfassungsgespräche, die am 1. April 1993 begann, brachte den eigentlichen Durchbruch in den Verhandlungen zwischen den ehemaligen Gegnern. In vielen Punkten konnte eine Annäherung erzielt werden. Es traten nunmehr 26 Parteien zusammen, die in Mehrheitsbeschlüssen weitreichende Übereinstimmungen erzielten und Entscheidungen fällten. Neben der

Festlegung des vorläufigen Wahltermins auf den 27. April 1994 waren es vor allem die Vorentscheidungen über die bindenden Verfassungsprinzipien und die regionalen Verwaltungsstrukturen sowie über die Ausarbeitung einer endgültigen Verfassung durch eine demokratisch gewählte verfassunggebende Versammlung, die den Durchbruch innerhalb der Verhandlung bedeuteten. Auf Bedenken bezüglich ihrer Legitimation stießen diese Ergebnisse teilweise, weil am 3. bzw. 15. Juni 1993 mehrere Parteien und Regierungen aus der Verhandlungsrunde auszogen.[72]

Zu dieser Zeit bestanden jedoch weitreichende Bedenken einiger Parteien über die Rolle der Verfassunggebenden Versammlung und des Verfassungsgerichts innerhalb des Prozesses der Verfassungsgebung. Inwieweit diese beiden Organe sich an die verfassungsrechtlichen Vorgaben halten würden, wurde von allen Parteien, insbesondere der Minderheitenparteien aufmerksam beobachtet. [73]

I. Die verfassunggebende Gewalt des Volkes aus der Sicht des MPNP

Die Übergangsverfassung als Produkt des MPNP regelt eindeutig, in welchem Verfahren die endgültige Verfassung zustande kommen soll. Nach Art. 68 der ÜVerf. mußte die verfassunggebende Versammlung den „neuen" Verfassungstext ausarbeiten. Art. 71 der ÜVerf. legt die Voraussetzung fest, daß dieser Text mit den Verfassungsprinzipien übereinstimmen mußte. Weiterhin forderte sie, daß das Verfassungsgericht diese Übereinstimmung gerichtlich überprüft. Die absolute Bindungswirkung wurde noch durch Art. 74 ÜVerf. verstärkt, der ein absolutes Verbot aussprach, die bindende Natur der Verfassungsprinzipien oder die verfassungsgerichtliche Überprüfung zu ändern.

Nach der Analyse der Verfassungsprinzipien fallen ihre teilweise sehr konkret und teilweise sehr allgemein gehaltenen Formulierungen auf. Trotz allem legten sie die Grundlage für die zukünftige Struktur der endgültigen Verfassung in Grundzügen fest.

1. Die Besonderheit des Verfahrens

Die Übergangsverfassung trat am 27. April 1994 in Kraft. Sie basiert auf dem Entwurf vom 21. Juli 1993, der aber noch in zahlreichen Verhandlungsrunden abgeändert wurde. Mit dieser Verfassung wurde erstmals ein demokratisches Regierungssystem für die gesamte Bevölkerung geschaffen.

---

72 Archiv der Gegenwart vom 1. August 1993 S. 38092; Die in der COSAG zusammengeschlossensn Gruppen entschlossen sich zum Boykott weitere Verhandlungen.

73 Vgl. dazu B. de Villiers, The Constitutional Principles: Content Signifinance, in: Birth of a Constitution, B. de Villiers (Hrsg.), S 46f.

Mit den Änderungsvorschlägen in den letzten Tagen vor dem Inkrafttreten der Verfassung wurden zwar stets umstrittene Bereiche abgeändert, aber sie änderten die Verfassung nicht in ihrem grundlegenden Charakter. Die Änderungsgesetze grenzten einerseits die Gesetzgebungskompetenzen zwischen der Republik und den Provinzen ab und andererseits verankerten den verfassungsrechtlichen Schutz für die Zulu-Monarchie, eines der Hauptforderungen der IFP.

Mit den Änderungsvorschlägen in den letzten Tagen vor dem Inkrafttreten der Verfassung wurden zwar stets umstrittene Bereiche abgeändert, aber sie änderten die Verfassung nicht in ihrem grundlegenden Charakter. Die Änderungsgesetze grenzten einerseits die Gesetzgebungskompetenzen zwischen der Republik und den Provinzen ab und andererseits verankerten den verfassungsrechtlichen Schutz für die Zulu-Monarchie, eines der Hauptforderungen der IFP.

a) Überblick über den Inhalt der „Constitutional Principles“

- Die „Constitutional Principles“ bestehen aus 31 Punkten. Das Ziel dieser Prinzipien bestand darin, die wichtigsten Elemente aufzuzählen, um die Schaffung eines demokratischen Rechtsstaates zu ermöglichen. Die aufgenommenen Prinzipien lassen sich in folgende Kategorien einteilen: Die Souveränität der Verfassung[74], die Entstehung eines Rechtsstaat[75] und die Rolle der Rechtsprechung, des Verfassungsgerichts als Hüter der Verfassung[76] sollten garantiert werden.
- Die Teilung der Staatsgewalt in die legislative, exekutive und rechtsprechende Gewalt,[77] mit einer verfassungsrechtlich garantierten Unabhängigkeit der Richter,[78] wurde festgeschrieben.
- Eine verantwortliche und repräsentative Regierung soll auf der Grundlage allgemeiner Wahlen nach dem Proportionalwahlrecht[79] entstehen. Eine wirksame Teilnahme der Minderheitenparteien[80] soll garantiert und Mehrheiten[81] für Entscheidungen über besondere Fragen in der Verfassung festgelegt werden.

---

74 CP 1
75 CP 4
76 CP 7
77 CP 6
78 CP 7
79 CP 8
80 CPs 13, 14
81 CP 14

- Grundrechte und Grundfreiheiten werden in einem Grundrechtskatalog[82] geschützt, der die Gleichheit aller Menschen[83] garantiert, die kulturelle und sprachliche Vielfalt des Bevölkerung[84] und besondere Minderheitenrechte[85] anerkennt.
- Drei staatliche Ebenen, eine nationale, eine Provinz- und eine kommunale Ebene, sollen errichtet werden.[86] Ihnen sollen ausreichende Aufgaben und Kompetenzen zugewiesen werden, damit sie effektiv handeln können. Weiterhin sind die finanziellen Mitteln gerecht unter den drei Ebenen zu verteilen, damit sie die ihnen zugewiesenen Aufgaben erfüllen können.[87]
- Die Kompetenzen aller drei staatlichen Bereiche müssen verfassungsmäßig festgeschrieben sein.[88] Diese Verfassungsnormen dürfen nur mit besonderen Mehrheiten und besonderen Verfahren abzuändern sein.[89] Außerdem muß den Regionen ein gewisses Maß an ausschließlichen und konkurrierenden Kompetenzen zustehen.[90]
- Die Finanzverfassung für alle drei staatlichen Bereiche muß verfassungsrechtlich festgeschrieben werden,[91] sowie die Errichtung einer Finanzkommission, die für die Verteilung verantwortlich sein soll.[92]
- Eine unabhängige Verwaltungskommission, die Reserve Bank, ein Ombudsmann und ein Rechnungsprüfer sollen in der Verfassung vorgesehen werden.[93]
- Alle Mitglieder der Sicherheitskräfte des Landes sollen nur noch im nationalen Interesse handeln und nicht im Interesse einer politischen Gruppierung.[94]
- Außerdem wurde in den Verfassungsprinzipien in CP 33 die Dauer der Übergangszeit bis zum 30. April 1999 verbindlich festgelegt.

Obwohl die Übergangsverfassung nur zeitlich als provisorische Regelung begrenzt in Kraft gesetzt wurde, enthielt sie gerade in den Verfassungsprinzipien den Rahmen und die Grundlage für die endgültige Verfassung. Als „historische Brücke" zwischen der Apartheidsvergangenheit und der Zukunft in einem demo-

---

82 CP 2
83 CP 3
84 CP 11
85 CP 13
86 CP 16
87 CPs 15, 16
88 Cps 18, 24
89 CP 18
90 CP 20
91 CP 25
92 CP 27
93 CP 24
94 CP 26

kratischen Rechtsstaat konzipiert, vor Änderungen durch das Parlament während der Übergangszeit geschützt und hinsichtlich ihrer Umsetzung durch das Verfassungsgericht kontrolliert, sicherten gerade diese Prinzipien die Werte ab, die auch zukünftig die Grundlage des Staates bilden sollen.

b) Die Implementierung der Verfassung

Das Verfahren zur Annahme der neuen Verfassung wurde durch den MPNP in der Übergangsverfassung festgehalten. Kapitel 5 dieser Verfassung bestimmte, daß als verfassunggebende Körperschaft, der Senat und das nationale Parlament die verfassunggebende Versammlung bilden sollten.[95] Gemäß Art. 71 Abs. 1 a, b ÜVerf. bestand ihre Aufgabe darin, einen Verfassungstext auszuarbeiten, der mit den Verfassungsprinzipien des 4. Anhangs übereinstimmt, und ihn gemäß den Vorschriften des 5. Kapitels zu verabschieden. Darüber hinaus wurde die Überprüfung des Textes auf die Vereinbarkeit mit den Verfassungsprinzipien durch das Verfassungsgericht in Art. 71 Abs. 3 ÜVerf. festgeschrieben. Weiterhin wurden für die Verabschiedung der endgültigen Verfassung in Art. 3 ÜVerf. besondere Quoten für die Abstimmung innerhalb der Versammlung festgelegt. Grundsätzlich wurde gemäß Art. 73 Abs. 2 S. 1 ÜVerf. eine Zweidrittelmehrheit zur Annahme des Texts vorgeschrieben. Für die Bestimmungen, die die Provinzgrenzen, ihre Aufgaben und Kompetenzen betrafen, war darüber hinaus zur Annahme dieser Artikel eine Zweidrittelmehrheit im Senat notwendig.

Für die Annahme einer endgültigen Verfassung wurde ein Zeitraum von zwei Jahren bestimmt.[96] Falls jedoch eine Einigung bis zu diesem Zeitpunkt nicht erreicht werden konnte, aber ein Verfassungsentwurf zu diesem Zeitpunkt von der Mehrheit in der verfassunggebenden Versammlung unterstützt werden sollte, dann sollte ein Vermittlungsausschuß aus „Experten des Verfassungsrechts" eingesetzt werden. Ein Entwurf diese Ausschusses mußte durch die verfassunggebende Versammlung mit einer Zweidrittelmehrheit angenommen werden, um als Verfassung für das Land zu gelten.

Falls auch dieser Vermittlungsversuch scheitern würde, mußte die verfassunggebende Versammlung den Verfassungstext mit einer einfachen Mehrheit verabschieden können, jedoch hätte der Text in einem Referendum dem Volk zur Entscheidung vorgelegt werden müssen, nachdem das Verfassungsgericht ihn ausgefertigt hätte und bevor er in Kraft getreten wäre.[97]

95 Art. 68 Abs. 1, 2 Üverf.
96 Art. 73 Abs. 1 Üverf.
97 Art. 73 Abs. 5 - 9 Üverf.

2. Maßnahmen des Übergangs

Eine wichtige gesetzliche Maßnahme der Transformation Südafrikas hin zu einer demokratischen Ordnung wurde im Parlament bereits am 8. September 1993 verabschiedet. Mit diesem Gesetz[98] wurde die Einsetzung des „Transitional Executiv Council" beschlossen, dessen Aufgabe darin bestand, den Übergang zu einem demokratischen System abzusichern und geeignete Bedingungen für eine freie und faire Wahl zu schaffen. Dieser Übergangs-/ Exekutivrat ermöglichte allen an den Verhandlungen beteiligten Parteien ein gleichwertiges Mitspracherecht bei allen politischen Entscheidungen. Die Entscheidungen in dem TEC wurden zwischen den Repräsentanten aller Parteien grundsätzlich mit Dreiviertelmehrheit gefällt.

Außerdem wurde an diesem Tag Gesetze erlassen, die die Freiheit und die Unabhängigkeit der Medien und des Rundfunks gewährleisten sowie die Einsetzung einer unabhängigen Wahlkommission, die den weiteren rechtlichen Rahmen für die Vorbereitung der ersten allgemeinen und freien Wahlen festlegten, ermöglichen sollte.[99]

Das 15. Kapitel der Übergangsverfassung enthält allgemeine Vorschriften, die die rechtliche Kontinuität der alten Ordnung und der neuen Ordnung herstellen. Danach bleiben alle Gesetze, die vor Implementierung der Übergangsverfassung auf dem gesamten früheren Staatsgebiet galten, weiterhin unverändert mit allen Aufhebungen und Zusätzen, die eine zuständige Autorität erlassen hat, auf diesem Gebiet in Kraft.[100] Alle die in 7. Anhang der Verfassng aufgenommenen Gesetze werden aufgehoben, soweit die Aufhebung dort bestimmt ist.[101]

Nach der Wahl wurden weitere Übergangsmaßnahmen getroffen. Nach den Vorschriften der Übergangsverfassung wurde das „Government of National Unity" gebildet, das bis zum Ende der Übergangszeit das Land regieren sollte. Das GNU ist eine Regierung die aus allen Parteien besteht, die in der ersten freien, demokratischen Wahl mehr als 5% der Stimmen erhalten hatte.

---

98 Transitional Executive Council Act, Act no. 151 of 1993

99 Independent Media Commission Act, Act no. 148 of 1993, Independent Broadcasting Authority Act, Act No. 153 of 1993 und der Independent Electoral Commission Act, Act No. 150 of 1993

100 Art. 229 Üverf.

101 Art. 230 Abs. 1 Üverf. Es handelt sich um 59 Gesetze. Die Regelungsbereiche, in denen die Gesetze aufgehoben werden sind in erster Linie, stehen in erster Linie mit der alten Apartheidgesetzgebung zusammen. Z.B. werden die Gesetze aufgehoben, die die TBVC-Staaten betreffen, ihre Grenzen und Kompetenzen.

II. Die verfassunggebende Gewalt des Volkes in der „Übergangsverfassung"

Der Text der Übergangsverfassung selbst gibt Auskunft über den Prozeß ihres Entstehens und erläutert darüber hinaus den besonderen Anlaß, warum dieser Verfassungstext die alte Verfassung ersetzt. Die Besonderheit dieser Verfassung ist weiterhin der teilweise als „Postambel" bezeichnete Abschnitt über „National Unity und Reconciliation", der ohne eine Artikelbezeichnung an den Verfassungstext nach Art. 251 Üverf. angehängt worden ist. Diese besondere Stellung im Verfassungstext macht es ebenfalls schwerer, seine Bedeutung festzulegen.

1. Die Präambel der Übergangsverfassung

Die Präambel einer Verfassung ist keine Rechtsnorm, die vergleichbar ist mit den anderen Normen einer Verfassung. Sie muß vor dem Hintergrund der besonderen Ausgangslage der Verfassungsgebung betrachtet werde, um auf diesem Weg ihre allgemeine Aussage zur verfassunggebenden Gewalt erkennen zu können. Nur vor dem Hintergrund der Entstehung der Verfassung und im Zusammenhang mit den historischen Materialien über diesen Prozeß ist diese zu verstehen und zu interpretieren.

Die Präambel der südafrikanischen Übergangsverfassung setzt sich mit der Vergangenheit des Landes auseinander und beschreibt unter Bezugnahme auf diese die historische Ausgangsposition der Entstehung der Übergangsverfassung. Dort heißt es:

In humble submission to the Almighty God,

We, the people of South Africa declare that-

WHEREAS there is a need to create a new order in which all South Africans will be entitled to a common South African citizenship in a sovereign and democratic constitutional state in which there is equality between men and women and people of all races so that all citizens shall be able to enjoy and exercise their fundamental rights and freedoms;

AND WHEREAS in order to secure the achievement of this goal, elected representatives of all the people of South Africa should be mandated to adopt a new Constitution in accordance with a solem pact recorded as Constitutional Principles;

AND WHEREAS it is necessary for such purpose that provision should be made for the promotion of national unity and the restructuring and continued governance of South Africa while an elected Constitutional Assembly draws up a final Constitution; "

Die Präambel, die sich ausdrücklich auf den Willen des Volkes zur Verfassungsgebung bezieht, wird als die historische Aussage über die Umstände der

Verfassungsentstehung der Übergangsverfassung verstanden. Die Erarbeitung und die Annahme der Übergangsverfassung trug den Bedürfnissen nach politischen, gesellschaftlichen aber auch verfassungsrechtlichen Änderungen Rechnung, was durch die Präambel auch deutlich gemacht wird.

Die Formulierung „We the People" zeigt deutlich, daß die Übergangsverfassung auf den Willen des gesamten südafrikanischen Volkes zurückzuführen sein soll, auch wenn das Forum der MPNP nicht direkt als Verfassungsgeber auftrat. Ganz deutlich wird der Kompromißcharakter des gesamten Übergangsprozesses in der Präambel aufgenommen. Die Notwendigkeit, daß eine gewählte verfassunggebende Versammlung die endgültige Verfassung schreiben soll, wie es der ANC ursprünglich beabsichtigt hatte, wurde aufgenommen.

Aber insbesondere der ausdrückliche Hinweis auf die als „solemn pact" bezeichneten Verfassungsprinzipien weist vorweg schon auf die Gebundenheit der verfassunggebenden Versammlung hin und auf die hervorgehobene Stellung dieser Prinzipien. Daher ergibt sich gerade die Besonderheit dieser Verfassung, die von vornherein einerseits nur provisorischen Charakter für die festgelegte Übergangszeit hat, jedoch teilweise durch den „solemn pact" bereits bindende Kriterien für die endgültige Verfassung festgelegt hat.

2. Der Abschnitt über „National Unity und Reconciliation", die Postambel

Dem Dokument der Übergangsverfassung ist nach seinem letzten Artikel noch ein Abschnitt über „National Unity und Reconciliation" hinzugefügt worden[102]. Es heißt dort:

„This Constitution provides a historic bridge between the past of a deeply divided society characterised by strife, conflict, untold suffering an injustice, and a future founded on the recognition of human rights, democracy and peaceful coexistence and development opportunities for all South Africans, irrespective of colour, race, class, belief or sex.

The pursuit of national unity, the well-being of all South African citizens and peace require reconciliation between the people of South Africa and the reconstruction of society.

The adoption of this Constitution lays the secure foundation for the people of South Africa to transcend the divisions and strife of the past, which generated gross violations of human rights, the transgression of humanitarian principles in violent conflicts and a legacy of hatred, fear, guilt and revenge.

---

102 Über die Bezeichnung diese Artikels bestand zeitweise Verwirrung. Dies hat zur Folge, daß dieser Artikel teilweise als Postambel oder als Postskriptum, Epilog bezeichnet wird.

These can now be adressed on the basis that there is a need for understanding but not for vengeance, a need for reparation but not for retaliation, a need for ubuntu but not for victimisation.

In order to advance such reconciliation and reconstruction, amnesty shall be granted in respect of acts, omissions and offences associated with political objectives and committed in the course of the conflict of the past. To this end, Parliament under this Constitution shall adopt a law determining a firm cut off date, which shall be a date after 8. October 1990 and before 6. December 1993, and providing for the mechanisms, criteria and procedures, including tribunals, if any, through which such amnesty shall be dealt with at any time after the law has been passed.

With this Constitution and these commitments we, the people of South Africa, open a new chapter in the history of our country."

Die Bedeutung dieser Postambel war anfangs unklar, weil die prosaartige Formulierung als Verfassungsformulierung sehr ungewöhnlich und mangels Numerierung dieses Bestandteil wie die anderen Verfassungsartikel oder Eingliederungen an die Anhänge der Verfassung ihre Stellung in der Verfassung nicht eindeutig festzulegen war. Das Verfassungsgericht hat diese Bestimmung bereits in ihre Rechtsprechung integriert. Es wertet diese Postambel vergleichbar mit dem Grundrechtskatalog als materielle Verfassungsbestimmung[103].

Auch die Postambel der Übergangsverfassung geht davon aus, daß diese bereits den Grundstein für die endgültige verfassungsrechtliche Ordnung des Landes gelegt hat. Eine rechtmäßige umfassende Änderung der verfassungsrechtlichen Ordnung kann daher nur noch aufgrund der Bestimmungen des 4. Kapitels der Übergangsverfassung erfolgen.

III. Zwischenergebnis

Festzuhalten bleibt, daß die Übergangsverfassung selbst den Kompromißcharakter der Verfassung aufgreift und ihren provisorischen Charakter in den Vordergrund rückt. Die Präambel weist auf diese Eigenschaften. Weiterhin zeigt die Übergangsverfassung aber auch deutlich in die Zukunft. Bei der Auslegung der neu zu entwickelnden verfassungsrechtlichen Ordnung mußte die Übergangsverfassung mit herangezogen werden, soweit sie sich selbst als bindend erklärte.

103 Als Ausdruck der „außergewöhnlich großzügigen und ideenreichen Verpflichtung der Verfassung einer Philosophie gegenüber, die beispiellose internationale Anerkennung für das Volk unsere Landes gebracht hat" wird diese Verfassungsbestimmung vom Verfassungsgericht gewertet, Case CCT 17/96 The Azanian People's Organisation v. President of the Republic of South Africa, Ziffer 48

Soweit diese also nicht mehr nach ihren materiellen Inhalten abänderbar ist, kann nicht von einer Verfassungsablösung sondern nur noch von einer Verfassungsänderung gesprochen werden. Insbesondere die Verfassungsprinzipien sind eindeutig zukunftsweisend.

C. Die Vorbereitung und die Ausarbeitung der endgültigen Verfassung

Den letzten Schritt auf dem Weg zur Verabschiedung einer endgültigen Verfassung durch eine Volksvertretung für Südafrika stellte die Ausarbeitung der endgültigen Verfassung durch die verfassunggebende Versammlung dar. Mit der Einsetzung dieser Versammlung sollte auch das Legitimationsdefizit der Übergangsverfassung beseitigt werden, weil auf diesem Wege eine gewählte Versammlung den Text der endgültigen Verfassung entwerfen sollte. Deshalb stand von Beginn dieses Prozesses an seine Tranzparenz und Offenheit für die gesamte Bevölkerung und die Medien im Vordergrund[104].

I. Die Wahlen zur Verfassunggebenden Versammlung

Vom 27. bis zum 29. April fanden in Südafrika die Wahlen[105] zur verfassunggebenden Versammlung statt, die von nationalen unabhängigen Wahlkommissionen und auch von internationalen Wahlbeobachtergruppen überwacht wurden und für „im wesentlichen" frei und fair befunden wurden. Der ANC mit seinem Kandidaten Nelson MANDELA ging mit 62,5 % der Stimmen als klarere Sieger aus der Wahl hervor. Ihm folgte an zweiter Stelle mit 20,39 % der Stimmen die NP des früheren Staatspräsidenten F. W. DE KLERK und an dritter Stelle mit 10.54 % die IFP M. BUTHELEZI.

Die Wahlen dienten ebenfalls als Parlamentswahlen. Eine ausdrückliche Abstimmung über die Übergangsverfassung - ein Referendum - war nicht Gegenstand dieser Wahl. Die Vorbereitung und die Durchführung der Wahlen oblag der eigens zu diesem Zwecke eingerichteten Wahlkommission, die von internationalen Gruppen unterstützt wurde.

---

104 Deshalb wurde auch im Arbeitsprogramm der verfassunggebenden Versammlung die Beteiligungsmöglichkeiten der gesamten Bevölkerung und die Rolle der Medien hervorgehoben, damit die neue Verfassung zu einem „living document" für die gesamte Bevölkerung wird. Ziff. 3 des Working Programme der Constitutional Assembly.

105 Vgl zu dem Verlauf, der Beurteilung und den Ergebnissen der Wahlen, U. ENGEL; Parlamentwahlen in Südafrika, S. 447 ff.

Damit eine faire Repräsentation der verschiedenen politischen Gruppierungen des Landes in der verfassunggebenden Versammlung gewährleistet werden konnte, entschied man sich, nach dem Verhältnismäßigkeitswahlrecht zu wählen.

II. Die Arbeitsstruktur der verfassunggebenden Versammlung

Bei der Ausarbeitung der Struktur[106] für die verfassunggebende Versammlung orientierte man sich an ihren Vorläufern - der CODESA und dem MPNP. Die Entscheidungen der verfassunggebenden Versammlung wurden in verschiedenen „Theme Committees" und den „Technical Committees" vorbereitet. Die Aufgabe der „Theme Committees" bestand darin, in kleineren Runden die Problemfelder im Vorfeld auszudiskutieren, um bereits einen Kompromiß zu erarbeiten. Seine jeweiligen Mitglieder waren auch Mitglieder der verfassunggebenden Versammlung. Das „Technical Committees" beriet diese in juristischer Hinsicht bei der genauen Formulierung der einzelnen Verfassungsbestimmungen. Dieses Komitee setzte sich nicht notwendiger Weise aus Mitgliedern der verfassunggebenden Versammlung zusammen. Als weiteres Komitee wurde das „Management Committee" eingesetzt, das für einen reibungslosen Ablauf der Verhandlungen sorgen sollte, indem es die Arbeiten der verschiedenen Komitees koordinierte und die Vorarbeiten der verfassunggebenden Versammlung zuleitete.[107]

III. Die verfassunggebende Gewalt in der endültigen Verfassung

Die Verhandlungen zwischen der alten Regierung und dem ANC und allen anderen Vertretern der verschiedenen Bevölkerungsgruppen führten in der Vergangenheit zu vielen politischen Kompromissen, die bei der Bewertung des Übergangsprozesses und vor allem bei der Auslegung der „Constitutional Principles" zu beachten sind. Der Kompromißcharakter beeinflußt ebenfalls das Verständnis der verfassunggebenden Gewalt.

Mit Art. 1 NT hat auch die Verfassung vom Dezember 1996 den Charakter moderner Staatsverfassungen übernommen. Um die Verfassung als auf Dauer und Stabilisierung angelegte Ordnung auszugestalten und darüber hinaus diese als auf besondere Art und Weise geschaffene Grundordnung zu qualifizieren, bringt Art. 74 NT die erschwerte Abänderbarkeit und die damit erreichte gesteigerte Geltungskraft zum Ausdruck. Der Vorrang der Verfassung, d.h. die Tatsache, daß die Verfassung über der Legislative und nach ihrer Einsetzung nicht

---

106 H. SCHOLLER, Der Verfassungsdialog in der Republik Südafrika, S. 67f.

107 Vgl. dazu die Resolution der Verfassunggebenden Versammlung vom 31. Oktober 1994

mehr zu ihrer Disposition steht, ist die besondere Errungenschaft der neuen und auch endgültigen Verfassung. Auch die Einrichtung des Verfassungsgericht wurde beibehalten.

Die bis 1994 in Südafrika geltenden Verfassungen beinhalteten keine besonderen Voraussetzungen für eine Verfassungsänderung, sondern betrachteten diese als einfache Gesetze, die in dem einfachen Gesetzgebungsverfahren erlassen wurden. Der Vorrang der Verfassung wurde vollkommen abgelehnt, vielmehr wurde immer wieder der Vorrang des gesetzgeberischen Willens in den Vordergrund gestellt.

Die Verfassung aus dem Jahr 1996 basiert auf neuen grundlegenden Prinzipien als die ersten vier Verfassungen Südafrikas. Vor allem kommen diese Grundprinzipien in der Präambel und den ersten Verfassungsartikeln zum Ausdruck. Die Verfassung geht in Art. 2 Abs. 1 (c) NT ausdrücklich vom Vorrang der Verfassung aus und schließt sich damit an die westeuropäische- nordatlantische Entwicklung an. Gerade der besondere Entwicklungsprozeß, der sich vor allem in der besonderen Urheberschaft, der Ausübung der verfassunggebenden Gewalt, von den einfachen Gesetzen unterscheidet, ist Ausdruck dieser neuen Entwicklung. Auch diese Verfassung beruft sich auf die moderne demokratischen Verfassungstheorie.

1. Die Präambel

Der Text der Präambel der neuen Verfassung ist ebenso programmhaft verfaßt wie der Präambeltext der Übergangsverfassung.

We, the people of South Africa,
Recognise the injustice of our past;
Honour those who suffered for justice and freedom in our land;
Respect those who have worked and develop our country; and
Believe that South Africa belongs to all who live in it, unitd in our diversity.
We therefore, through our freely elected representatives, adopt this
Constitution as the supreme law of the Republic so as to -

> Heal the division of the past and establish a society based on democratic values, social justice and fundamental human rights;
> Lay the foundation for a democratic and open society in which government is based on the will of the people and every citizen is equally protected by law;
> Improve the quality of life of all citizens and free the potential of each person; and
> Build a united and democratic South Africa able to take ist rightful place as a sovereign state in the family of nations.

May God protect our people.
Nkosi Sikelel' iAfrika. Morena boloka setjhaba sa heso.
God seen Suid-Afrika. God bless South Africa.
Mudzimu fhatutshedeza Afrika. Hosi katekisa Afrika.“

Diese Präambel bringt wie die Präambel der Übergangsverfassung zum Ausdruck, daß die Verfassung auf dem Willen des gesamten Volkes basiert. Sie geht von dem jetzt endgültigen Bestand dieser Verfassung aus, so daß eine legale und legitimiert Abänderung nur noch nach den Vorgaben der Verfassung möglich sein wird. Damit läßt sich aus dem Wortlaut schließen, daß mit der Annahme dieser Verfassung der Übergangsprozeß abgeschlossen wird.

2. Bezüge zur „Übergangsverfassung"

Art. 22 des 6. Anhangs zur endgültigen Verfassung bezieht sich auf die nationale Einheit und Versöhnung und legt fest, daß der Anhang der Übergangsverfassung unter diesem Titel auch weiterhin ein Bestandteil des endgültigen Verfassungstextes bleibt. Die festgelegten Ziele sollen auch weiterhin das staatliche Handeln beeinflussen. Dieser Anhang zeigt deutlich die innere und auch äußere Verbundenheit der beiden Verfassungen und unterstreicht damit die besondere Struktur des Übergangs.

D. Die Zertifizierung durch das Verfassungsgericht

Das südafrikanische Verfassungsgericht beschäftigte sich in der Vergangenheit gemäß seiner Aufgabe aus Art. 71 ÜVerf. gleich zweimal mit der Verfassung des Landes. In seinem ersten Urteil vom 6. September 1996 kam es zu dem Ergebnis, der Text stehe zwar mit den Verfassungsprinzipien der Übergangsverfassung zum größten Teil in Einklang, erfülle jedoch nicht alle Voraussetzungen der Verfassungsprinzipien der Verfassung aus dem Jahre 1993[108]. In seinem Urteil vom 4. Dezember 1996 stellte das Verfassungsgericht dann nach der erneuten Überprüfung des überarbeiteten Textes fest.[109]

„We certify that all the provisions of the amended constitutional text, the Constitution of the Republic of South Africa, 1996, passed by the Constitutional Assembly on 11 October 1996, comply with the Constitutional Principles contained in schedule 4 to the Constitution of the Republic of South Africa, 1993," und erfüllte damit seine einmalige und besondere Aufgabe im Rahmen dieses Übergangsprozesses. Da diese Entscheidungen eine besondere Bedeutung sowohl für den Inhalt als auch für die einzelnen Verfassungsnormen in sich tragen, wird im folgenden kurz auf diese einzugehen sein.

---

108 CCT 16/96 Certification of the Constitution of South Africa 1996, Ziffer 484
109 CCT 37/96 Certification of the Constitution of South Africa 1996, Ziffer 205

I. Die Aufgabe und Kompetenz des Verfassungsgerichts

Vor der Darstellung des Inhalts der Entscheidung des Verfassungsgerichts stellt sich die Frage nach der Aufgabe und der Kompetenz des Verfassungsgerichts hinsichtlich seiner Überprüfung des Verfassungstextes. Grundsätzlich wurde dem Verfassungsgericht als oberstes Gericht des Landes in Art. 59 ÜVerf. die Aufgabe übertragen, für alle staatlichen Organe in verbindlicher Weise die Verfassung zu interpretieren, zu schützen und ihr Geltung zu verschaffen. Es handelte sich auf der einen Seite um ein durch die Übergangsverfassung eingesetztes Verfassungsorgan, das seine Aufgaben innerhalb dieser Verfassung wahrzunehmen hatte, auf der anderen Seite um ein Organ das über die Wirksamkeit einer neuen Verfassung, unter der es in Zukunft zu agieren hat, entscheidet. Wegen seiner Eigenschaft als Verfassungsorgan erschien es daher vielen Diskussionsteilnehmern paradox, daß die aufgrund der Interimsverfassung errichtete Institution über den Inhalt des neuen und endgültigen Verfassungstextes zu entscheiden hatte, obwohl er von einer demokratisch legitimierten Versammlung angenommen worden war.[110] Die mittelbare demokratische Legitimation der Verfassung durch die vom Volk gewählte verfassunggebende Versammlung maßen sie eine größere Bedeutung bei als der Entscheidung eines Verfassungsgerichts. Ihre Angst bestand darin, daß das Gericht bei der Erfüllung seiner Aufgabe in die politische Diskussion eingreifen könne und seine eigenen politischen Vorstellungen umsetzen werde, obwohl die verfassunggebende Versammlung den Auftrag habe, die endgültige Verfassung auszuarbeiten.

Die Aufgabe zur Ausfertigung des neuen Textes basiert aber als einmalige Sonderaufgabe auf Art. 71 Abs. 2 ÜVerf., der besagt, daß er nur dann in Kraft tritt, wenn das Verfassungsgericht feststellt, daß alle Bestimmungen mit den 34 Verfassungsprinzipien übereinstimmen. Nach Art. 71 Abs. 3 ÜVerf. soll diese Entscheidung endgültig und bindend sein. Keinem Gericht des Landes soll dann in Zukunft mehr die Kompetenz zustehen, die Ungültigkeit des gesamten Textes oder einer Bestimmung wegen der Unvereinbarkeit mit den Verfassungsprinzipien festzustellen.

Dem Verdacht politisch tätig zu werden, trat das Verfassungsgericht jedoch in seiner Entscheidung selbst entgegen, indem es seine ihm übertragenen Aufgabe und die bestehenden Grenzen seiner Kompetenz vorab definierte. Das Verfassungsgericht definierte in seiner Entscheidung sein Mandat als juristisches und

110 Einige Diskussionsteilnehmer gingen von der uneingeschränkten Kompetenz der verfassunggebenden Versammlung aus und fürchteten unzulässige Eingriffe in ihre Handlungsfreiheit. Andere forderten, daß ihre Tätigkeit nur innerhalb des durch die Verfassungsprinzipien abgesteckten Rahmen und nach den Grundsätzen der Interimsverfassung frei sei.

nicht als politisches Mandat[111]. Seine Aufgabe sah es nicht darin, über politische Entscheidungen der verfassunggebenden Versammlung zu urteilen. Es beschränkte seine Aufgabe vielmehr darauf, zu entscheiden, ob die Ergebnisse der Verhandlungen mit den 34 Verfassungsprinzipien übereinstimmen. Es richtete seine Entscheidung nicht darauf, den Text der Übergangsverfassung mit dem Text der endgültigen Verfassung zu vergleichen[112] oder eigene Vorstellungen im Hinblick auf die zukünftige verfassungsrechtliche Ordnung des Landes umzusetzen. Es interpretierte die 34 Verfassungsprinzipien teleologisch, d. h. mit dem Ziel eine neue Ordnung, einen souveränen, demokratischen Verfassungsstaat zu schaffen, in dem alle Bürger ihre Grundrechte und Grundfreiheiten genießen können[113]. Deshalb qualifizierte es die Verfassungsprinzipien in erster Linie als Einheit und prüfte in der Entscheidung vorab, ob der neue Text in seiner Gesamtheit den Grundwerten der Verfassungsprinzipien entspreche. Weiterhin betonte das Verfassungsgericht, daß es nicht die Arbeitsmethode der verfassunggebenden Versammlung beurteilen werde,[114] sondern seinen verfassungsrechtlichen Auftrag zu erfüllen habe. Das Gericht übte sich also in seiner Entscheidung in richterlicher Zurückhaltung im politischen Bereich.

Den Prüfungsmaßstab bildeten die 34 Verfassungsprinzipien, die der Übergangsverfassung in seinem 6. Anhang hinzugefügt wurden Die Verfassungsprinzipien sind der wesentliche Bestandteil der Einigung der politischen Parteien während des MPNP im Jahr 1993. Sie werden als Rahmenabkommen verstanden, die alle großen Parteien des Landes unterzeichnet haben. Die Präambel der Übergangsverfassung bezeichnet diese Prinzipien als „solem pact", deren Inhalt für die verfassunggebenden Versammlung bindend sein soll. Diese Einigung ist als wegbereitender Kompromiß zwischen den ursprünglichen Standpunkten der Verhandlungsgegner zu werten.[115] Man einigte sich auf einen zweistufigen Verfassungsgebungsprozeß, in dem die Arbeit der gewählten, demokratisch legitimierten verfassunggebenden Verhandlung innerhalb des Rahmens der am

---

111 Case CCT 23/96, Certification of the Constitution of the Republic of South Africa, 1996, Nr. 27

112 Case CCT 23/96, Certification of the Constitution of the Republic of South Africa, 1996, Nr. 29

113 Case CCT 23/96, Certification of the Constitution of the Republic of South Africa, 1996, Nr. 34

114 Case CCT 23/96, Certification of the Constitution of the Republic of South Africa, 1996, Nr. 28

115 Der African National Congress (ANC) drängte ursprünglich darauf, die Verfassunggebung einer nach dem Prinzip „one-person-one-vote" gewählten verfassunggebenden Versammlung zu übertragen. Die NATIONAL PARTY (NP) und die IFP wollten die Aufgabe eher einem nicht gewählten Parteienforum, an dem alle Bevölkerungs- und Interessengruppen beteiligt sein sollten, überlassen.

Runden Tisch ausgehandelten 34 Verfassungsprinzipien zu erfolgen hatte. Als Kontrollinstanz setzte man zu dieser Überprüfung das Verfassungsgericht ein. Nur aufgrund dieses Kompromisses stand der Weg für einen friedlichen Übergangsprozeß offen.

In diesem Sinne versteht auch das Verfassungsgericht seine Aufgaben und orientiert seine Überprüfungskompetenz an dem Willen der politischen Einigung.

II. Die Entscheidung des Verfassungsgerichts vom 6. September 1996

Am 6. September 1996 entschied das Verfassungsgericht erstmalig über den neuen Verfassungstext und sah sich nicht in der Lage, diesen in dem Sinne auszufertigen, daß alle Bestimmungen des Textes den Verfassungsprinzipien des 4. Anhangs der Übergangsverfassung aus dem Jahre 1994 übereinstimmen. Es stellte im einzelnen fest, daß die im folgenden genannten Bestimmungen nicht mit den Verfassungsgrundsätzen übereinstimmen.[116]

- Art. 23 NT entspricht nicht den Vorgaben des CP XXVIII, weil das Recht der einzelnen Arbeitnehmer, kollektiv zu verhandeln nicht aufgenommen und geschützt wird.
- Art. 241 Abs. 1 NT steht entgegen der Vorgaben des CP IV und CP VII, weil es die verfassungsgerichtliche Überprüfung eines einfachen Gesetzes ausschließt.
- Art. 22 Abs. 1 b des 6. Anhangs NT ist nicht vereinbar mit den Vorgaben des CP IV und CP VII, weil es ebenfalls die verfassungsgerichtliche Überprüfung eines einfachen Gesetzes ausschließt.
- Art. 74 NT entspricht nicht den Vorgaben des CP XV, weil dort für Verfassungsänderungen des neuen Textes keine besonderen Verfahren, die eine besondere Mehrheiten vorschreiben, enthalten sind. Er entspricht ebenso nicht den Vorgaben des CP II, weil dieser die Grundrechte, die Freiheitsrechte und Bürgerrechte nicht in besonderer Weise verankert.
- Art. 194 NT ist in bezug auf den „Public Protector" und den „Auditor-General" nicht vereinbar mit den Vorgaben des CP XXIX, weil dort nicht ausreichend die Unabhängigkeit und die Unparteilichkeit dieser Institutionen geschützt und abgesichert wird.
- Art. 196 NT steht im Hinblick auf die „Public Service Commission" den Vorgaben des CP XXIX entgegen, weil dort seine Unabhängigkeit und die Unparteilichkeit nicht ausreichend geschützt ist; und darüber hinaus entspricht es nicht den Vorgaben des CP XX,

---

116 Case CCT 23/96, Certification of the Constitution of the Republic of South Africa, 1996, Nr. 482

- Das gesamte 7. Kapitel des NT entspricht nicht den Vorgaben des CP XXIV, weil es keinen Rahmen für die Strukturen der Gemeindeverwaltungen aufstellt. Weiterhin entspricht es nicht den Vorgaben des CP XXV, weil es nicht im geeigneten Maß die Finanzhoheit des Gemeindeverwaltung schützt.

Desweiteren ist die Vorschriften, die die Aufgaben und Kompetenzen der Provinzen regeln, nicht mit den CP XVIII.2 vereinbar, weil die sie unter der neuen Verfassung im Vergleich zu den Aufgaben und Kompetenzen der Provinzen unter der Übergangsverfassung „substantially" geringer sind. Abschließend stellte das Verfassungsgericht fest, daß die verfassunggebende Versammlung einen Verfassungstext ausgearbeitet hatte, der mit der überwiegenden Mehrheit der Anforderungen der Verfassungsprinzipien übereinstimmt und weist für die Überarbeitung des Verfassungstextes durch die verfassunggebende Versammlung darauf hin, daß seine Feststellungen keine schwerwiegenden Hindernisse bei der Neuformulierung des Textes darstellen werden.[117]

III. Die erneute Entscheidung des Verfassungsgerichts vom 4. Dezember 1996

Das südafrikanische Verfassungsgericht bestätigte am 4. Dezember 1996 die von der verfassunggebenden Versammlung vorgelegte, geänderte Form des neuen Verfassungstextes vom 11. Oktober 1996. Eine öffentliche Anhörung vor dem Verfassungsgericht fand vom 18. bis 20. November statt. Das Gericht hielt die Unvereinbarkeit der beanstandeten Vorschriften mit den Verfassungsprinzipien für behoben und bestätigte die Vereinbarkeit mit den diesen.

Das Verfassungsgericht wies erneut darauf hin, daß es bei dieser wiederholten Überprüfung des Verfassungstextes seine Prüfungskompetenz, das Ausmaß und die Grenzen seiner Aufgabe, nach den gleichen Grundsätzen ausgeführt habe wie bei seiner ersten Entscheidung.[118] In einem ersten Schritt stellte das Gericht fest, welche Verfassungsbestimmungen auf sein erstes Urteil hin nach seinen Kritikpunkten verbessert worden sind und nun nicht mehr Gegenstand der Kritik sind[119]. Insoweit hält es die Gründe für die nicht erfolgte Ausfertigung behoben

117 Case CCT 23/96, Certification of the Constitution of the Republic of South Africa, 1996, Nr. 483

118 Case CCT 37/96, Certification of the Amended Text of the Constitution of the Republic of South Africa, 1996, Nr. 12

119 Case CCT 37/96, Certification of the Amended Text of the Constitution of the Republic of South Africa, 1996, Nr. 15: Das Gericht stellte aufgrund eines Vergleiches des neuen mit dem überarbeiteten Verfassungstextes fest, welche Unzulänglichkeiten verbessert worden sind. Im einzelnen wurden die Art. 23 NT, der sich mit dem Arbeitsrecht beschäftigt, Art. 241 NT und NT Schedule 6 s 22 (1)(b), die einzelne

und geht nicht erneut auf die vorher erhobenen Kritiken ein. Im einzelnen konzentrierte sich das Urteil auf die Überprüfung folgender Inhalte des überarbeiteten Verfassungstextes:

- den Grundrechtskatalog,[120]
- das Verfahren der Verfassungsänderung,
- die Kommunalverwaltung,
- die Übergangsbestimmungen,
- der verfassungsrechtliche Schutz der traditionelle Monarchen,
- die Nationale Aufsicht über die Provinzverwaltung gemäß Art. 100 NT,
- die Bestimmungen über den Public Protector, Auditor General und die Public Service Kommission sowie
- die Vereinbarkeit der Verfassung mit dem Verfassungsprinzip XVIII.2, das festlegt, daß die Aufgaben und Kompetenzen der Provinzen unter der neuen Verfassung nicht „grundsätzlich geringer" sein dürfen als es die Übergangsverfassung festgelegt hatte.

IV. Die Neuerungen des Verfassungstextes

Nach nur einer einmonatigen Nachverhandlungsphase in der Verfassunggebenden Versammlung legte diese am 11. Oktober 1996 die überarbeitet Fassung dem Verfassungsgericht erneut zur Ausfertigung vor.

- Eine bedeutende Neuerung des Verfassungstextes vom 11. Dezember 1996 beinhaltet die Änderung des Art. 74 NT, der das Verfahren für verfassungsändernde Gesetze regelt. Sein erster Absatz verlangt für Gesetze, die den ersten Artikel der Verfassung oder diesen ersten Absatz des Art. 74 NT

---

einfachen Gesetze der verfassungsgerichtlichen Überprüfung entziehen wollten, Art. 194 NT, der die Unabhängigkeit der Generalstaatsanwaltes und des Public Protectors absichern sollte, und weiterhin den Art. 229 und das Chapter 7 NT, die die Finanzhoheit und die legislativen Verfahren auf kommunaler Ebene zum Gegenstand haben., überarbeitet und nach den Anforderungen des Verfassungsgerichtes verbessert.

120 Im Hinblick auf den Grundrechtskatalog wurde diskutiert:
a. ob das Grundrecht der Berufsfreiheit auch für Staatsangehöriger anderer Länder in Südafrika wirkt. Das Verfassungsgericht konnte kein allgemein anerkanntes Menschenrecht mit diesem Inhalt feststellen und beanstandete diesen Verfassungsartikel nicht.
b. ob die Verfassung eine Civil Society errichtet,
c. ob der Schutz der Grundrechte unter einem Staatsnotstand ausreichend ist und
d. ob im Verteidigungsfall der Grundrechtskatalog wie auch die übrige Verfassung suspendiert wird.

abändern, ein Quorum von 75 % der Mitglieder der Nationalversammlung und jetzt zusätzlich die Zustimmung von mindestens 6 der 9 Provinzen. Art. 1 NT betrifft die grundlegenden Strukturprinzipen für die südafrikanische Republik. Damit wurde der Einfuß der Provinzen bei Verfassungsänderungen hinsichtlich dieser grundlegenden Strukturprinzipen verstärkt. Weiterhin wurde das Verfahren zur Änderung der Verfassungsbestimmungen des 2. Kapitels der Verfassung - des Grundrechtskatalogs - erschwert und sein Schutz somit erhöht. Diese Bestimmungen können jetzt nur noch mit einer Zweidrittelmehrheit in der Nationalversammlung und zusätzlich mit der Zustimmung von 6 der 9 Provinzen abgeändert werden. Außerdem ist das Verfahren insofern weiter ausgestaltet worden, daß die Person oder die Gruppe, die eine Verfassungsänderung zur Entscheidung vorlegt, den Vorschlag im nationalen Amtsblatt zu veröffentlichen und ihn der Nationalversammlung und dem Rat der Provinzen zukommen läßt (Abs. 5). Alle schriftlichen Stellungnahmen der Öffentlichkeit und den Provinzparlamenten müssen dem Vorsitzenden der Nationalversammlung und, falls der Rat der Provinzen einzubeziehen ist, auch diesem vorgelegt werden (Abs. 6). Über die Gesetzesvorlage darf weiterhin nicht vor dem Ablauf von 30 Tagen nach der Einbringung in die Nationalversammlung entschieden werden (Abs. 7).

- Das Recht des einzelnen Arbeitgebers, mit seinen Arbeitnehmern Kollektivverträge aushandeln zu können, wurde in Art. 23 Abs. 5 des neuen überarbeiteten Textes in der Fassung vom 11.10.1996 aufgenommen. Neben den Gewerkschaften und den Arbeitgeberorganisationen ist jetzt auch das Recht des einzelnen Arbeitgebers, kollektiv zu verhandeln, verfassungsrechtlich abgesichert.
- Art. 241 NT, der die Gültigkeit des „Labour Relation Act 1995“ trotz des in Kraft treten der neuen Verfassung erklärte, wurde insoweit abgeändert, daß er nur noch allgemein auf die Übergangsvorschriften des 6. Anhangs verweist. In diesem Anhang wird in Art. 2 NT festgelegt, daß die geltenden Gesetze auch unter der neuen Verfassung weiter gelten sollen, soweit sie mit dem Text der neuen Verfassung vereinbar sind. Auf eine besondere Regelung hinsichtlich des „Labour Relation Act 1995“ wurde verzichtet.
- Der beanstandete Art. 22 des 6 Anhangs zum NT, „National Unity and Reconciliation Act 1995“ wurde dahingehend abgeändert, daß auch dieses Gesetz nach dem Inkrafttreten der neuen Verfassung weiter gilt und der Umfang seiner seine Weitergeltung von seiner Vereinbarkeit mit dieser neuen Verfassung abhängt.
- Um die Unabhängigkeit und die Unparteilichkeit des „Public Protectors“ und des „Audtior-Generals“ zu garantieren wurde das Quorum in der Nationalversammlung, das für die Entlassung dieser Personen notwendig war, geändert.

Gemäß Art. 194 Abs. 2 des neuen verbesserten Textes können die Entlassungen nur dann vorgenommen werden, wenn Zweidrittel der Mitglieder der Nationalversammlung diesem Antrag zustimmen. Die Unparteilichkeit und Unabhängigkeit dieser Organe wird also durch die Textänderung erhöht.

- Art. 196 des NT, der die Einrichtung der „Public Service Commission" regelte, wurde aufgrund der Überarbeitung völlig neu formuliert.

E. Die Bewertung des Verfahrens zur Ausarbeitung der endgültigen Verfassung; die Legitimität der endgültigen Verfassung

Die Verhandlungspartner der Parteien und das Volk Südafrikas haben sich für ein rechtsstaatliche und demokratische Staatsform für Südafrika entschieden. Damit gibt es keine andere Basis der Legitimation der politischen Herrschaft als die Demokratie. An diesem Prinzip muß sich daher auch die Verfassung vom Dezember 1996 und ihre Entstehungsgeschichte messen lassen. Daher gilt es die Frage nach der ausreichenden Legitimität dieser Verfassung im Sinne der demokratischen Verfassungstheorien zu beantworten. Die Grundlagen für diese Verfassung sind während des MPNP durch die „Constitutional Principles" gelegt worden. Die Verfassung vom Dezember 1996 ist von der gewählten und zu diesem Zweck einberufenen verfassunggebenden Versammlung verabschiedet und durch das Verfassungsgericht bestätigt worden.

Die grundlegenden Staatsformprinzipien der Demokratie, der Republik, die Beziehung zwischen der Nation und den Provinzen und die sozialen Staatsziele in der Verfassung wurden bereits in der Übergangsverfassung zu den tragenden Verfassungsstrukturelementen erklärt und waren aufgrund des besonderen Verfahrens nicht mehr abänderbar. Die „Constitutional Principles", wie die Präambel und die Postambel der Übergangsverfassung stellen damit eine für das Verfahren der Verfassungsgebung einzigartige Verbindung zwischen provisorischen Übergangsregelungen und einer endgültigen verfassungsrechtlichen Ordnung dar. Die oben genannten Strukturelemente standen nicht mehr zur Disposition der verfassunggebenden Versammlung oder werden auch nicht mehr zur Disposition des zukünftigen verfassungsändernden Gesetzgebers oder eines anderen Staatsorgans stehen, ohne den Grundkonsens und den erreichten Integrationsstand über die endgültige Verfassung zu brechen. Somit war das Forum des MPNP der tatsächliche Verfassungsgeber, der den entscheidenden Grundkonsens hervorbrachte. Auf dessen Legitimation kommt es daher entscheidend an.

Vor dem Hintergrund der Einigung während des MPNP auf ein zweistufiges Verfahren der Verfassungsgebung ist auch die zweite Stufe, die Ausarbeitung und die Überprüfung des Verfassungstextes durch das Verfassungsgericht, als

Teil der Legitimation zu verstehen. Denn der tatsächliche Verfassungsgeber entwarf dieses Verfahren als Gesamtkonzept, mit dem Ziel eine dauerhafte und stabile Ordnung durch nicht überstürzte, sondern durch politisch und juristisch fundierte Verhandlungen zu erreichen. Durch dieses besondere Verfahren ist eine legitime Verfassungsordnung entstanden.

Das Legitimationsdefizit der Interimsverfassung wurde von den Verhandlungsparteien eindeutig erkannt, weil dort nicht gewählte Vertreter der Bevölkerungsgruppen handelten. Nur das Forum des MPNP hat über die Inhalte der Verfassung für den Übergang entschieden. Eine Entscheidung durch ein gewähltes und damit vom Volk legitimiertes Gremium fehlte. Deshalb wurde auch später eine verfassunggebende Versammlung einberufen, deren Mitglieder aus einer allgemeinen und freien Wahl hervorgingen und die dieses Legitimationsdefizit nachträglich beseitigten.

Daß dem Verfassungsdialog in Südafrika politische Grenzen durch die gefundene Kompromißformel des zweistufigen Verfahrens und durch die „Constitutional Principles" gesetzt waren, war angesichts der Beteiligung der unterschiedlichen Bevölkerungsgruppen von Anfang an selbstverständlich. In diesem Fall hängt der Erfolg einer Verfassungsverhandlung von der Bereitschaft zum Kompromiß und zum Konsens und ihrer Umsetzung ab. Faktische oder politische Grenzen einer Verfassungsdiskussion sind im Zusammenhang mit der Frage nach der Legitimität der Verfassung nicht von Bedeutung. Es kommt vielmehr nur darauf an, ob das Entstehungsverfahren als Ganzes betrachtet als demokratisch einzuordnen ist.

I. Die Wahlen zur Verfassunggebenden Versammlung als nachträgliche Legitimation ?

Die Wahlen zur verfassunggebenden Versammlung dienten mehreren Zwecken: Neben der Einberufung dieser Versammlung, verbunden mit dem Auftrag zur Ausarbeitung der endgültigen Verfassung, bestand der Zweck der Wahl auch darin, die Arbeit während des MPNP nachträglich durch die Entscheidung des Volk zu legitimieren, da die Teilnehmer dieser Verhandlungsrunde nicht mit dem Mandat zur Verfassungsgebung ausgestattet worden waren. Da die Übergangsverfassung jedoch von Beginn an als Provisorium konzipiert worden war, die nach der Übergangszeit automatisch außer Kraft treten sollte, stand im Vordergrund der Legitimation durch die Wahlen, die Bestätigung der Verfassungsprinzipien. Aufgrund der sehr hohen Wahlbeteiligung in der Bevölkerung kann davon ausgegangen werden, daß mit der Teilnahme an der Wahl mittelbar auch der Weg hin zu einer neuen Verfassung akzeptiert wurde.

II. Die Ausarbeitung der endgültigen Verfassung durch die verfassunggebende Versammlung als Betätigung des „pouvoir constituant" ?

Die Ausarbeitung der Verfassung kann ebenfalls nicht allein als Betätigung des „pouvoir constitutant" eingeordnet werden. Die verfassunggebende Versammlung, die formal mit dem Mandat zur Ausarbeitung einer Verfassung ausgestattet war, unterlag materiell wie auch formell weitreichenden Bindungen, so daß nicht von einem frei handelnden Verfassungsgeber gesprochen werden kann. Die Verfassungsprinzipien bildeten den Grundkonsens für die Form der zukünftigen Verfassung. Die Aufgabe der verfassunggebenden Versammlung bestand darin, diese teilweise abstrakt gefaßten Prinzipien konkret auszugestalten. Die Bindung an diese Verfassungsprinzipien wurde dadurch verdeutlicht, daß sie durch die Überprüfungskompetenz des Verfassungsgerichts rechtlich abgesichert war. Treffender kann die verfassunggebende Versammlung mit dem Begriff „pouvoir constituant constitué" bezeichnet werden, womit deutlich wird, daß es sich hier um eine Zwischen- bzw. Teilfunktion in einem zweistufigen Verfahren handelt. Einerseits war die verfassunggebende Versammlung an die verbindlichen Prinzipien gebunden, andererseits konnte sie in einigen Regelungsbereichen, über die noch kein endgültiger Kompromiß gefunden worden war, frei entscheiden.

III. Die Zertifizierung durch das Verfassungsgericht als die Betätigung des „pouvoir constituant" ?

Die Aufgabe des Verfassungsgerichts, die Arbeit der verfassunggebenden Versammlung rechtlich zu überprüfen, stellte eine Besonderheit des Übergangsprozesses dar. Von einigen Kommentatoren wurde jedoch seine Rolle während dieses Prozesses in Frage gestellt. Durch seine Tätigkeit unter der Übergangsverfassung hatte das Verfassungsgericht im Vorfeld bereits mittelbar Einfluß auf die Ausformulierung des Verfassungstextes; beispielsweise machte es deutlich, daß die Todesstrafe seiner Ansicht nach sowohl unter der Übergangsverfassung als auch unter der endgültigen Verfassung, die den Verfassungsprinzipien entsprechen mußte, gegen Grundrechte verstößt. Durch seine weitreichenden Eingriffsmöglichkeiten auf diesen Prozeß wurde deshalb erwogen, ob nicht letztlich das Gericht als „pouvoir constituant" aufgetreten war.

Der Qualifizierung des Verfassungsgerichts als „pouvoir constituant" kann nicht beigepflichtet werden, weil das Gericht ein durch die Interimsverfassung und die endgültige Verfassung eingesetztes Verfassungsorgan ist, das an die sie konstituierende Verfassung gebunden war, so daß es nicht frei und ohne rechtliche Bindungen Verfassungsinhalte bestimmen konnte. Seine Aufgabe und der

Umfang der Überprüfungskompetenz sind gerade aus der Interimsverfassung zu entnehmen. Diese Bindung beschränkte sich zwar grundsätzlich nur auf die im 6. Anhang der vom Verfassungsgerichts aufgenommenen Verfassungsprinzipien. Aber weil das Gericht nach Verhandlungen, die auf der Ebene der Gleichordnung zwischen allen Verhandlungsparteien stattgefunden haben, eingesetzt wurde und das Gericht gerade als Stabilisator des Übergangsprozesses funktionieren sollte, muß auch in diesem Lichte seine Rolle betrachtet werden.

Weil das Gericht im Sinne eines Minderheitenschutzes die Kompromisse aller politischen Parteien vor der Abänderung dieser Verfassungsinhalte durch die zahlenmäßig überlegen Mehrheitspartei - des ANC - sichern sollte, mußte es diesen Auftrag bei der Auslegung der Prinzipien und der Überprüfung der Verfassung berücksichtigen. Im Ergebnis hat das Verfassungsgericht gerade durch die frühzeitige informatorische Zusammenarbeit mit den politischen Parteien während der Arbeit der verfassunggebenden Versammlung und die Berücksichtigung seiner besonderen Aufgabe bei der Auslegung der Verfassung aus dem Dezember 1996 die verfassungsmäßigen Vorgaben bei der Zertifizierung eingehalten und nicht die Tätigkeit eines „pouvoir constituant“ übernommen.

Kapitel 4: Die endgültige Verfassung

Am Ende dieser über acht Jahre andauernden Übergangszeit steht die Verfassung vom 8. Mai 1996. Während der Geltung der Übergangsverfassung hat sich insbesondere durch die Rechtsprechung des Verfassungsgerichts bei der Auslegung der Verfassung schon eine eigene Verfassungstradition herausgebildet. Vor diesem Hintergrund soll der Inhalt der neuen Verfassung aus dem Dezember 1996 in diesem Kapitel beleuchtet werden.

Der neue Text der Verfassung[1] besteht aus 14 Kapiteln und einem Anhang, der sich aus sieben Teilen zusammensetzt. Mit ihren 243 Artikeln ist die Verfassung vom 8. Dezember 1996 nahezu so umfangreich wie die Übergangsverfassung.[2] Sie gleicht - wie ihre Vorgängerin - durch teilweise sehr detailliert Regelungen einem ausgehandelten Vertrag, der in den zwischen Verhandlungsgegnern strittigen Fragen die Problembereiche differenziert regelt.

Das erste Kapitel der Verfassung umfaßt die grundlegenden Bestimmungen über die Strukturprinzipien und Grundwerte des Staates, sowie die Staatsbürgerschaft, die Staatssymbole und die Landessprache.

Das zweite Kapitel des neuen Textes enthält einen 33 Artikel umfassenden Grundrechtskatalog. Neben den bereits in der Übergangsverfassung enthaltenen Grundrechten beinhaltet dieser jetzt auch weitere Grundrechte mit sozialstaatlicher Dimension. Es handelt sich um das Grundrecht eines jeden auf adäquate Unterkunft und die Grundrechte auf Zugang zu einer angemessenen medizinischen Versorgung, sowie den Zugang zu ausreichender Nahrung, dem Anrecht auf eine ausreichende Wasserversorgung und eine ausreichend soziale Absicherung.

Das neu aufgenommene dritte Kapitel trägt den Titel „co-operative government" und stellt die besonderen Grundsätze dar, die die verschiedenen Regierungs- und Verwaltungsebenen bei ihrer Arbeit zu berücksichtigen haben, um eine effektive und freundliche Zusammenarbeit untereinander zu erreichen. Der normative Gehalt dieses Kapitels besteht darin, neben den ohnehin in der Verfassung aufgenommenen allgemeinen Pflicht zusätzliche institutionalisierte Ver-

1 Mit der Bezeichnung „neue Verfassung" und der Abkürzung NT wird im folgenden die Verfassung in der Form vom 8 Dez. 1996 bezeichnet.

2 Vgl. zum Inhalt und der Struktur der Übergangsverfassung: U. KARPEN, Südafrika auf dem Weg zu einer demokratisch-rechtsstaatlichen Verfassung, in: JöR Band 44 (1996), S. 609 ff.

pflichtungen zur Zusammenarbeit auf allen staatlichen Ebenen im Interesse der Einheit des Landes zu begründen. Diese Verpflichtung zur Zusammenarbeit wird sowohl für die nationale Ebene als auch für die Provinz- und Gemeindeebene festgelegt.

Das vierte Kapitel des neuen Textes regelt die Aufgaben und Kompetenzen des Parlaments und der Organe, aus denen es sich zusammensetzt. Als Parlament bezeichnet der neue Verfassungstext die Nationalversammlung und den neu eingeführten Rat der Provinzen, der den Senat ersetzen wird.[3]

Das fünfte Kapitel befaßt sich mit den Aufgaben und Kompetenzen des Staatspräsidenten und der Zusammensetzung der Regierung. In Kapitel sechs geht es um die Zusammensetzung, das Verfahren, die Aufgaben und Kompetenzen der Legislative der Provinzen, ihrer Exekutive, ihrer Eigenstaatlichkeit und die Kollisionsnormen bei sich widersprechenden nationalen Normen und den Normen der Provinzparlamente.

Kapitel sieben enthält die Regelung über die Gemeindeverwaltung. Kapitel acht umfaßt die Regelung über den Gerichtsaufbau, die Zuständigkeit der verschiedenen Gerichte und die Kommission für die Justiz.

In Kapitel neun werden die Sonderbehörden und Sonderbeauftragten eingesetzt, die den Aufbau einer demokratischen Gesellschaft unterstützen sollen. Es handelt sich im einzelnen um den Public Protector, die Human Rights Commission, die Commission for the Promotion and Protection of the Rights of Cultural, Religious and Linguistic Communities, die Commission for Gender Equality, den Auditor- General, die Electoral Commission und die Independent Authority to Regulate Braodcasting.

Kapitel zehn ordnet die öffentliche Verwaltung. Kapitel elf die Organisation, Aufgaben und Kompetenzen der nationalen Armee, der Polizei und des Geheimdienstes.

In Kapitel zwölf geht es um die Rolle der traditionellen Anführer, und Kapitel dreizehn beinhaltet die Finanzverfassung des Staates.

Das abschließende 14. Kapitel enthält einerseits Vorschriften im Hinblick auf das Verhältnis der Verfassungsordnung zum Völkerrecht, d.h. Vorschriften über die Kompetenzen zum Abschluß völkerrechtlicher Verträge[4], über die innerstaatliche Wirkung internationaler Verträge und über die Wirkung des Völkergewohnheitsrechts innerhalb der Verfassungsordnung[5]. Darüber hinaus wurden in einem zweiten Abschnitt dieses Kapitels Vorschriften zu verschiedenen Berei-

---

3 Am 20 01.1997 wurde die Geschäftsordnung für den NCOP erlassen. Der Rat wird erst nach den Wahlen 1999 seine Arbeit aufnehmen und den Senat ersetzen.

4 Art. 231 NT

5 Art. 232 NT

chen aufgenommen, insbesondere die Anerkennung des Selbstbestimmungsrechts einzelner Gruppen mit einem gemeinsamen kulturellen und sprachlichen Erbe, die in einer territorialen Einheit zusammenleben oder aufgrund einfachgesetzlicher Regelungen als kulturelle und sprachlicher Einheit anerkannt werden können, Art. 235 NT.

Die an die Verfassung angefügten sieben zusätzlichen Anhänge regeln im einzelnen die Gestaltung der Nationalen Flagge, die Eidesformel für staatliche Bedienstete, Wahlverfahren und Wahlgrundsätze, die Kompetenzbereiche der konkurrierenden Gesetzgebung des nationalen Parlaments und der Provinzparlamente, die Kompetenzbereiche der ausschließlichen Gesetzgebung der Provinzen, einige besondere Übergangsregelungen für den Zeitraum bis zum 30. April 1999 und die Gesetze, die mit dem Inkrafttreten der Verfassung außer Kraft treten.

A. Verfassungsgestaltende Grundentscheidungen

Die Präambel und die Artikel des ersten Kapitels „Founding Provisions" der neuen Verfassung bestimmen die staatsrechtlichen Grundlagen für die südafrikanische Republik. Dieses einleitende Kapitel legt die Verfassungsgrundsätze, bzw. die Verfassungsprinzipien für die Staatsgestaltung nach den Vorgaben der „Constitutional Principles" fest. Weiterhin stellt es Handlungsgrundsätze für die Ausübung der Staatsgewalt und die weiteren Tätigkeiten des Staates auf. Danach wird die Südafrikanische Republik als souveräner, republikanischer und demokratischer Rechtsstaat konstituiert, in dem die Verfassung den höchsten Rang in der Normenhierarchie einnimmt. Als Regierungssystem wird das parlamentarische System festgeschrieben. Darüber hinaus verpflichtet sich der Staat, einen rechtmäßigen Platz in der Völkerrechtsgemeinschaft einzunehmen.[6]

---

6 Case CCT 16/96 Certification of the Constitution of South Africa 1996, Ziff. 45, als grundlegende Staatsstrukturen sind danach anerkannt:
(a) die konstitutionelle Demokratie, die auf dem Vorrang der Verfassung basiert und die durch eine unabhängige Gerichtsbarkeit geschützt wird. (CPs IV, VII und XV);
(b) ein demokratisches Regierungssystem, das auf Offenheit, Verantwortlichkeit und Gleichheit beruht, verbunden mit einem allgemeinen Wahlrecht und regelmäßigen Wahlen (CPs I, V, VIII, IX und XVII);
(c) die Gewaltenteilung zwischen Gesetzgebung, Verwaltung und Rechtsprechung mit geeigneten gegenseitigen Hemmungen und Kontrollen, um Verantwortlichkeit und Offenheit abzusichern (CP VI)
(d) weitere Kontrollen der staatlichen Macht(CP XXIX);

I. Geltung der Verfassung

Entgegen der Verfassungstradition des Apartheitsstaates entschieden sich die Verhandlungspartner gegen das britische Westminster-System mit dem Primat des Parlaments und für das Prinzip des Vorrangs des Verfassungsrechts. Damit übernahm auch Südafrika das nordamerikanisch-europäisch geprägte Verfassungssystem einer geschriebenen Verfassung, die für alle Staatsorgane bindend ist.

1. Primat des Verfassungsrechts

Nach Art. 2 NT wird die Verfassung das höchstrangige Recht in Südafrika sein. Alle Gesetze und staatlichen Handlungsformen, die unvereinbar mit dieser Verfassung sind, werden dort ausdrücklich für ungültig erklärt. Weiterhin ordnet die Verfassung an, daß die Verpflichtungen, die sich aus der Verfassung ergeben, durch den Gesetzgeber und alle anderen staatlichen Stellen erfüllt werden müssen.

Besonders zu beachten sind in diesem Zusammenhang jedoch auch die Übergangsbestimmungen der neuen Verfassung. Der sechste Anhang zu der Verfassung vom 8. Dezember 1996 enthält die Übergangsregelungen. Die Über-

---

(e) die Ausübung aller universell akzeptierter Grundrechte, Freiheiten und Bürgerrechte, die durch justitiable Verfassungsnormen geschützt werden (CP II)
(f) ein souveräner Staat, der auf drei Ebenen, der nationalen Ebene, der Provinz- und Gemeindeebene, organisiert ist und in dem alle drei Ebenen mit ausreichenden Aufgaben und Kompetenzen ausgestattet sind, um effektiv tätig zu sein (CPs I, XVIII, XIX, XX, XXI und XXIV)
(g) die Anerkennung und der Schutz des Status, der Institution und der Rolle der traditionellen Führer (CP XIII)
(h) ein Gerichtssystem, das die Gleichheit aller sichert (CPs I, III, V)
(i) eine repräsentative Regierungsform, die eine Mehrparteiendemokratie, ein allgemeines Wahlrecht und dem Grunde nach eine proportionale Repräsentation umfaßt. (CP VIII);
(j) die Aufnahme besonderer Verfahren zur Verfassungsänderung (CP XV)
(k) ausreichende Bestimmungen über finanzielle Ausstattung der Provinzen und Gemeinden am nationalen Steueraufkommen (CPs XXV, XXVI und XXVII);
(l) das Recht der Arbeitnehmer und Arbeitgeber, kollektiv zu verhandeln und das Recht auf faire Arbeitsbedingungen (CP XXVIII);
(m) ein von keiner Partei dominierter öffentlicher Dienst, der die südafrikanische Gesellschaft weitestgehend repräsentiert und alle ihre Mitglieder fair, unvoreingenommen und unparteiisch behandelt;
(n) Sicherheitskräfte, die so ausgestattet sind, daß sie ihre Aufgaben im nationalen Interesse erfüllen können, und denen es verboten ist parteipolitische Interessen zu fördern oder zu beeinträchtigen. (CP XXXI)

gangszeit wurde bereits während der Mehrparteiengespräche bis zum 30. April 1999 bestimmt. Teilweise sind bis zu diesem Zeitpunkt einige Verfassungsbestimmungen suspendiert und teilweise gelten bis dahin noch die Regelung der Übergangsverfassung fort. Teil A des sechsten Anhangs ersetzt Vorschriften der Übergangsverfassung, die das Wahlrecht auf nationaler und auf der Provinzebene regeln, Teil B und Teil C dieses Anhangs ordnen an, daß bis zum 30 April 1999 sowohl auf nationaler als auch auf Provinzebene die Regierung der nationalen Einheit weiter regieren wird, d.h. die Koalitionsregierung beibehalten wird. Diese Übergangsregelungen sind jedoch unter dem Gesichtspunkt des Primats der Verfassung unproblematisch und wegen der Besonderheit des verfassungsrechtlichen Umbruchs hinzunehmen, weil lediglich technische Fragen vorläufig geregelt werden.

Problematisch war wegen des Vorgangs des Verfassungsrechts die Überleitung der Gesetze durch die Verfassung vom 8. Dezember 1996, die während der Übergangszeit 1994/95 erlassen wurden. Diese Gesetze sollten, ohne gerichtlich an der neuen Verfassung überprüfbar zu sein, übergeleitet werde.[7] Das Verfassungsgericht beanstandete in seiner Entscheidung die vorbehaltlose Überleitung des „Labour Relation Act, 1995“ und „National Unity and Reconciliation Act, 1995“, weil es den Grundsatz des Vorrangs der Verfassung verletze.[8] Einerseits seien die Bestimmungen nicht Bestandteil der Verfassung geworden und daher nicht nur an den Verfassungsprinzipien zu überprüfen, sondern als einfachgesetzliche Regelung der umfassenden verfassungsgerichtlichen Überprüfung im Hinblick auf die Verfassung vom 8. Dezember 1996 zu unterwerfen. Die verfassunggebende Versammlung änderte diese Vorschriften nach erneuten Verhandlungen dahingehend ab, daß nun alle gesetzlichen Übergangsregelungen und alle übergeleiteten Gesetze an der neuen verfassungsrechtlichen Ordnung zu messen sind.[9]

2. *Verfassungsänderung*

Da die Verfassung zum höchsten Recht des Landes erklärt wird, bindet es auch das Parlament als verfaßte Gewalt bei seiner gesetzgeberischen Tätigkeit. Wegen der sich stets ändernden gesellschaftlichen Verhältnisse einerseits und der erwarteten Stabilisierung der gesellschaftlichen Verhältnisse durch eine starke verfassungsrechtliche Ordnung andererseits wurde es jedoch für notwendig erachtet,

---

7 Art. 241 Abs. 1 NT in der Fassung vom 8. Mai 1996

8 CASE CCT 16/96 Certification of the Constitution of South Africa 1996, Ziffern 149 und 150

9 Art. 241 und Anhang 6 NT

für die verfaßten Staatsorgane Verfassungsänderungen ausdrücklich zu erlauben. Art. 74 NT stellt das Verfahren für den Erlaß verfassungsändernder Gesetze auf.

Die Quoren zur Abänderung der Verfassung bildeten in der Vergangenheit stets einen Diskussionspunkt zwischen den Verhandlungsgegnern vor Erlaß der Übergangsverfassung und auch später in der verfassunggebenden Versammlung. Die kleineren Parteien forderten in der Regel höhere Quoren für die Nationalversammlung und eine verstärkte Einbeziehung des die Provinzinteressen vertretende Organs, um auf diese Art stärkeren Einfluß trotz ihrer zahlenmäßigen Unterlegenheit nehmen zu können. Letztlich setzten sich die Minderheitenparteien mit ihren Forderungen nach besonderen Mehrheiten und einem besonderen Verfahren durch.[10] Auch das Verfassungsgericht vertrat die Ansicht, daß das CP XXV mit dem Art. 74 in der Fassung vom 8. Mai 1996 nicht im ausreichenden Maße umgesetzt wurde.

Art. 74 NT i. d. Fassung vom 8. Mai 1996 sah keine unterschiedlichen Verfahren für die Änderung der Grundrechtsartikel des zweiten Kapitels der Verfassung oder anderer verfassungsrechtlicher Vorschriften vor, sondern legte lediglich ein einheitliches Änderungsverfahren für die Verfassung insgesamt fest. Ursprünglich sah die verfassunggebende Versammlung die besonderen Mehrheiten für Verfassungsänderungen im Gegensatz zu den notwendigen Mehrheiten für die einfachen Gesetzesänderungen als ausreichenden Schutz für den Grundrechtskatalog an. Vorgeschrieben war durch das CP II nur, daß die Grundrechte und Grundfreiheiten vor Änderungen besonders zu schützen sind, nämlich durch „entrenched and justiciable provisions". Das Verfassungsgericht interpretierte das Wort „entrenched" jedoch in die Richtung, daß der Grundrechtskatalog nicht nur gegenüber den einfachen Gesetzen schwerer abänderbar sein sollte, sondern auch gegenüber den andere Verfassungsartikeln einen besonderen Bestandsschutz genießen müsse.

---

10 Um einzelne Bestimmungen der Übergangsverfassung von 1993 zu ändern, war eine Zweidrittelmehrheit der Stimmen der Mitglieder beider Häuser erforderlich. Besondere Voraussetzungen enthielt die Verfassung hinsichtlich der Änderung der Art. 126 und 144 Üverf., die die Gesetzgebungskompetenzen der Provinzen und ihre Verwaltungshoheit betrafen. Diese Vorschriften konnten nur mit einer Zweidrittelmehrheit in jeweils beiden Häusern geändert werden.
Die Verfassung von 1996 sah in ihrer ersten Fassung (Art. 74) noch vor, daß ihre Vorschriften grundsätzlich nur durch Gesetze, die eine Zustimmung von Zweidrittel der Mitglieder der Nationalversammlung erhielten, abgeändert werden können. Wurden Regelungen hinsichtlich der Aufgaben, Kompetenzen Einrichtungen der Provinzen, ihren Grenzen oder besondere Provinzangelegenheiten getroffen, dann war im Nationalrat der Provinzen zusätzlich die Zustimmung von mindestens sechs der neuen Provinzen notwendig. Um Art. 74 Abs. 1 NT a. F. selbst abzuändern, war eine Mehrheit von 75 % der Mitglieder der Nationalversammlung erforderlich.

Im einzelnen werden jetzt Verfassungsänderungen unter den Voraussetzungen des neuen Art. 74 NT zugelassen. Die drei ersten Abschnitte des Verfassungsartikels der neuen Fassung unterscheiden drei Arten verfassungsändernder Gesetze, für die auch verschiedene formelle Verfahren vorgesehen sind:

- Danach können Art. 1 NT und Art. 74 Abs. 1 NT nur dann geändert werden, wenn einerseits die Nationalversammlung dem Gesetzesentwurf mit 75 % ihrer Mitglieder zustimmt und darüber hinaus sechs der neun Provinzen in Nationalrat der Provinzen diesen Gesetzesentwurf unterstützen.[11]
- Die Vorschriften des zweiten Kapitels - des Grundrechtskatalogs - können nunmehr nur aufgrund eines Gesetzes geändert werden, das von Zweitdrittel der Stimmen der Nationalversammlung und mindestens sechs der neuen Provinzen im Nationalrat der Provinzen unterstützt wird.[12]
- Alle anderen Vorschriften der Verfassung können mit einer Zweidrittelmehrheit in der Nationalversammlung geändert werden. Falls eine Angelegenheit des Nationalrats der Provinzen oder Provinzgrenzen, Provinzkompetenzen oder Provinzeinrichtungen betroffen sind[13] oder das verfassungsändernde Gesetz besondere Angelegenheiten der Provinzen betrifft, müssen zusätzlich mindestens sechs der neun Provinzen zustimmen.

Daß materielle Schranken an die Verfassungsänderungen in der Gestalt gestellt werden, daß einzelne Bestimmungen unabänderlich sind, ergibt sich nicht direkt aus dem Wortlaut der Verfassung. Die in der Übergangsverfassung festgelegten 35 Verfassungsprinzipien werden als materielle Schranken an zukünftige Verfassungsänderungen eingeordnet werden müssen. Das Verfassungsgericht wertete diese Prinzipien bereits in der Ausfertigung der Verfassung als „solemn pact" und wies darauf hin, daß die Präambel diese Prinzipien als grundlegende Werteordnung für die Verfassung vom 8. Dezember 1996 übernommen habe.[14]

Die verfassungsändernden Gesetze sind auch nach der Ergänzung vom 11. Oktober 1996 jetzt auch jederzeit gerichtlich überprüfbar. Gemäß Art. 167 Abs. 4 (d) NT entscheidet das Verfassungsgericht über die Verfassungsmäßigkeit der Verfassungsänderungen.

Deutlich verbessert wurde im Gegensatz zur Übergangsverfassung der Schutz und die Bestandskraft der Verfassung durch die Einführung besonderer Quoren und die Beteiligung des Nationalrates der Provinzen. Die Befürchtung, der ANC sichere sich durch seine zahlenmäßige Überlegenheit über die anderen politischen Parteien die umfassende Macht am Ende der Arbeit der verfassunggeben-

11 Art. 74 Abs. 1 NT
12 Art. 74 Abs. 2 NT
13 Art. 74 Abs. 3 NT
14 CASE CCT 23/96 Certification of the Constitution of South Africa 1996, Ziffer 15

den Versammlung, die Verfassung nach seinen Vorstellungen abzuändern, wurde durch diese besonderen Verfahren und die gerichtliche Überprüfungsmöglichkeit begegnet. Ob überhaupt und inwieweit es jedoch materielle Schranken für die Verfassungsänderung geben wird, ist weiterhin offen. Es wird entscheidend auf die Rechtsprechung des Verfassungsgerichts ankommen, inwieweit es den in den Verhandlungen zur Übergangsverfassung errungenen Grundkonsens als demokratisches Minimum auch als materielle Schranke für die zukünftigen Verfassungsänderungen anwenden wird.

3. Staatsnotstand

Probleme innerhalb der Diskussion bereitete ebenfalls die Suspendierung der Verfassung im Falle eines staatlichen Notstandes. Der Grund für diese Probleme liegt in der Apartheidsvergangenheit des Landes begründet, da das alte Regime in Pretoria den Staatsnotstand unter der alten Verfassung gezielt nutzte, um die Aktivitäten der Befreiungsbewegung der schwarzen Bevölkerung zu verhindern. Aus diesem Grund wollte der ANC ursprünglich keine Vorschriften über die Verhängung eines Staatsnotstandes in die Verfassung aufnehmen und die damit verbundene teilweise Suspendierung der Verfassung zulassen.

Art. 37 NT schränkt die Geltung der Verfassung für den Fall eines Staatsnotstandes ein, stellt gleichzeitig subjektive und objektive Anforderungen an die Erklärung eines staatlichen Notstandes. Der Staatsnotstand kann demnach nur durch ein Parlamentsgesetz erklärt werden und nur für den Fall ausgerufen werden, daß zum einen die Existenz des Staates durch einen Krieg, einen Angriff, einen allgemeinen Aufstand, durch Unruhen, Naturkatastrophen oder durch andere öffentliche Notstände bedroht ist und zum anderen die Erklärung des Notstandes zur Wiederherstellung des Friedens und der Ordnung notwendig ist.[15] Die Erklärung des Staatsnotstandes und alle in dieser Zeit erlassenen Gesetze dürfen nur für die Zukunft und grundsätzlich nicht länger als für 21 Tage ab dem Zeitpunkt der Erklärung Wirkung entfalten. Der Staatsnotstand darf insgesamt nicht länger als für 21 Tage ab dem Zeitpunkt dieser Erklärung Wirkung entfalten und nicht länger als drei Monate andauern.[16]

Während dieser Zeit können alle erforderlichen Gesetze erlassen werden, auch wenn diese den verfassungsrechtlich geschützten Grundrechtsbereich verletzen. Voraussetzung ist jedoch, daß diese Gesetze gerade wegen des Notstandes notwendig sind, daß sie nicht im Widerspruch zum internationalen Recht stehen

---

15 Art. 37 Abs. 1 NT
16 Art. 37 Abs. 2 NT

und daß sie so schnell wie möglich im Gesetzesblatt veröffentlicht werden.[17] Das Gesetz, das den Staatsnotstand erklärt, und die Notstandsgesetze dürfen den Staat oder einzelne Personen nicht vor Ersatzansprüchen schadlos halten, falls die erlassenen Maßnahmen nicht rechtmäßig sind. Darüber hinaus ist eine Verletzung der Rechte, die in der Tabelle des Art. 37 NT aufgeführt und deren Schutzbereich dort ausdrücklich definiert sind, stets verboten.[18]

Eine Besonderheit stellt Art. 37 Abs. 3 NT dar, der normiert, daß die Auslegung der subjektiven und objektiven Voraussetzungen für die Erklärung des Notstandes nicht nur in der Hand des Parlaments liegt, sondern die Frage nach dem Vorliegen dieser Voraussetzungen jederzeit auch der gerichtlichen Kontrolle unterliegt. Die Erklärung des Staatsnotstandes, die Ausdehnung und die während dieser Zeit erlassenen Gesetze müssen von einem zuständigen Gericht auf ihre Gültigkeit überprüfbar sein. Eine ausdrückliche Zuständigkeit des Verfassungsgerichts ist nicht vorgesehen.

Die Regelung zum Staatsnotstand folgt weitestgehend dem Modell westlicher Demokratien. Das Ziel der Regelung zum Staatsnotstand besteht in erster Linie darin, die alte, ursprünglich geltenden verfassungsrechtlichen Ordnungen wiederherzustellen. Es wurde in der Diskussion um die Aufnahme dieser Bestimmungen in den Verfassungstext zwar die Notwendigkeit erkannt, daß wegen eines Notstandes, der eine Gefahr für den Bestand der Nation bedeuten kann, besondere Maßnahmen getroffen werden müssen. Weil diese aber trotzdem eine legitime Ausübung der Staatsgewalt und damit auch die Kontinuität der demokratischen Autorität gewährleisten sollen, wurden diese restriktiv auszulegenden Voraussetzungen geschaffen.

II. Demokratieprinzip

Als erstes bindendes Verfassungsprinzip der Übergangsverfassung legten die Verhandlungsteilnehmer für den südafrikanischen Staat die demokratische Staatsform fest. Während der Verhandlungen der CODESA und der MPNP beurteilten die Verhandlungspartner in der politischen Diskussion das Wesen, die Bedeutung und daher die konkrete Ausgestaltung des demokratischen Systems äußerst unter-

17 Art. 37 Abs. 3 NT

18 Unantastbare Rechte sind im einzelnen das Gleichheitsrecht, in bezug auf den Schutz vor unfairen Diskriminierungen allein auf dem Grund von Rasse, Hautfarbe, ethnischer oder sozialer Herkunft, Geschlecht, Religion und Sprache, die Menschenwürde, das Leben, die Freiheit und Sicherheit der Person, das Verbot von Sklaverei und Zwangsarbeit, die Rechte der Kinder, die Rechte verhafteter, inhaftierter und angeklagter Personen.

schiedlich. Letztlich bleibt aber festzuhalten, daß sich der ANC mit seinen Vorstellungen weitestgehend durchgesetzt hat.

Die Präambel und Art. 1 Abs. 1 NT legen die demokratische Staatsform als grundlegendes strukturprägendes Verfassungsprinzip auch in der neuen Verfassung ausdrücklich und in hervorgehobener Stellung fest. Gemäß Art 42 Abs. 1 i.V.m. Abs. 2 und Abs. 3 NT handelt es sich um eine repräsentative Demokratie. Die Nationalversammlung wird für eine Dauer von fünf Jahren gewählt. Daneben soll das „National Council of Provinces“ die Interesses der Provinzen auf nationaler Ebene vertreten. Das Demokratieprinzip als solches ist in der Verfassung nicht definiert, es ergibt sich aus der Gesamtschau des gesamten Verfassungstextes.

Dem demokratisch legitimierten Organ - dem Parlament - ist das 4. Kapitel der neuen Verfassung gewidmet. Es besteht aus der Nationalversammlung und dem Rat der Provinzen, der die Interessen der Provinzen auf nationaler Ebene vertreten soll. Die Nationalversammlung wird nach dem Inkrafttreten der neuen Verfassung zwischen 350 und 400 Mitgliedern[19] bestehen, die nach dem Verhältnismäßigkeitswahlrecht ermittelt werden, Art. 46 Abs. 1 NT. Eine Mindestprozentklausel wird es nach der neuen Verfassung nicht geben. Die Wahlen zur Volksvertretung werden alle 5 Jahre stattfinden. Auch das Mehrparteiensystem ist verfassungsrechtlich garantiert.[20] Somit ist die demokratische Legitimität und die Mitwirkung des gesamten Volkes in seiner Vielfalt gesichert.

Der Rat der Provinzen wird sich aus 90 Vertretern der Provinzen -. Er wird nach den Wahlen im April 1999 seine Arbeit aufnehmen und den bis dahin zuständigen Senat ablösen. Jeder der neuen Provinzen wird dann eine Gruppe von zehn Delegierten entsenden, die sich aus vier besonderen und sechs ständigen Delegierten zusammensetzen wird. Die Gruppe der ständigen Delegierten wird zwingend aus Mitgliedern der Provinzparlamente bestehen, wohingegen die besonderen Delegierten nicht unbedingt Mitglieder der Provinzparlamente sein müssen. Die Verteilung der Sitze an die in die Provinzparlamente gewählten Parteien wird nach einem Verhältnismäßigkeitsschlüssel erfolgen, wie er in Teil B des 3. Anhangs der Verfassung festgelegt wurde.[21]

---

19 Ein einfaches Gesetz wird die endgültige Zahl der abgeordneten bestimmen. In der Letzten Verhandlung vor dem 8. Mai 1996 konnte sich die verfassunggebende Versammlung nicht auf eine bestimmte Anzahl von Abgeordneten einigen, sondern nur auf diese Größenordnung.

20 Nach Art. 19 Abs. 1 NT hat jeder das Recht, eine politische Partei zu gründen und sich politisch zu betätigen.

21 Um die Sitze einer Partei in der Delegation zu ermitteln, muß die Zahl der erreichten Sitze einer Partei innerhalb des Provinzparlaments mit 10 multipliziert werden und diese Zahl durch die Gesamtzahl der Parlamentssitze dividiert werden.

In Art. 59 NT wird für die Nationalversammlung und in Art. 70 Abs. 1 NT für den Rat der Provinzen das Prinzip der Öffentlichkeit staatlicher Beratungs- und Entscheidungsprozesse festgeschrieben. Der besondere Schutz der Minderheitsparteien in der Nationalversammlung und im Rat werden in Art. 57 Abs. 2 b NT und Art. 70 Abs. 2c NT aufgenommen. Die konkrete Ausgestaltung des Minderheitenschutzes obliegt jedoch im einzelnen dem nationalen Gesetzgeber.

Das Gesetzgebungsverfahren wird in Art. 73 ff. NT geregelt. Die Gesetzesentwürfe können sowohl durch Mitglieder der Nationalversammlung als auch durch den Rat der Provinzen eingebracht werden. Innerhalb des Gesetzgebungsverfahrens wird zwischen verfassungsändernden Gesetzen, nationalen Gesetzen und Gesetzen, die die Belange der Provinzen betreffen, unterschieden. Verfassungsändernde Gesetze können nur mit einer Zweidrittelmehrheit in der Nationalversammlung und nach der Zustimmung von mindestens sechs der neun Provinzen im Rat der Provinzen verabschiedet werden. Um Art. 1 NT oder Art. 74 Abs. 2 NT abzuändern, ist eine Mehrheit von 75 % der Mitglieder der Nationalversammlung notwendig. Einfach Gesetze, die sich auf Regelungsgegenstände der nationalen Gesetzgebung beziehen, können nach der Beratung im Rat der Provinzen von der Nationalversammlung mit einfacher Mehrheit verabschiedet werden. Die Ausübung der Staatsgewalt findet also in rechtlich festgelegten Verfahren statt und legitimiert sich im Volk.

Zur Unterstützung der Entwicklung eines demokratischen Verfassungsstaates werden gemäß Art. 181 ff NT „State Institutions Supporting Constitutional Democracy" gebildet. Es werden aber nur ihre Einrichtungen nicht aber bestimmte Kompetenzen verfassungsrechtlich garantiert. Dies bleibt dem einfachen Gesetzgeber überlassen. Es handelt sich im einzelnen um den „Public Protector"[22], die „Human Rights Commission"[23], die „Commission for the Promotion and Protection of the Rights of Cultural, Religious and Linguistic Communities"[24], die „Commission for Gender Equality"[25], den „Auditor General"[26], die „Electoral Commission"[27] und die „Independent Authority to Regulate Broadcasting"[28].

---

22 Vgl. Art. 182 NT; Das Amt des „Public Protector" entspricht dem Amt eines Ombudsmanns, dessen Aufgabe darin bestehen wird, alles staatliche Handeln dahingehend zu überprüfen, ob es die Aufgaben effektiv, fair, ohne Korruption und Vorurteile wahrnimmt.

23 Vgl. Art. 184 NT; Die Aufgabe der „Human Rights Commission" besteht darin, die Einhaltung der Menschenrechte durch den Staat zu überwachen und den Schutz dieser Rechte voranzutreiben.

24 Vgl. Art. 185 NT; Die Aufgabe der „Commission for the Promotion and Protection of the Rights of Cultural, Religious and Linguistic Communities" soll den Schutz besonderen kultureller und ethnischer Gemeinschaften ermöglichen.

25 Vgl. Art. 187 NT; Die Aufgabe der „Commission for Gender Equality" wird darin bestehen, die Gleichberechtigung zu schützen, weiterzuentwickeln und beizubehalten.

III. Rechtsstaatsprinzip

Im Gegensatz zu der Übergangsverfassung von 1993 wird der Terminus Rechtsstaat weder in der Präambel noch im Verfassungstext der Verfassung vom 8. Dezember 1996 ausdrücklich verwendet. Dies bedeutet jedoch nicht, daß von der Verankerung dieses Prinzips in der Verfassung abgesehen wurde. Vielmehr wurden einzelne spezielle Regelungen vor dem Hintergrund der Errichtung eines Rechtsstaatssystems aufgenommen.

Das vierte CP legte für den neuen Verfassungstext dieses Ordnungsprinzip bindend fest, so daß es sich bei der Organisation des zukünftigen Staat um einen Rechtsstaat handeln mußte. Die verfassunggebende Versammlung, insbesondere das mit den Vorbereitungsmaßnahmen beauftragte technische Komitee, orientierte sich bei der Ausarbeitung an dem deutschen Modell des Rechtsstaates und entschied sich gerade vor dem Hintergrund der Apartheidsvergangenheit für dieses Modell, um den notwendigen Respekt vor den Grundrechten zu garantieren und staatliches Handeln in rechtliche Formen zu bringen.[29] Mit der Verankerung dieses Prinzips sollte das Vertrauen der Bevölkerung in die Staatsgewalt wiederhergestellt werden. Staatliche Eingriffe werden an den Grundsätzen der Bestimmbarkeit, Vorhersehbarkeit und Berechenbarkeit gemessen werden und an materielle Grundrechte gebunden sein. Inwieweit der Rechtsstaat konkret ausgestaltet worden ist, muß einerseits durch die Betrachtung der Gesamtkonzeption des neuen Textes erschlossen werden. Es kann bereits auf eine umfassende Rechtsprechung des Verfassungsgerichts unter der Übergangsverfassung zurückgegriffen werden.

Der Begriff des Rechtsstaates ist ein Begriff der europäischen, insbesondere der deutschen Verfassungstheorie. Rechtsstaatlichkeit bedeutet nach deutschem Verständnis, daß die Ausübung der staatlichen Macht nur auf der Grundlage der Verfassung und von formell und materiell verfassungsmäßig erlassenen Gesetzen

---

26 Vgl. Art. 188 NT; Die Aufgabe des „Auditor General“ besteht darin, die Verwaltung und den Gebrauch der öffentlichen Gelder zu beobachten.

27 Vgl. Art. 190 NT; Die „Electoral Commission“ ist für die Durchführung der Wahlen auf nationaler Ebene, Provinz- und Gemeindeebene verantwortlich, soll ihre Freiheit und Fairneß sichern und die jeweiligen Wahlergebnisse veröffentlichen. Näheres soll ein nationales Gesetz regeln.

28 Vgl. Art. 192 NT; Diese Behörde soll den Bereich Rundfunk und Fernsehen im öffentlichen Interesse gestalten und damit die Gerechtigkeit und die Meinungsvielfalt der südafrikanischen Gesellschaft sichern.

29 F. VENTER, Aspects of the South African Constitution of 1996: An African Democratic and Social Federal Rechtsstaat? in: ZaöRV 57/1, S. 73

unter Gewährleistung von Menschenwürde, Freiheit, Gerechtigkeit und Rechtssicherheit zulässig ist. Staatliches Handeln ist daher umfassend rechtlich gebunden.[30]

1. Struktur und grundsätzliche Bedeutung des Rechtsstaatsprinzips

Die Präambel der Verfassung vom 8. Dezember 1996 trägt diesem Umstand Rechnung, da die Verfassung als „supreme law" des Landes verabschiedet wurde. Art. 1 c NT legt ausdrücklich fest, wie bereits oben festgestellt wurde, daß der Verfassung der höchste Rang zukommen soll.

Ebenfalls ist die Bindung aller staatlichen Organe an die Verfassung vom 8. Dezember 1996 von großer Bedeutung. Gemäß Art. 44 Abs. 4 NT ist das Parlament „bound only by the Constitution, and must act in accordance with and within the limits of the Constitution". Gemäß Art. 83 NT muß der Präsident als Staatsoberhaupt „uphold , defend and respect the Constitution as the supreme law of the Republic" und gemäß Art. 162 Abs. 2 NT sind die Gericht „independent and subject only to the Constitution and the law which they must apply impartially and without fear, favour or prejudice".

Durch die Errichtung des Verfassungsgerichts[31], das ebenfalls unter der Verfassung vom 8. Dezember 1996 als das staatliche Organ vorgesehen ist, daß in allen verfassungsrechtlichen Streitigkeiten letztinstanzlich entscheidet und das jeder Person und jedem anderen Gericht nach Zulassung durch das Verfassungsgericht und im Interesse der Gerechtigkeit zugänglich sein muß, wird der Rang der Verfassung auch verfahrensrechtlich abgesichert.[32] Unter der Übergangsverfassung von 1993 hat das Verfassungsgericht in seinem Urteil *The State versus Makywanyane*[33] mehrere Male Bezug auf das dort verankerte Rechtsstaatsprinzip genommen, ebenfalls in seinem Urteil *Council, Western Cape Legislature and others versus The President of The Republic of South Africa and others*[34]. Nach der Rechtsprechung des Verfassungsgerichts ist die Anerkennung der Grund-

30 K. STERN, Das Staatsrecht der BRD, Bd. 1., S. 178

31 Art. 98 Üverf. und jetzt Art. 167 NT

32 Case CCT 23/96 Certification of the Republic of South Africa, 1996, Nr. 345 (a): Das Rechtsstaatsprinzip wurde in der Entscheidung des Verfassungsgericht als eines der grundlegendsten Strukturprinzipien der neuen Verfassung qualifiziert, das ebenfalls ein wesentlicher Bestandteil der Verfassungsprinzipien der Übergangsverfassung war. (CPs IV, VII und XV).

33 S. v. Makwanyane, 1995 (3) SA 867 (CC), In den Urteilsgründen werden verschiedene Teilaspekte des Rechtsstaatsprinzips besonders betont.

34 Executive Council, Western Cape Legislature and others versus President of the Republic of South Africa and others, 1995 (4) SA 877 (CC)

rechte und Grundfreiheiten der wesentliche Teilaspekt des Rechtsstaatsprinzips. Weiterhin wird die Vorrangigkeit der Verfassung vor allen einfachen Gesetzen und allem staatlichen Handeln[35], das Erfordernis der Gleichförmigkeit und der Gesetzmäßigkeit staatlichen Handelns[36] und die Schutzpflicht des Staates bezüglich der Grundrechte des Einzelnen genannt[37].

Das zweite Kapitel der Verfassung umfaßt den Grundrechtskatalog, der im nächsten Abschnitt in seinen Einzelheiten noch ausführlicher dargestellt werden soll. Bedeutung für das Verständnis des Rechtsstaates hat der Grundrechtskatalog insofern, daß er gemäß Art. 7 Abs. 1 NT einen Eckpfeiler der Demokratie in Südafrika bilden soll und laut Art. 8 Abs. 1 NT die Gesetzgebung, die Verwaltung und die Rechtsprechung bindet. So wird der besondere materielle Gehalt des Rechtsstaatsbegriffs nach dieser Verfassung deutlich hervorgehoben; die gesamte Verfassungsordnung und die darauf aufbauende Rechtsordnung selbst müssen bestimmten, in der Verfassung festgelegten materiellen Grundanforderungen genügen.[38] Die südafrikanische Republik ist somit eindeutig ein nicht nur formeller sondern auch ein materieller Rechtsstaat. Diese materielle Ausrichtung der Verfassung wird allgemein als Reaktion auf die Apartheidsvergangenheit gesehen. Unter dem Apartheidsregime wurde der Verfassungsstaat zu einem bloßen Gesetzesstaat, in dem das Gesetz jeden beliebigen Inhalt annehmen konnte, ohne auf den materiellen Unrechtsgehalt überprüft werden zu können. Mit der Hinwendung der Verfassung zu einem materiellen Rechtsstaat macht diese ihr zentrales Anliegen deutlich, die Gleichheit und Freiheit aller Menschen zu sichern.

2. Gewaltenteilung

Die Rechtsstaatlichkeit wird in der Verfassung auch durch organisatorische und verfahrensmäßige Vorgaben verwirklicht. Wesentliche Bestandteile rechtsstaatlicher Verfaßtheit sind die allgemeine Anerkennung der Verfassung als höchstrangiges Gesetz, die rechtliche Einbindung der Staatsgewalt, die Gewaltenteilung, ein vorgeschriebenes Gesetzgebungsverfahren, richterliche Entscheidungen im Streitfall, Rechtssicherheit und Demokratie. Ebenfalls kann auch der staatliche Aufbau, die Gliederung in Provinzen und die Übertragung von Aufgaben und Kompetenzen an diese eine Mäßigung und Begrenzung staatlicher Macht bedeuten.

---

35 Executive Council, Western Cape Legislature and others versus President of the Republic of South Africa and others, 1995 (4) SA 877 (151)

36 S. v. Makwanyane, 1995 (3) SA 867 (156)

37 S. v. Makwanyane, 1995 (3) SA 867 (168 und 171)

38 F. VENTER, Aspects of the South African Constitution of 1996: An African Democratic and Social Federal *Rechtsstaat* ? ZaöRV 57/1, S. 73

Folgende Teilelemente und Konkretisierungen des allgemeinen Prinzips der Rechtsstaatlichkeit wurden in der neuen Verfassung aufgenommen.:

Die Staatsgewalt ist in drei Gewalten unterteilt, die Legislative, die Exekutive und die Judikative. Art. 8 NT in Verbindung mit Art. 44 Abs. 4 NT, Art. 83 b NT und Art. 165 Abs. 2 NT bindet die drei Gewalten an die Verfassung, zum einen durch besondere Verfahren und zum anderen durch die Grundrechte.

Art. 74 NT legt fest, daß die Verfassung nur mit einer bestimmten Mehrheit innerhalb der Nationalversammlung und des Rates der Provinzen abgeändert werden kann und normiert für die Gesetzgebung besondere Verfahren, wie bereits oben[39] dargestellt wurde.

Art. 165 Abs. 1 NT bestimmt, daß die rechtsprechende Gewalt der Republik bei den Gerichten ruht. Art. 34 NT unterstreicht diese besondere Stellung der Gerichte noch im Verhältnis zum Bürger, da jedermann das Recht auf eine faire und öffentliche Verhandlung vor einem Gericht oder einem anderen unabhängigen und unparteiischen Forum eingeräumt wird. Die Stellung der Gerichte wird vor allem gemäß 165 Abs. 2 und Abs. 3 NT durch ihre sachliche und persönliche Unabhängigkeit gekennzeichnet. Sie sind staatliche Organe, die die Verfassung und die Gesetze unparteiisch ohne Angst, Begünstigung oder Vorurteile und ohne Beeinflussung durch Maßnahmen anderer Staatsorgane anzuwenden haben. Ausdrücklich sind alle anderen Staatsgewalten an die Entscheidungen und Anordnungen der Gerichte gebunden, Art. 165 Abs. 5 NT.

Das Verfassungsgericht soll bei der Freiheitssicherung des Einzelnen vor staatlichen Eingriffen eine entscheidende Rolle spielen. Da es bis zum Inkrafttreten der Übergangsverfassung keine Verfassungsgerichtsbarkeit gab, besitzt das Verfassungsgericht noch keine gefestigte Stellung im politischen System und wurde Anfangs besonders kritisch betrachtet. Insbesondere die Besetzung der Richterstellen führte zu der Diskussion über seine Unabhängigkeit, weil allein dem Staatspräsidenten die Entscheidung über die Besetzung obliegt. Andere Organe haben hier lediglich beratende Funktion.[40] Bemerkenswert ist aber die Entscheidung des Verfassungsgerichts, die das Wahlgesetz und mehrere Verordnungen des Präsidenten für ungültig erklärt.[41] Auf die Existenz des Verfassungsgerichts nimmt Art. 167 NT bezug und weist ihm dort die Aufgaben und Kompetenzbereiche zu.

---

39 Vgl. D I 1 b

40 Art. 178 NT sieht vor, daß die Judicial Service Commission den Staatspräsidenten bei seiner Wahl berät, und Art. 174 NT legt fest, daß die Ernennung erst nach Konsultationen mit dem Kabinett, Vertretern aller im Parlament vertretenen Parteien und dem Präsidenten des Verfassungsgerichts erfolgen darf.

41 R. v. LUCIUS: Niemand steht über dem Recht, in: FAZ vom 25.09.1995

IV. Der Grundrechtskatalog

Das zweite Kapitel der Verfassung vom 8. Dezember 1996 legt den Inhalt und die Schranken der Grundrechte fest. Ein Grundrechtskatalog ist einer der wesentlichen Bestandteile rechtsstaatlicher Verfaßtheit. Deshalb war seine Aufnahme in die Verfassung auch stets eine der Hauptforderungen des ANC im politischen Widerstand gegen das alte Regime. Die Aufnahme des Grundrechtskatalog entspricht auch der Vorgabe des CP II. Die Verhandlungsparteien einigten sich in den Mehrparteiengesprächen bereits darauf, daß in der Verfassung alle die Grundrechte zwingend geschützt werden sollen, die in der Völkerrechtsgemeinschaft. „universally accepted" sind.[42]

Wegen seines Umfangs und seines besonders weitreichenden Schutzes, insbesondere der Gleichheit aller Menschen vor dem Gesetz, wird die Verfassung vom 8. Dezember 1996 häufig als eine der liberalsten Verfassungen der Welt bezeichnet.

1. Grundrechtsschutz

Das erste Mal in der Geschichte des Landes erhielt Südafrika mit der Übergangsverfassung eine Verfassung, die einen Grundrechtskatalog enthält. Eine Grundrechtsdogmatik hatte sich daher nicht entwickeln können. Die Auswahl und die Konzeption des Grundrechtskatalogs wurde hauptsächlich an das Modell freiheitlich-liberaler Grundrechtskonzeptionen der westeuropäischen und nord-amerikanischen Verfassungen angelehnt. Teilweise wurde aber auch auf Konzepte sozialistischer Verfassungen zurückgegriffen.

a) Das Recht auf Eigentum

Die Regelung und der Schutz des Eigentums im neuen südafrikanischen Staat war lange Zeit politisch umstritten und Gegenstand der Verhandlungen in der

---

42 Das Verfassungsgericht hatte vor der Überprüfung des Verfassungstextes festzustellen, welche Grundrechte „universally accepted" sind; vgl. CASE CCT 23/96 Certification of the Constitution of South Africa 1996, Ziff. 50. Nicht die in der Übergangsverfassung aufgenommenen Grundrechte waren danach der Maßstab für die verfassunggebende Versammlung und die Überprüfungskompetenz des Verfassungsgerichts, sondern die Rechte, die weltweit anerkannt sind. Bei dem Entwurf der Grundrechte hatten die Teilnehmer nach Ansicht des Verfassungsgerichts die Rechte und Freiheiten im Sinn, die in offenen demokratischen Gesellschaften unwiderruflich jedem Menschen zuerkannt werden. Weitergehende Rechte konnten in den Verfassungstext ohne weiteres aufgenommen werden.

verfassunggebenden Versammlung. Die Ursache für diese Diskussion liegt in der rassistischen Bodenpolitik des alten Apartheidsregimes. Die weiße Bevölkerung, die 8% der Gesamtbevölkerung des Landes ausmacht, besaß nach den Enteignungen des Regimes ca. 87 % des Bodens. Begünstigt war diese ungleiche Grundverteilung durch die diskriminierende Gesetzgebung des Landes, die es der schwarzen Bevölkerung verbot Grundbesitz zu erwerben.

Ausgetragen wurde dieser Streit in den Verhandlungen um das Grundrecht auf Eigentum, des Art. 28 Üverf. und des späteren Art. 25 NT.[43] Die Zulassung von staatlichen Enteignungen generell, die Höhe der zu zahlenden Entschädigungen und die Neuverteilung des Bodens bildeten die Hauptstreitpunkte.

Anlaß für die Diskussion war vor allem der „Land Restitution Act" vom 16. November 1994[44], der besagte, daß Personen, die aufgrund von Erlassen und Gesetzen der weißen Minderheitsregierung ihr Eigentum verloren haben, entweder in ihre alten Rechte einzusetzen sind oder angemessen entschädigt werden müssen. Grundsätzlich zurückzugeben sind alle Ländereien, die nach der Enteignung in Staatsbesitz verblieben sind und für die der Staat unmittelbare Verwendung hatte, während Grundstücke, die in der Vergangenheit weiterverkauft wurden, der Kontrolle durch die Regierung entzogen sind. Entschädigungsberechtig in bezug auf letztere Grundstückseigentümer sind nach diesem Gesetz die Personen, die nach der Verabschiedung des „Land Act" aus dem Jahre 1913, des ersten die Schwarzen, Mischlinge und Inder diskriminierenden Landgesetze, das zusammen mit dem „Land Act 1936" auch das Recht der Schwarzen, Land zu pachten oder zu erwerben, untersagte.

Art. 28 Üverf. erlaubte lediglich Legalenteignungen unter der Voraussetzung, daß die Enteignungen einem öffentlichen Zweck dienten und entweder eine zwischen dem Staat und dem betroffenen Bürger ausgehandelte oder eine von einem Gericht unter Beachtung aller gesetzlich genannter Erwägungen festgesetzte Entschädigung gezahlt wird.[45] Enteignungen mit dem Zweck der Verwirklichung einer umfassenden Landreform wurden nicht in der vorläufigen Verfassung als zulässige Enteignungen aufgenommen.

---

43 Vgl. FINANCIAL MAIL vom 9.02.1995, Vol. 139, S. 44; Schlagworte dieser Diskussion waren „restitution, redistribution and secure tenure" und betrafen die Voraussetzungen, unter denen die effektive und von der Regierung für notwendig gehaltene Landreform erfolgen sollte.

44 Archiv der Gegenwart 1994 S. 39483; P HAWTHORNE, Making their own miracles, in: TIME, December 1994, S. 48 f.

45 Das Gericht mußte, falls eine Vereinbarung nicht getroffen werden konnte, unter Beachtung des Ziels der Enteignung, des gegenwärtigen Gebrauchs des Eigentums, der Geschichte der Enteignung, des Marktwertes und der getroffenen Investitionen verbunden mit den zukünftigen Investitionsinteressen abwägen.

Drei Alternativen für das Eigentumsrecht wurden in die verfassunggebende Versammlung als Vorschläge eingebracht.[46] Der PAC wollte ganz auf einen verfassungsrechtlichen Eigentumsschutz verzichten. Der ANC befürwortete den Entwurf, Eigentum zwar grundrechtlich zu schützen. Enteignungen sollten seiner Ansicht nach gegen Zahlung einer Entschädigung gestattet werden. Ohne Zahlung einer Entschädigung sollten Enteignungen dann zulässig sein, wenn sie im Zuge einer Landreform zum Ausgleich des Ungerechtigkeiten unter dem Apartheidsregime erfolgen. Die NP und die DP befürworteten ein Eigentumsgrundrecht und wollten Enteignung nur bei gesetzlich festgelegten Enteignungstatbeständen und stets nur gegen Zahlung einer Entschädigung gestatten.

Die Diskussion um die Einführung eines verfassungsrechtlich geschützten Rechts auf Eigentum war von Beginn an ideologisch motiviert.[47] Nach Ansicht des ANC sollte es dem Staat trotz umfassend geschütztem Privateigentum möglich sein, die in der Bevölkerung durch das Apartheidsregime verursachten sozialen Gegensätze und Unterschiede auszugleichen. Dem Staat sollte es ungebunden ermöglicht werden, durch aktive Gestaltungsmaßnahmen soziale Gerechtigkeit herzustellen. Die NP und die DP maßen dem Eigentum die Bedeutung als eigentliche Quelle individueller Freiheit bei und sahen den Eigentumsschutz als Grundlage des Freiheitsschutzes. Die Eigentumsbildung sollte dem freien Markt überlassen werden und kein Betätigungsfeld für den Staat darstellen. Deshalb seien Enteignungen zum Zweck einer Landreform und eine zu hohe Sozialpflichtigkeit der Eigentümer nicht geboten. Dies schade der Konjunktur des Landes angesichts des internationalen Wirtschaftsdrucks. Der PAC sah kein Bedürfnis, einen besonderen Eigentumsschutz in der Verfassung aufzunehmen, da dem Staat alle Macht zustehen müsse, den vorhandenen Reichtum gerecht unter der Bevölkerung aufzuteilen.

Erst am 7. Mai 1996 - einen Tag vor der Verabschiedung der endgültigen Verfassung - einigten sich die Verhandlungsparteien auf die Verfassung des Art. 25 NT. Hauptstreitpunkt stellte Art. 25 Abs.8 NT dar:

„No provision of this section may impede the state taking legislative and other measures to achieve land, water and related reform, in order to redress the result of past racial discrimination, provided that any departure from provisions of this in accordance with the provisions of section 36 (1).“

46 Vgl. FINANCIAL MAIL vom 09.02.1995, Vol. 139 Nr. 8 S. 44; FINANCIAL MAIL vom 09.02.1995, Vol. 139 Nr. 19 S. 47

47 Vgl. zu dieser Diskussion: H. CORDER / A. DU PLESSIS, Understanding Africa's Transitional Bill of Rights, S. 182-184

Danach darf der Staat zum Ausgleich des Apartheidsunrechts der Vergangenheit Maßnahmen zur Landreform vornehmen und zu diesem Zweck Land enteignen, das auf der Grundlage rassendiskriminierender Gesetze erlassen wurde. In anderen Enteigungsfällen ist der Staat an die in Art. 25 Abs. 2 NT und Art. 36 Abs. 1 NT aufgenommenen Schranken für Grundrechtseingriffe gebunden. In der abschließenden Beratung der Parteien in der verfassunggebenden Versammlung betonte D. OMAR, der damalige Justizminister, daß die Verfassung vom 8. Dezember 1996 das illegitim durch die Apartheidgesetzgebung erlangte Land nicht in legitimes Eigentum umwandeln dürfe und daß das vergangene Unrecht ausgeglichen werden müsse, um den sozialen Frieden zu gewährleisten. Weiterhin betonte er, daß diese Vorschrift keine Grundlage für willkürliche Enteignungen sein werde.

b) Grundrechte der „zweiten und dritten Generation"

Der neue Text enthält neben den klassischen Abwehr-, Freiheitsrechten und Institutionsgarantien, wie sie die meisten westeuropäischen und nordamerikanischen Verfassungen kennen, in den Art. 26 und 27 NT soziale und wirtschaftliche Grundrechte und in Art 24 NT sogar ein Solidaritätsrecht der dritten Generation auf eine Umwelt, die der menschlichen Gesundheit und Wohlbefinden nicht abträglich sein soll. Unter dem Titel Grundrechte der „zweiten und dritten Generation" waren diese Rechte immer schon Gegenstand des Forderungskatalogs des ANC in den Verfassungsverhandlungen.

Nach Art. 26 Abs.1 NT hat jedermann das Recht auf ausreichenden Wohnraum. Der Staat wird dazu angehalten, alle gesetzgeberischen Maßnahmen zu ergreifen, dieses Recht umzusetzen. Im gleichen Umfang ist in Art. 27 NT das Recht eines jeden auf den freien Zugang zur Gesundheitsversorgung, zu Nahrungsmitteln und Wasser und auch das Anrecht auf ausreichende soziale Sicherheit geschützt. Art. 28 NT schützt diese Rechte neben weiteren insbesondere auch für Kinder. Das Erbringen dieser Leistungen sind nach dem Wortlaut der Verfassung jedoch angesichts der finanziellen Lage des Landes an die vorhandenen finanziellen Ressourcen gebunden.

Die Gewährung dieser sozialen Grundrechte ist jedoch nicht vergleichbar mit der Gewährung der klassischen Abwehr- und Freiheitsrechte, die gegenüber dem Staat auch in besonderen Verfahren justitiabel sind. Eine durchsetzbare Verpflichtung zur Umsetzung der sozialen Grundrechte ist vom Verfassungsgeber nicht gewollt, sondern als Staatsziele vor dem Hintergrund der alten Apartheidpolitik aufgenommen worden.[48] Das Verfassungsgericht mißt diesen Rechten

48 State v. Zuma and Others, 1995 (2) SA 642 (CC)

trotzdem eine gewissen Relevanz zu.[49] Nach seiner Ansicht ist die Verfassung prinzipiell zukunftsorientiert, und einige Rechte in der Verfassung beschreiben den Idealzustand, der anzustreben ist. Deshalb besteht kein direkter Anspruch des einzelnen auf Leistungen aus diesen Normen, sondern nur ein Anspruch darauf, daß der Staat angemessene Maßnahmen zur Erreichung dieses Ziels vornimmt. Diese Rechte sollen demnach negativ vor unzulässigen Eingriffen geschützt werden. Sie müssen in erster Linie bei der Gestaltung der Politik und der Rechtsordnung Berücksichtigung finden. Daher handelt es sich bei diesen Rechten nicht um Grundrechte, sondern sie sind in Grundrechtsform gekleidete Staatszielbestimmungen.

Die Aufnahme dieser Staatszielbestimmungen erscheint auf den ersten Blick notwendig und die Ziele auch erstrebenswert. Jedoch ist angesichts fehlender eigener Grundrechtsdogmatik, mangelnder Erfahrung im Umgang mit Grundrechten und den hohen Erwartungen der Bevölkerung an diese Grundsätze fraglich, ob die Aufnahme der sozialen Grundrechte politisch klug war. Abweisungen der die Grundrechte einfordernden Klagen schaden in erster Linie dem Ansehen der Verfassung.[50]

c) Minderheitenschutz

Eine verfassungsrechtliche Bestimmung, die den Minderheitenschutz als solchen garantiert, enthält der neue Text nicht, obwohl eine Minderheitenschutzbestimmung wegen der Polyethnizität der südafrikanischen Bevölkerung unter dem Apartheidsregime während der Mehrparteiengespräche und vor allem in der verfassunggebenden Versammlung einen ständigen Diskussionspunkt bildeten. Die Verfassungsprinzipien XI bis XIV der Übergangsverfassung befassen sich zwar mit dem Schutz der Besonderheiten der unterschiedlichen Bevölkerungsgruppen, dies jedoch nur in Teilbereichen. Die sprachliche und kulturellen Unterschiede allgemein sollten demnach anerkannt werden, bzw. politische Parteien, die eine Minderheit repräsentieren, sollten in die Gesetzgebung in demokratischer Weise einbezogen werden.

Durch den Schutz der verschiedenen Sprachen in Art. 6 NT, den Schutz der freien Religionsausübung, der Erziehung und die Festlegung des Proportionalwahlrechts sind diese Anforderungen umgesetzt worden. Aber keine Verfassungsnorm erwähnt ausdrücklich Rechte für „minority groups". Beispielsweise fehlt eine Vorschrift, die dem Art. 27 IPBPR nachgebildet ist und die die Rechte der verschiedenen Bevölkerungen ausdrücklich schützt.

---

49 Thiagraj Soobramoney v. Minister of Health (Kwazulu-Natal), CCT 3/97 Ziffer 42

50 Dazu J. TECHAU, Südafrika auf dem Weg zum Rechtsstaat?, S. 54

(1) Ablehnung einer Minderheitenschutzklausel vor dem Hintergrund der Apartheitsvergangenheit

Der ANC stand einer Minderheitenschutzklausel von Beginn der Verhandlungen an sehr zurückhaltend gegenüber und lehnte jede Form von Gruppenrechten ab. Er sah die Minderheiten ausreichend durch den Grundrechtskatalog geschützt. Insbesondere die NP trat aber verstärkt für die Aufnahme einer Minderheitenschutzklausel in die Verfassung ein. Die Diskussion wurde stets unter der Prämisse geführt, daß das Apartheidsregime als seitenverkehrtes und damit diskriminierendes Minderheitenschutzsystem errichtet worden war. Somit war die Terminologie Minderheitenschutz bereit negativ vorbelastet.

(2) Die konkrete Ausgestaltung des Minderheitenschutzes

Bereits die Präambel nimmt Bezug auf die Vielschichtigkeit der südafrikanischen Bevölkerung und erkennt daher grundsätzlich die Existenz verschiedener Bevölkerungsgruppen an und trägt der pluralistischen Gesellschaft Südafrikas Rechnung.

Ausdrücklich werden Rechte anerkannter „minority groups“ nicht erwähnt. Einzelne Teilelemente, die sich auf die kulturellen und ethnischen Besonderheiten der verschiedenen Bevölkerungsgruppen beziehen, werden verfassungsrechtlich anerkannt. Im Verfassungstext selbst tritt die Formulierung „minority group“ in dieser Form nicht auf. Geregelt wird dort das Selbstbestimmungsrecht bestimmter Gruppen, die durch ihre Kultur, Religion oder Sprache verbunden sind.

Art. 31 NT erkennt das Recht einzelner Personen dieser Bevölkerungsgruppen, ihre Kultur auszuüben, ihre Religion zu praktizieren, ihre Sprache zu sprechen darüber hinaus Personenvereinigungen oder andere bürgerlich-rechtliche Vereinigungen zu gründen, dort einzutreten oder Mitglied zu sein, als Grundrecht an. Dieses justitiable Recht wird jedoch nach Art. 31 Abs. 2 NT nur in den verfassungsrechtlichen Grenzen gewährt. Mittelbar schützt dieses Grundrecht des Einzelnen aber auch Gruppenrechte. Wenn nämlich das Recht des Einzelnen, am kulturellen Leben seiner Wahl teilzuhaben, geschützt ist, dann muß auch mittelbar die kulturelle Gemeinschaft in ihrer Existenz geschützt werden. Art. 31 NT schützt daher auch die institutionellen Ausprägungen der kulturellen, sprachlichen und religiösen Gemeinschaft.[51]

51 L. Du Plessis, Evaluative Reflection on the Final Text of South Africa's Bill of Rights, S. 283. 303

Als Schutznorm ist weiterhin Art. 6 Abs. 1 NT einzuordnen; dort werden die jetzt elf offiziellen Landessprachen aufgezählt, ihr Gebrauch geschützt und teilweise zwingend für staatliche Stellen vorgeschrieben.

d) Gleichheitssatz

Dem Gleichheitssatz in Art. 9 NT wird, was sich bereits aus seiner Stellung als erstes Grundrecht in der Verfassung zeigt, eine besondere Bedeutung beigemessen. Vorrangiges Ziel der Befreiungsorganisation in der Vergangenheit und Hauptziel aller Parteien während der Mehrparteiengespräche und den Verfassungsverhandlungen lag im gemeinsamen Kampf gegen die alte Apartheidsordnung und die damit verbundene vielschichtige Rassendiskriminierung. Entscheidendes Mittel, die Ungleichbehandlung der unterschiedlichen Bevölkerungsgruppen abzuschaffen und in Zukunft zu unterbinden, war bereits der Gleichbehandlungsgrundsatz im Rahmen des Grundrechtsschutzes in den Verfassungsvorschlägen des ANC und der Übergangsverfassung.

Art. 9 NT gewährleistet die formelle Rechtsgleichheit aller Menschen vor dem Gesetz, garantiert den gleichen Schutz durch die Gesetze und die gleichen Begünstigungen aller Menschen aufgrund der Gesetze. Unmittelbare oder nur mittelbare unfaire Ungleichbehandlung aufgrund von Rasse, Geschlecht, Schwangerschaft, Ehestand, ethnischer oder sozialer Herkunft, Hautfarbe, sexueller Orientierung, Alter, Behinderung, Religion, Gewissen, Glaube, Kultur, Sprache und Geburt sind unzulässig. Bei einer Ungleichbehandlung aufgrund der aufgezählten Eigenschaften wird eine Diskriminierung grundsätzlich vermutet, bis durch ein Gericht ausdrücklich festgestellt wird, daß die vorgenommene Ungleichbehandlung gerechtfertigt ist.

Im Hinblick auf diesen weitreichenden Grundrechtsschutz durch den Gleichheitsgrundsatz in Art. 9 NT scheinen die Maßnahmen zur Förderung ehemals benachteiligter Bevölkerungsgruppen, d.h. der Verwirklichung von „affirmative actions“ problematisch und haben bereits zu weitreichenden Diskussionen geführt. Durch die Einführung von Quoten bei Besetzungen von Stellen in der öffentlichen Verwaltung, leitender Positionen in staatlichen, aber auch privaten Unternehmen oder bei Zulassung von Studenten an Universitäten oder Schülern zu staatliche oder privaten Schulen besteht die Gefahr, daß neue Gegensätze und Rivalitäten zwischen den einzelnen Bevölkerungsgruppen ausbrechen.

2. Einschränkung der Grundrechte

Die Einschränkung von Grundrechten kann gemäß Art. 7 Abs. 3 NT nur unter den Voraussetzungen der Generalklausel des Art. 36 NT oder unter sonst im

Grundrechtskatalog speziell aufgenommenen Voraussetzungen erfolgen.[52] Grundrechte können nach der Generalklausel nur durch ein „law of general application“, d.h. durch ein allgemeines Gesetz eingeschränkt werden.[53] Unter den Begriff „law“ wird im südafrikanischen Verfassungsrecht nicht prinzipiell nur kodifiziertes oder in einem legitimierenden Kodifikationsprozeß erlassenes Recht verstanden, sondern auch ungeschriebenes „indigenous law“. Voraussetzung ist nur, daß es im Unterschied zu Einzelfallgesetzen allgemeine Anwendung findet.[54] Als weitere Voraussetzung schreibt Art. 26 Abs. 1 NT vor, daß die Grundrechtsbeschränkung vernünftig und gerechtfertigt sein soll in einer offenen und demokratischen Gesellschaft , die auf den Grundwerten der Menschenwürde, Gleichheit und Freiheit aufgebaut ist. Einem Verfassungsgerichtsurteil[55] folgend wurde in die Verfassung vom 8. Dezember 1996 ausdrücklich eine umfassende Verhältnismäßigkeitsprüfung vorgeschrieben bei der Grundrechtsbeschränkung. Nach Art. 36 Abs. 1 NT ist eine Einschränkung nur dann vernünftig und gerechtfertigt, wenn alle relevanten Faktoren bei der Abwägung in Betracht gezogen werde. Dazu gehören:

(a) die Natur des Rechts,
(b) die Bedeutung des Einschränkungszwecks,
(c) die Art und Weise und das Ausmaß der Einschränkung,
(d) ein angemessenes Verhältnis zwischen Einschränkung und ihrem Zweck und
(e) das Fehlen einer weniger einschneidenden Einschränkungsmöglichkeit, um das Ziel zu erreichen.

Im Gegensatz zur Übergangsverfassung, Art. 33 Abs. 1 ÜVerf., enthält der neue Verfassungstext aber keine ausdrückliche Bestimmung mehr, die den Kernbereich eines Grundrechtes auf jeden Fall vor staatlichen Eingriffen schützt.[56] Vielmehr wird dieser Schutz des Kernbereichs jetzt in Art. 36 Abs. 1 a NT hinein interpretiert.[57] Wie jedoch der Wesensgehalt eines jeden Grundrechtes zu bestimmen sein wird, ist nach der bisherigen Rechtsprechung des Verfassungsgerichts noch unklar.[58]

---

52 Einen besonderen Gesetzesvorbehalt enthält Art. 25 NT

53 Eine Ähnlichkeit zu Art. 19 Abs. 1 GG ist gegeben.

54 Vgl. H. CORDER / L. DU PLESSIS, Understanding South Africa's Transitional Bill of Rights, S. 82 f., 122 f.

55 CC CASE No. 3/94, S. v. MAKWANYANE AND OTHER, Ziff. 135 ff.

56 Dort war eine Wesensgehaltsgarantie in Sinne von Art. 19 Abs. 2 GG aufgenommen worden. Vgl. z. B. BVerfGE 2, 226, 285

57 Vgl. dazu E. A. SCHMIDT-JORZIG, Die Stellung der Traditional Leaders in der Neuen Südafrikanischen Verfassung, S. 139

58 CC CASE No. 3/94, S. v. MAKWANYANE AND OTHER, Ziff. 132 ff.

Nach Art. 8 Abs. 2 NT wird darüber hinaus die unmittelbare horizontale Wirkung[59] der Grundrechte ausdrücklich verfassungsrechtlich garantiert. Sowohl staatliche Organe als auch natürliche und juristische Personen werden durch den Grundrechtskatalog gebunden. Die Grundrechte wirken daher auch unmittelbar bei Streitigkeiten zwischen natürlichen Personen und müssen von den Gerichten immer direkt berücksichtigt werden.

V. Staatsaufbau

Die Frage der Einordnung der Staatsform, die durch die Verfassung vom 8. Dezember 1996 entstanden ist, kann wie auf der Grundlage der Übergangsverfassung nicht leicht beantwortet werden. Die Frage, ob es sich um einen föderalen Staat im Sinne des klassischen Föderalismus[60] in den Vereinigten Staaten von Amerika, Kanada, oder Deutschland handelt oder aber um einen Einheitsstaat, in dem die meisten Kompetenzen auf nationaler Ebene durch nationale Organe wahrgenommen werden, war von Beginn der Verhandlungen an umstritten. Häufig wurde auch die Bezeichnung „Quasi-Föderalismus" als Charakterisierung der Staatsform gewählt. Zu bedenken ist jedoch, daß es keine allgemeinen Muster, Theorien oder Abgrenzungskriterien eines föderalen Systems von unitarischen System gibt, sondern daß ich nur anhand der konkreten Ausgestaltung vor dem Hintergrund der historischen und politischen Gegebenheiten eine Einordnung möglich sein kann.[61]

1. Gesetzgebungskompetenzen auf nationaler und Provinzebene

Zur Beurteilung des Staatsaufbaus und insbesondere der Beurteilung der Eigenstaatlichkeit der Provinzen ist die Verteilung der Gesetzgebungskompetenzen

---

59 Die Aufnahme dieser Bestimmung in die Verfassung vom 8. Dezember 1996 war lange Zeit umstritten. In Anlehnung an die Rechtsprechung des deutschen Verfassungsgerichts zur mittelbaren Drittwirkung der Grundrechte (BVerfGE 7, 198, 205f.; 73, 261, 269) sollten die Grundrechte nicht nur wie dort mittelbar das Privatrecht prägen, sondern im Verhältnis der Bürger untereinander direkt wirken, so daß sich jeder Bürger direkt auf die verfassungsrechtlich garantierten Grundrechte berufen kann.

60 KIMMINICH, HdbSTR I, § 26 Rdnr. 22; Die Konzeption des Föderalismus geht von der zweifachen Staatlichkeit aus. Der Staat besteht aus der übergreifenden, neu geformten nationalen Ebene und der historisch gewachsenen gliedstaatlichen Ebene. Zentrales Anliegen dieser Organisationsform ist die Hemmung und Balancierung staatlicher Machtausübung durch Aufteilung, Dezentralisierung und gegenseitiger Kontrolle.

61 ISENSEE, HdbStR IV, § 98 Rdnr. 4,

von besonderer Bedeutung. Sie wird darüber hinaus dadurch gesteigert, daß der Übertragung dieser Kompetenzen auch die Exekutivkompetenzen für diesen Bereich folgen, Art. 125 NT.[62]

a) Die Verteilung der Gesetzgebungskompetenzen

Als Generalklausel normiert Art 44 Abs. 1 a NT die Allgemeinzuständigkeit des nationalen Parlaments hinsichtlich aller Restkompetenzen nach Abzug der in den Anhängen 4 und 5 zur Verfassung genannten Gesetzgebungskompetenzen. Zusätzlich werden durch leges speciales zur Klarstellung oder Kompetenzbündelung auf nationalen Ebene teilweise ausdrücklich Kompetenzen zugewiesen.[63]

Die Übertragung der Gesetzgebungskompetenzen auf die Provinzen erfolgt durch ein kompliziertes System. Die Art. 104 i.V.m. den Anhängen 4 und 5 NT, Art. 114, 125 NT beinhalten die Regelung in bezug auf die „Concurrent National and Provincial Legislative Competences" und die „Exclusive Provincial Legislative Competences". Zusätzlich verkompliziert wird dieses System noch durch Teil B der beiden Anhänge zur Verfassung. Dort werden die Regelungsmaterien aufgezählt, bezüglich derer die Provinzen zwar die Kompetenz haben. Es können diese den Selbstverwaltungskörperschaften je nach ihrer Kategorie zur Erfüllung zugewiesen werden. Diese Tätigkeit steht dann allerdings unter der Aufsicht entweder der Provinz oder des Nationalen Parlamentes. Daneben gibt es in der Verfassung noch weitere ausdrückliche Kompetenzen an die nationale Ebene oder die Provinzebene.

Bei der Zuweisung der „Exclusive Provincial Legislative Competences" handelt es sich nicht, wie zu vermuten wäre, um ausschließliche Gesetzgebungskompetenzen im dem Sinne, daß dieser Bereich ausschließlich der Hoheit der Provinzen unterfällt. Dies hätte auch eindeutig CP XXI.2 widersprochen. Dem nationalen Parlament steht vielmehr unter besonderen Voraussetzungen auch in diesem Bereich die Kompetenz zu, Gesetze zu erlassen. Nach der sogenannten „overriding clause" der Art. 44 Abs. 1, Abs.2, 147 Abs. 2 NT kann er nationale Gesetzgeber dann eigene Gesetze erlassen und damit Provinzgesetze verdrängen. Es kann dann erfolgen, wenn es

(a) der Aufrechterhaltung der nationalen Sicherheit,
(b) der wirtschaftlichen Einheit,
(c) dem grundlegenden nationalen Standard,

---

62 CASE CCT 23/96 Certification of the Constitution of South Africa 1996, Ziff. 309

63 CASE CCT 23/96 Certification of the Constitution of South Africa 1996, Ziff. 309, Nach Ansicht des Verfassungsgericht bilden diese positiven Kompetenznormen die Ausnahme, so daß die Gesetzgebungskompetenzen grundsätzlich durch eine Negativbestimmung ermittelt werden sollen.

(d) der Errichtung eines Mindeststandards an Dienstleistungen dient oder

(e) zur Verhinderung unbegründeter Maßnahmen einer Provinz, die für eine andere Provinz oder dem Land als Ganzes nachteilig sind.

Daher ist die Bezeichnung „Exclusive Provincial Legislative Competences" irreführend, es ist vielmehr von einer „relativen Ausschließlichkeit"[64] auszugehen.

Die „Concurrent National and Provincial Legislative Competences" im 4. Anhang der Verfassung lassen sich mit dem deutschen System der Konkurrierenden Gesetzgebungskompetenzen vergleichen. Art. 104 Abs. 5 NT ergänzt diese Regelung und besagt, daß Gesetze nur zu erlassen sind, wenn diese notwendig sind oder mit der effektiven Ausübung der genannten Kompetenzen sachlich zusammenhängen. Art. 146 NT regelt für diesen Bereich die Auflösung möglicher Kompetenzkonflikte zwischen Gesetzen auf nationaler Ebene und Provinzebene. Nationale Gesetze, die einheitlich für das ganze Land gelten, verdrängen nach dieser Regelung die Provinzgesetze, wenn eine der Bedingungen in Art. 146 Abs. 2 und Abs. 3 NT erfüllt sind. Die nationalen Gesetze gehen dann vor,

(a) wenn diese eine Materie betreffen, die nicht effektiv gestaltet werden kann, falls sie von jeder Provinz selbständig geregelt wird, oder

(b) wenn es die nationalen Interessen des gesamten Landes erfordern, daß die betroffenen Materien für das ganze Land geregelt werden, insbesondere die nationalen Gesetze diese Einheitlichkeit durch die Schaffung einheitlicher Normen und Werte, durch die Festlegung von Rahmenbedingung und durch eine einheitliche nationale Politik ermöglichen,

(c) wenn es für die Erhaltung der nationalen Sicherheit, die Erhaltung der wirtschaftlichen Einheit, den Schutz der gemeinsamen Märkte in Bezug auf die Warenverkehrsfreiheit, die Dienstleistungsfreiheit, die Freiheit der Arbeitnehmer und Arbeitgeber, um den Schutz der wirtschaftlichen Aktivitäten zwischen den Provinzen, den Schutz der gleichen Möglichkeiten innerhalb des Staatsdienstes und des gleichen Zugangs zum Staatsdienst und des Umweltschutzes;

(d) wenn es verhindert, daß eine Maßnahme einer einzelnen Provinz sich nachteilig auf die Wirtschaft, die Gesundheits- oder Sicherheitsinteressen einer anderen Provinz oder des Landes auswirkt, oder

(e) wenn die Provinzgesetze die Umsetzung der nationalen Wirtschaftspolitik erschweren.

Nationale Gesetze, die den Vorrang vor den Provinzgesetzen aus den in Art. 146 NT genannten Gründen genießen, bedürfen immer der Zustimmung des

64 E. A. SCHMIDT-JORZIG, Die Stellung der Traditional Leader in der Neuen Südafrikanische Verfassung, S. 183

NCOP. Diese Zustimmung muß in einem Rechtsstreit um den Vorrang eines nationalen Gesetzes immer besonders vom Gericht berücksichtigt werden, Art. 146 Abs. 3 NT.

Festzuhalten bleibt aber, daß die Verteilung der Gesetzgebungskompetenzen zwischen den Provinzen und der nationalen Ebene letztendlich im Streitfall immer auf Art. 146 NT zurückgreifen kann. Deshalb läßt sich im Vergleich zur Übergangsverfassung eine Kompetenzverschiebung zugunsten der nationalen Ebene feststellen.

b) Das Gesetzgebungsverfahren

Hinsichtlich des Gesetzgebungsverfahren auf nationaler Ebene wird neben den verfassungsändernden Gesetzen noch zwischen einfachen Gesetzen, die ausschließlich nationale Angelegenheiten betreffen (Art. 75 NT), und einfachen Gesetzen, die die Provinzinteressen betreffen (Art. 76 NT), unterschieden. Der Unterschied im Verfahren liegt in der Beteiligung des NCOP. Bei Gesetzen gemäß Art. 75 NT hat nur die Nationalversammlung das Gesetzesinitiativrecht. Das NCOP kann nach eigener Beratung und Ablehnung des Gesetzesentwurf und nach erneuter Beratung in der Nationalversammlung mit einfacher Mehrheit überstimmt und sein Einwand zurückgewiesen werden. Bei Gesetzen nach Art.76 NT hat im Gegensatz dazu sowohl die Nationalversammlung als auch das NCOP das Recht, Gesetzesentwürfe einzubringen und dem jeweils anderen Organ zur Beratung und Entschließung vorzulegen. Bei Meinungsverschiedenheiten über den Gesetzesentwurf wird ein Vermittlungsausschuß, der sich aus neun Mitgliedern der Nationalversammlung und einem Vertreter aus jeder Provinz zusammensetzt, über den Gesetzesentwurf beraten und innerhalb vor dreißig Tagen eine Lösung vorzuschlagen. Im weiteren Verfahren besteht ein bedeutender Unterschied zwischen Gesetzen, die die Nationalversammlung eingebracht hat, und den Gesetzesentwürfen des NCOP. Die Gesetzesentwürfe der Nationalversammlung können trotz Ablehnung des NCOP in Kraft treten, wenn bei erneuter Beratung in der Nationalversammlung das Gesetz mit Zweidrittelmehrheit verabschiedet wird, Art 72 NT. Für Gesetzesentwürfe des NCOP, die von der Nationalversammlung abgelehnt werden, gibt es hingegen keine Möglichkeit mehr Geltung zu erlangen. Ein Vermittlungsausschuß wird nicht einberufen.

c) Bewertung

Die Aufteilung der Legislativkompetenzen erfolgt in der Verfassung vom 8. Dezember 1996 lückenlos. Im Vergleich zur Übergangsverfassung läßt sich jedoch eine Machtverlagerung zugunsten des Zentralstaates feststellen. Insbesondere die

Auffangklausel des Art. 146 NT führt zu dieser Verlagerung. Betrachtet man diese Entwicklung und die Kompetenzverteilung zwischen nationaler Ebene und Provinzen, so kann nicht davon gesprochen werden, daß es sich um einen föderalen Staatsaufbau handelt, vielmehr läßt sich die Tendenz hin zu einem unitarischen Staat feststellen.

2. „Co-operative Government“

Nach dem Verfassungstext ergeben sich für die betroffenen Regierungsebenen und staatlichen Organe folgende Handlungsmaximen bei der Ausübung der Kompetenzen auf nationaler und auf Provinzebene (Art. 41 Abs. 1 a-h NT):

a) der Frieden die nationale Einheit und die Unteilbarkeit der Republik sollen geschützt werden;
b) das Wohl des südafrikanischen Volkes soll geschützt werden;
c) eine effektive, durchsichtige, verantwortliche klare Staatstätigkeit soll für die Republik als ganze geschaffen werden;
d) sie sollen sich loyal gegenüber der Verfassung, der Republik und ihrem Volk verhalten;
e) sie müssen den Rang der Verfassung, die verfassungsrechtlich eingesetzten Institutionen, ihre Aufgabe und Kompetenzen auf allen staatlichen Ebenen beachten;
f) sie dürfen sich nicht andere Aufgaben und Kompetenzen als ihnen in der Verfassung zugewiesen worden sind anmaßen;
g) es ist ihnen nur erlaubt, ihre staatlichen Aufgaben und die Kompetenzen in der Form auszuüben, die nicht in die geographische, funktionelle oder institutionelle Integrität einer anderen staatlichen Ebene oder eines anderen staatliche Organs eingreift;
h) sie müssen miteinander in gegenseitigem Vertrauen und mit gutem Glauben zusammenarbeiten, um freundliche Beziehungen untereinander zu schaffen, sich gegenseitige Unterstützung und Beistand leisten, sich gegenseitig informieren und bei Angelegenheiten im allgemeinen Interesse beraten, ihre allgemeinen Tätigkeiten und ihre Gesetzgebung aufeinander abstimmen, alle vereinbarten Verfahren befolgen und rechtliche Verfahren gegeneinander vermeiden.

Allen staatlichen Organen wird darüber hinaus die Pflicht auferlegt, bei Konflikten zwischen den verschiedenen staatlichen Ebenen Verfahren und Mechanismen der kooperativen Zusammenarbeit zu nutzen und Hilfen auszuschöpfen, bevor ein Gericht mit der Lösung des Streites beauftragt wird.[65] Kommt es trotz

---

65 Vgl. zur Zuständigkeit und zum Verfahren vor dem Verfassungsgericht Art. 41 NT

Ausschöpfung aller außergerichtlicher Schlichtungsmöglichkeiten zu einem Gerichtsverfahren vor dem Verfassungsgericht, kann dieses den Rechtsstreit zur erneuten Verhandlung an die staatlichen Organe zurückverweisen, wenn es zu dem Ergebnis kommt, daß sie nicht alle Möglichkeiten der kooperativen Zusammenarbeit, die Art. 41 NT vorsieht, ausgeschöpft haben.

Inwieweit sich konkrete und auch justitiable Rechtspflichten aus diesen Vorschriften ergeben werden, ist für die Zukunft fraglich, da die politischen Spannungen und Konflikte, die bereits in der Vergangenheit hauptsächlich zwischen dem Gesamtstaat und den Provinzen bestanden, auch auf diesem Feld zu lösen sein werden und diese Rechtsnormen vom Gericht eher restriktiv ausgelegt werden. Gerade die Möglichkeit des Verfassungsgerichts, die Streitigkeiten zu den politisch Verantwortlichen zurückzuverweisen, zeigt deutlich den in der Verfassung angelegten Vorrang für die politische Konfliktlösung. Für die Zukunft soll mit dieser Regelung vermieden werden, daß die Konfliktlösung mangels politischer Einigungsfähigkeit auf das Verfassungsgericht abgewälzt wird.

3. Die Exekutive

Das Oberhaupt der Verwaltung ist der aus den Reihen der Nationalversammlung gewählte Staatspräsident. Er ist Staatsoberhaupt, Regierungschef und Oberbefehlshaber der Streitkräfte in einer Person, Art. 83, 91 NT. Er hat sein Amt so auszuüben, daß er die Verfassung als höchstes Gesetz des Landes verteidigt und ihr den notwendigen Respekt verschafft. Weiterhin hat er die Einheit der Nation zu schützen. Er bekleidet daher auch das bedeutendste Amt im Staatssystem. Diesen umfangreichen Machtbefugnissen des Staatspräsidenten ist aber eine umfassende parlamentarische Kontrolle entgegengesetzt. Mit einer Mehrheit von zwei Drittel aller Mitglieder der Nationalversammlung kann der Präsident aus seinem Amt enthoben werden unter den Voraussetzungen, daß
(a) er durch sein Verhalten die Verfassung ernsthaft verletzt hat;
(b) er sich ein ernsthaftes Fehlverhalten vorwerfen lassen muß oder
(c) er unfähig ist, sein Amt auszuüben.

Der Staatspräsident arbeitet mit dem Kabinett zusammen. Das Kabinett und die einzelnen Minister sind im Hinblick auf die Ausübung ihrer Aufgaben und Befugnisse dem Parlament gegenüber verantwortlich. Das Kabinett kann ebenso wie der Präsident durch ein Mißtrauensvotum des Amtes enthoben werden.

Neben der durch die institutionelle Balance der Gewalten geschaffenen Kontrollmöglichkeiten soll der „Public Protector“ die Verwaltungstätigkeit beaufsichtigen. Ihm sind Untersuchungs-, Vermittlungs- und Beratungsaufgaben, die er in völliger Unabhängigkeit und Unparteilichkeit ausüben soll, übertragen, um Mißstände in der Regierung und der öffentlichen Verwaltung aufzudecken.

Die Exekutivkompetenzen auf nationaler und auf provinzieller Ebene richten sich grundsätzlich nach der Verteilung der Gesetzgebungskompetenzen. Die Verwaltungsbehörden der Provinzen führen die Provinzgesetze aus, die nationalen Verwaltungsbehörden die Gesetze des nationalen Parlaments, Art.125 Abs. 2 und Art. 85 Abs. 2 NT. Daneben werden der Regierung noch durch andere Normen der Verfassung Exekutivkompetenzen ausdrücklich zugewiesen, die sich in erster Linie auf die Entwicklung und Durchführung der nationalen Politik beziehen.[66]

In den Provinzen sind die Exekutivkompetenzen den Premierministern zugewiesen, die zusammen mit den Mitgliedern des Provinzkabinetts zusammenarbeiten. Sie führen die Provinzgesetze aus und sind auch für den Vollzug nationaler Gesetze zuständig, wenn die Gesetze Materien betreffen, die im 4. oder 5. Anhang zur Verfassung enthalten sind, soweit die Verfassung oder das Parlamentsgesetz nichts anderes bestimmt.[67] Weiterhin können den Provinzen von der Nationalversammlung Verwaltungskompetenzen übertragen werden.[68]

4. Die Judikative

In Art. 165 Abs. 1 NT wird den Gerichten die rechtsprechende Gewalt im Staat übertragen. Die Verfassung schreibt die Gliederung der Gerichtsbarkeit in Fachgerichte und die Anzahl der Instanzen vor. Das Gerichtssystem und der Instanzenzug, der unter der Verfassung von 1983 bestanden und mit der Übergangsverfassung beibehalten wurde, werden auch durch die Verfassung vom 8. Dezember 1996 rein organisatorisch unter der alten Bezeichnung übernommen. Auch bleibt das 1994 eingerichtete Verfassungsgericht weiterhin bestehen, seine Kompetenzen ändern sich jedoch in einigen Bereichen im Vergleich zu den Aufgaben unter der Übergangsverfassung.[69]

---

66 Vgl. Art. 100, 132 NT

67 Vgl. Art. 125 Abs. 2 b NT

68 Vgl. Art. 125 Abs. 2 c NT

69 Seit 1910 war die Judikative hierarchisch in zwei Instanzen gegliedert. Die Gerichtsbarkeit war zwischen dem Supreme Court of South Africa - das nationale Berufungsgericht an der Spitze - und den Magistrate Courts, den Gerichten erster Instanz, aufgespalten. Die Übergangsverfassung übernahm grundsätzlich diesen Gerichtsaufbau, erweiterte ihn um das Verfassungsgericht, das in allen verfassungsrechtlichen Streitigkeiten die letzte gerichtliche Instanz geworden ist. Es steht auf der gleichen Ebene wie das Gericht zweiter Instanz. Ihre Rechtswege sind deutlich voneinander abgrenzbar. Nur in verfassungsrechtlichen Angelegenheiten kann das Verfassungsgericht entscheiden. Das Gericht zweiter Instanz ist für alle anderen Streitigkeiten letztinstanzlich zuständig.

Ein entscheidender Bruch mit dem System der Vergangenheit stellt Art. 166 NT dar, der in Verbindung mit Art. 16 des 6. Anhangs zur Verfassung zu lesen ist. Unter der Verfassung vom 8. Dezember 1996 wird es das Verfassungsgericht und den Supreme Court of Appeal geben. Der Supreme Court of Appeal ist tatsächlich ein umbenanntes Gericht zweiter Instanz. Aber es erlangt unter der neuen Verfassung eine neue, eigenständige verfassungsrechtliche Rechtspersönlichkeit. Sowohl das Verfassungsgericht als auch der Supreme Court of Appeal sind landesweit zuständig. Beide Gerichte sind Gerichte zweiter Instanz. Jedoch besitzt das Verfassungsgericht in den in der Verfassung vorgesehenen Streitigkeiten die erstinstanzlich Zuständigkeit.

Der Aufbau des Verfassungsgerichts wurde durch die Verfassung vom 8. Dezember 1996 nicht geändert. Weiterhin setzt es sich aus einem Präsidenten, seinem Stellvertreter und neun weiteren Verfassungsrichtern zusammen.[70] Als Verfassungsrichter können nur südafrikanische Staatsbürger tätig werden. Ernannt werden der Präsident des Verfassungsgerichts und sein Stellvertreter durch den Staatspräsidenten, nach der Konsultation mit der „Judicial Service Commission“ und Vertretern aller in der Nationalversammlung repräsentierter Parteien. Die neun weiteren Richter werden in einem besonders festgelegten Verfahren ermittelt.[71]

Erstinstanzlich ist das Verfassungsgericht für folgende Fälle ausschließlich zuständig:

- für Streitigkeiten zwischen Organen des Staates auf provinzieller und nationaler Ebene, wenn es um ihren verfassungsrechtlichen Status, ihre Aufgaben oder Kompetenzen aus der Verfassung geht;
- für Streitigkeiten um die Verfassungsmäßigkeit jedes nationalen Gesetzes und jedes Provinzgesetzes, wenn der Staatspräsident die Gesetze für verfassungswidrig hält,
- für Anträge gemäß Art. 80 oder 122 NT, d.h. Anträge entweder eines Drittels der Mitglieder der Nationalversammlung, die ein nationales Gesetz für verfassungswidrig halten, oder Anträge von mindestens 20% der Mitglieder eines Provinzparlaments, das ein Provinzgesetz für verfassungswidrig hält;
- Streitigkeiten über die Verfassungsmäßigkeit verfassungsändernder Gesetze,
- Streitigkeiten über die Verletzung verfassungsmäßiger Pflichten des Parlaments oder des Präsidenten oder
- die Ausfertigung der Provinzverfassungen.

---

70 Art. 167 Abs. 1 NT

71 Vgl. Art. 174 Abs. 3 NT, Die Judicial Sevice Commission legt dem Staatspräsidenten eine Kandidatenliste mit zwölf Vorschlägen vor. Der Präsident wählt neun Personen aus und muß eine Begründung für die Annahme oder Ablehnung geben. Mindestens vier der Verfassungsrichter müssen zu diesem Zeitpunkt bereits als Richter tätig sein. Sie werden für jeweils eine Amtszeit von 12 Jahren gewählt.

Weiter kann jedes andere Gericht verfassungsrechtliche Streitigkeiten anderer Art entscheiden, d.h. die Verfassung auslegen, anwenden und auch Gesetze und andere Maßnahmen für verfassungswidrig erklären. Das Verfassungsgericht ist bei diesen Streitigkeiten gemäß Art. 167 Abs. 5 NT zur Überprüfung dieser Urteile die zweite Instanz und entscheidet dann bindend für alle anderen Gerichte, Art. 165 Abs. 5 NT.

Die Individualbeschwerde ist nach der neuen Verfassung nur noch in begrenztem Umfang direkt vor dem Verfassungsgericht möglich.[72] Nur bei Vorliegen einer Streitigkeit, die im Interesse der Gerechtigkeit liegt, ist der direkte Zugang zum Verfassungsgericht möglich.[73] Es steht im Ermessen des Verfassungsgerichts, ob auf einen derartigen Antrag einzugehen ist, Art. 167 Abs. 6 NT. Grundrechtsverstöße können sonst nur inzident in anderen Verfahren geltend gemacht werden.

5. Die Finanzverfassung

Das 13. Kapitel der Verfassung regelt die Finanzordnung des Staates. Danach ist die Steuerhoheit auf die nationale und auf provinzielle Ebene verteilt. Aus Art. 228 NT ergibt sich, daß auf nationaler Ebene Einkommen- und Mehrwertsteuer erhoben werden. Ein Parlamentsgesetz bestimmt, wie die Steuern zwischen nationaler, provinzieller und kommunaler Ebene zu verteilen sind. Nach Art. 214 Abs. 2 NT ist unter anderem das nationale Interesse sowie die finanzielle Leistungsfähigkeit der Provinzen und der Selbstverwaltungskörperschaften, die Entwicklung der Provinzen und der Selbstverwaltungskörperschaften und der unterschiedliche wirtschaftliche Entwicklungsstand der Provinzen zu berücksichtigen.

Art. 228 NT enthält eine Regelungen über eine Steuerhoheit der Provinzen, wonach diese ermächtigt sind, Steuern außer Einkommen-, Mehrwert und Grundsteuern zu erheben. Weitere Ermächtigungen und die konkrete Ausgestaltung, welche Steuern sie erheben könne, erfolgen durch ein in Zukunft noch zu erlassendes nationales Gesetz. Art. 229 NT bestimmt, daß die Gemeinden Grunderwerbsteuern erheben dürfen.

---

72 Unter der Übergangsverfassung konnte noch jeder eine Klage zum Verfassungsgericht erheben, der sich in seinen Grundrechten verletzt fühlte.

73 Western Cape Lelgislative v. The President of the RSA, 1994 (4) SA 877 CC; Nach Ansicht des Verfassungsgerichts existiert dieses Interesse der Gerechtigkeit dort, „where the matter was of such urgency or otherwise of such public importance that the delay necessitated by the use of ordinary procedures would prejudice the public interest or would prejudice the end of justice and government.“

Als unabhängige und unparteiische Kommission ist die „Financial and Fiscal Commission" in den vorgesehenen Fällen zu hören, und gegebenenfalls können dort bei Streitigkeiten Empfehlungen eingeholt werden. Damit ist eine von der nationalen Ebene unabhängige finanzielle Grundausstattung der Provinzen verfassungsrechtlich abgesichert.

6. Die Kommunalverwaltung

Die Verfassung vom 8. Dezember 1996 sieht auf der dritten Ebene der vertikalen Funktionsverteilung das „local government" vor. Es wird dort generell festgelegt, daß die Angelegenheiten auf örtlicher Ebene wahrgenommen werden sollen. Eine eigene Tradition bezüglich des „local government" in der Geschichte des Landes gibt es nicht, da die Kommunalverwaltung früher von der „supremacy of parliament" unterworfen war. Erst in der Übergangsverfassung von 1994 wurde erstmals die Struktur des „local government" genauer konkretisiert. Weil durch die fundamentale Umstrukturierung auf kommunaler Ebene die Änderungen weitreichender als erwarte waren, wurde später ein einfaches Gesetz zur Ergänzung erlassen.[74] Die Verfassung vom 8. Dezember 1996 und die zwei Zertifikationsurteile[75] des südafrikanischen Verfassungsgerichts geben der Kommunalverwaltung eine genauere Struktur.

Die Gestaltung der kommunalen Ebene in Südafrika bildete von Beginn der Verhandlungen an bis zum Oktober des Jahres 1996 einen ständigen Diskussionspunkt - anfangs zwischen den Verhandlungsparteien der MPNP, dann in der verfassunggebenden Versammlung und später zwischen dieser und dem Verfassungsgericht.[76] Der Grund für diese Streitigkeiten bestand in den Vorgaben der CPs X, XXIV und XXV und den unterschiedlichen Interpretationen ihrer Inhalte.

---

74 Local Government Transition Act 209 of 1993

75 CASE CCT 23/96 Certification of the Constitution of South Africa 1996, Ziff. 301 f.; Das Verfassungsgericht stellte fest, daß das 7. Kapitel in der ersten Fassung der Verfassung vom 8. Dezember 1996 gegen CP XXIV verstößt, weil kein hinreichender gesetzlicher Rahmen für die Ausformung des „local government" bestand, gegen CP XXV, weil keine geeigneten Finanzkompetenzen bezüglich der verschiedenen Felder des „local government" festgelegt wurden und gegen CP X, weil kein förmliches Legislativverfahren vorgesehen war, das die Satzungsorgane einzuhalten haben.
CASE CCT 37/96 Certification of the Constitution of South Africa 1996, Ziff. 77 ff.; Ohne Diskussion wurde in diesem zweiten Urteil die Vereinbarkeit mit CP X und CP XXV festgestellt. Die Vereinbarkeit mit CP XXIV wurde letztlich auch anerkannt, weil die Normierung drei verschiederner Kategorien von Gemeinden als ausreichend angesehen wurde.

76 Vgl. auch N. ISMAIL/ Ch. J.J. MPHAISA, The Final Constitution of South Africa: Local Government, Provisions and their implication, S. 1 ff.

Gemäß der Vorgaben der CPs sollte der endgültige Verfassungstext in erster Linie einen „Rahmen für die kommunale Kompetenzen, Aufgaben und Strukturen" schaffen. Insbesondere sollte die Verfassung vom 8. Dezember 1996 verschiedene Formen bzw. Kategorien für die kommunale Selbstverwaltung vorsehen, so daß eine Wahlmöglichkeit zwischen verschiedenen Verwaltungseinheiten, die mit einem unterschiedlichen Maß an Aufgaben, Kompetenzen, besonders auch Kompetenzen zur Erhebung von Steuern, Abgaben und Gebühren ausgestattet sind, besteht.

Außerdem herrschten Meinungsverschiedenheit über die Einbeziehung der „Traditional Leader", die ihre Macht aufgrund der Stammesrechts ausübten, in das demokratisch legitimierte Modell der Gemeinden.

Das siebte Kapitel des neuen Verfassungstextes regelt den Bereich der kommunalen Selbstverwaltung. Danach ist auf kommunaler Ebene die Bildung von Gemeinden verschiedener Kategorien mit begrenzten und teilweise unterschiedlichen Autonomiebefugnissen vorgesehen. Die Gemeinden sind als Teile der Provinzen nicht selbständig, Art. 139 Abs. 1 NT. Ihre Aufgaben und Befugnisse ergeben sich aus Teil B des 4. Anhangs und Teil B des 5. Anhangs zur Verfassung; weitere Aufgaben können ihnen durch den nationalen Gesetzgeber oder aufgrund von Provinzgesetzen übertragen werden. Es handelt sich in erster Linier um die Bereitstellung von Dienstleistungen zur Aufrechterhaltung des Wohlergehens der in ihrem Bereich lebenden Personen, wozu vor allem der Bereich der kommunalen Gas- und Elektrizitätsversorgung, die kommunale Gesundheitsdienst, der kommunalen Wasserversorgung und der Zugang zu sanitären Anlagen gehören. Insoweit besitzen die Kommunen das Recht ihre Angelegenheiten durch Satzungen zu regeln. Soweit es zur Erfüllung der Aufgaben notwendig ist, sind die Kommunen ermächtigt, Gemeindeabgaben und Gebühren für Gemeindedienste zu erheben, Art. 229 NT. Die Steuerhoheit bezüglich der Steuern für Grundbesitz und der Gebühren für Gemeindedienste steht ihnen originär zu; daneben können ihnen durch nationale Gesetze weitere Befugnisse zur Steuererhebung übertragen werden

Die Verfassung vom 8. Dezember 1996 gibt dem „local government" jetzt die nach den CPs notwendige Struktur. Es wird dort in Art. 155 NT zwischen drei verschiedenen Kategorien des „local government" unterschieden. Das Verfassungsgericht bezeichnet die Gemeinden der Kategorie A als „selfstanding municipalities"[77], die die ausschließliche legislative und exekutive Gewalt in ihrem Gemeindegebiet ausüben.[78] Die Kategorie C bezeichnet Gebietskörperschaften,

---

77 CASE CCT 37/96 Certification of the Constitution of South Africa 1996, Ziff. 77

78 Diese können im Vergleich zum deutschen System den kreisfreien Gemeinden gleichgestellt werde.

mit legislativer und exekutiver Gewalt über mehrere Kommunen.[79] Kategorie B bezeichnet die Kommunen, die innerhalb der Gebietskörperschaft C liegen und ihre legislativen und exekutiven Kompetenzen mit diesen teilen.[80]

Der Gemeinderat wird nach demokratischen Grundsätzen von den Bürgern des jeweiligen Gebietes für einen Zeitraum von höchstens vier Jahren gewählt, Art. 159 NT. Entweder wird, was durch nationale Gesetze noch konkret bestimmt werden muß, auf kommunaler Ebene nach dem Verhältniswahlrecht oder nach Wahlbezirken gewählt. Nach der Überarbeitung des Verfassungstextes wurde jetzt auch für die Geschäftsordnung, insbesondere für die Entscheidungsverfahren innerhalb des Gemeinderates Vorgaben aufgenommen. Gemäß Art. 160 NT ist der Gemeinderat das Hauptorgan der Kommunen und nur ihm ist der Erlaß von Satzungen, Billigung der Haushaltssatzungen, die Erhebung von Steuer, Gebühren und Beiträgen und die Aufnahme von Krediten vorbehalten. Entscheidungen in diesem Bereich können nur mit der Mehrheit der Stimmen aller Gemeinderatsmitglieder getroffen werden. Innerhalb ihrer Verwaltungshoheit wird dem Gemeinderat auch die Rechtsetzungskompetenz zugesprochen, Art. 156 Abs. 2 NT.

Das Recht traditioneller Führer, ex officio einen Platz in den kommunalen Gremien einzunehmen, wie es in der Übergangsverfassung bestimmt war gibt es nicht mehr. Es wurde ersatzlos gestrichen.

B. Bewertung

Die Verfassung vom 8. Dezember 1996 steht in rechtsstaatlicher und demokratischer Tradition zur Übergangsverfassung. Wie sich aber beim Vergleich zur Übergangsverfassung zeigt, haben sich bei der Verfassung vom 8. Dezember 1996 viel häufiger die Ideen des ANC durchgesetzt. Der Kompromißcharakter der Übergangsverfassung ist insbesondere bei den von Beginn an streitigen Themen verlorengegangen. Der Forderung des ANC nach einer starken Zentralgewalt im Gegensatz zu einem föderalen Staatsaufbau wurde nachgegeben, die Schaffung einer dauerhafte Regierung der nationalen Einheit, wie die NP es forderte, wurde abgelehnt, der Schutz des Eigentums wurde nach den Vorstellungen des ANC gestaltet und zuletzt wurde - wie der ANC es beabsichtigte - das Streikrecht der Arbeitnehmer verfassungsrechtlich abgesichert, das Aussperrungsrecht der Arbeitgeber jedoch nicht.

---

79 Diese sind mit Gemeindeverbänden zu vergleichen.

80 Nach dem deutschen System wären sie als kreisangehörige Gemeinden zu bezeichnen.

Trotzdem bietet die Verfassung vom 8. Dezember 1996 eine gute Grundlage für ein friedliches und demokratisches Südafrika. Vieles wird jedoch davon abhängen, wieviel Akzeptanz und Respekt diesem Dokument seitens der Bevölkerung entgegengebracht wird.

Zusammenfassung und Ausblick

Der Übergangsprozeß in Südafrika vom alten Apartheidssystem hin zu einer demokratischen Staatsverfassung wurde mit dem Inkrafttreten der Verfassung vom 8. Dezember 1996 am 4. Februar 1997, deren Gültigkeit zuvor im Urteil des Verfassungsgerichts vom 5. Dezember 1996 bestätigt wurde, formell abgeschlossen. Der vollzogene Wandel in Südafrika gibt Anlaß, die Gültigkeit der Lehre von der verfassunggebenden Gewalt in der Verfassungspraxis am Ende des zwanzigsten Jahrhunderts zu überprüfen. Nach dieser Lehre ist allein das Volk als Verfassungsgeber legitimiert und dabei von rechtlichen Bindungen freigestellt. Die praktische Realisierung der Verfassungsentstehung läßt sich in unterschiedlichen Verfahren beobachten. Der Bruch mit bis dahin bekannten Regeln der Verfassungsentstehung hatte in Südafrika zu Kritik geführt.

In der Praxis erweist sich die Ausarbeitung der Verfassung vom 8. Dezember 1996 in Südafrika als sehr komplexer Vorgang. Wesentliche inhaltliche Grundlagen für die spätere endgültige Verfassung legten Vertreter aller Bevölkerungsgruppen schon vor den ersten freien Wahlen während der Verhandlungen zur Übergangsverfassung („Multi-Party-Negotiation-Process“) 1993 und 1994 fest. Ausdruck des gefundenen Kompromisses waren die „Constitutional Principles“, die dem zukünftigen Südafrika seinen verfassungsrechtlichen Rahmen geben sollten. Die Besonderheit der Übergangsverfassung und der Übergangszeit bestand darin, daß die verfassunggebende Versammlung an die darin formulierten Grundsätze gebunden war. Das Verfassungsgericht hatte darüber hinaus sogar über ihre Einhaltung bei der Ausformulierung der späteren Verfassung vom 8. Dezember 1996 zu wachen. Bereits während der Übergangszeit war das Verfassungsgericht tätig und machte in seiner Rechtsprechung unter der Übergangsverfassung deutlich, in welcher Form es einzelne Verfassungsbestimmungen in Zukunft auslegen wird, so daß die verfassunggebende Versammlung insoweit bei der Ausformulierung der Verfassung an gewisse Vorgaben faktisch gebunden war.

Das Forum des „Multi-Party-Negotiation-Process“ erfüllte somit schon Aufgaben eines verfassunggebenden Gremiums. In einer politischen Ausnahmesituation einigte man sich in einem besonderen Verfahren auf Verfassungsinhalte. Gleichwohl ist die später eingesetzte verfassunggebende Versammlung nicht nur als verfassungsändernder Gesetzgeber zu verstehen. Denn auch sie war eine außerordentliche Versammlung. Aus den „Constitutional Principles“ ergaben sich nur partielle Bindungen. Wichtige verfassungsrechtliche Grundentscheidungen, beispielsweise über die Staatsform oder den Inhalt einiger Grundrechte, mußten hingegen noch von der verfassunggebenden Versammlung getroffen werden. Treffend kann die Rolle der verfassunggebenden Versammlung in diesem zweistufigen Verfahren mit dem Begriff „pouvoir constituant constitueé" bezeichnet werden. Das Verfassungsgericht hatte als oberstes Staatsorgan unter der Übergangsverfassung keine verfassunggebende Funktion übernommen. Dadurch daß es von Beginn an an den Verhandlungen beteiligt war und seinen Standpunkt zu inhaltlichen Fragen deutlich gemacht hatte, hat es insoweit Hilfe bei der konkreten Ausformulierung des Verfassungstextes geleistet. Die inhaltlichen Entscheidungen hatte die verfassunggebende Versammlung zu treffen.

Als problematisch wurde dieses zweistufige Verfahren deshalb angesehen, weil mit den alten Regeln der Verfassungsgebung gebrochen wurde. Die besondere Legitimation der Verfassung war fraglich, weil die Mitglieder des „Multi-Party-Negotiation-Process" nicht durch freie Wahlen der Gesamtbevölkerung legitimiert worden waren. Dieses Legitimationsdefizit setzte sich trotz der dargestellten Bindungen der verfassunggebenden Versammlung allerdings nicht in der späteren endgültigen Verfassung fort. Die Lehre von der verfassunggebenden Gewalt bezeichnet kein festgelegtes Verfahren und keine besonderen Tatsachen als Voraussetzung für die Legitimation der Verfassungsentstehung. Vielmehr umfaßt diese Lehre eine komplexe Legitimationsfigur. Aus diesem Grund ist für die Beurteilung der Verfassungsentstehung die Besonderheit der politischen und gesellschaftlichen Lage eines Landes zu berücksichtigen und kann auch der Grund für ein ungewöhnliches Verfahren sein. In Südafrika wurde der Grundstein für eine Legitimation der Verfassung durch die Beteiligung aller wesentlichen Bevölkerungsgruppen an den Verhandlungen des „Multi-Party-Negotiation-Process" gelegt. Die Entsendung durch die einzelnen Bevölkerungsgruppen war zu diesem Zeitpunkt die einzige Möglichkeit das Verfahren voranzutreiben. Durch die späteren Ereignisse - die hohe Wahlbeteiligung bei den Wahlen 1994 mit Erfolgen für die die Verfassung bejahenden Parteien, die allgemeine Akzeptanz der Verfassung durch die Staatssorgane und das Volk - bestätigte sich im Nachhinein nach der Ausarbeitung der Verfassungsprinzipien 1993/94 ein breiter Konsens in der Bevölkerung auch über die „Constitutional Principles" des „Multi-Party-Negotiation-Process". Damit wurde das anfänglich bestehende Legitimationsdefizit geheilt.

Dieses Vorgehen in einem zweistufigen Verfahren mit festgelegten Bindungen für die unterschiedlichen Gremien entsprach nicht der Theorie, die in der Lehre von der verfassunggebenden Gewalt des Volkes entwickelt wurde. In Südafrika war zwar im Voraus ein Verfahren normiert worden, welches Vorgaben für die weitere Verfassungsgebung machte. Die völlige Freiheit der verfassunggebenden Gewalt – wie sie von der Lehre von der verfassunggebenden Gewalt behauptet wird – stellt sich somit gerade angesichts der Entwicklung in Südafrika als eine Fiktion der Französischen Revolution heraus, die sich in der Praxis des ausgehenden Jahrtausends als Illusion erweist. Jede Gegenwart ist „Noterbin" der Vergangenheit; aus vorangegangenen Entwicklungen ergeben sich auch für die Verfassungsgebung faktische Bindungen. Insbesondere dann, wenn kein homogenes Staatsvolk existiert, kann es darüber hinaus zu Spannungsverhältnissen zwischen Volkssouveränität, Individual- und Gruppenrechten kommen. Gerade in Südafrika, das über kein homogenes Staatsvolk verfügt, sondern dessen Bevölkerung aus einer Vielzahl verschiedener ethnischer Gruppen besteht, hat die Verfassung die Aufgabe einen Ausgleich zwischen Individual- und Gruppeninteresses herbeizuführen. Ebenso war das Verfahren der Entstehung der Verfassung durch Aushandlungsmodelle und Kompromißbildung gekennzeichnet; die verbindlich im Voraus der verfassunggebenden Versammlung auferlegten Beschränkungen sollten die Kompromißbildung absichern. Auch rechtliche Bindungen – zum Beispiel an internationale Menschenrechte – bestehen im Rahmen der modernen Völkerrechtsgemeinschaft und beschränken die ursprünglich angenommene Freiheit der verfassunggebenden Gewalt.

Bemerkenswert ist, daß der Verfassungswandel in Südafrika ursprünglich durch die alte Regierung mit dem Ziel angestrebt wurde, einen von ihr institutionalisierten Übergang ohne maßgebliche Beteiligung der Oppositionsparteien im Wege einer einfachen Verfassungsreform durchzuführen. Nach ersten inoffiziellen Gesprächen und Verhandlungen zeigte sich deutlich, daß die autoritäre Apartheidregierung durch die angekündigten Reformen und Verhandlungen in eine Krise geraten war, in der die Gefahr eines Umsturzes und eines Bürgerkrieges bestand. Daher sah sich die alte Regierung gezwungen, mit Hilfe der Opposition über die Modalitäten der Machtübergabe zu verhandeln. Zu diesem Zeitpunkt stand fest, daß einen neue freiheitliche und demokratische Verfassung die Grundlage für das neue Südafrika sein sollte. Lediglich die Form des Übergangs war strittig.

Deutlich wird bei der Gesamtbetrachtung, daß auch ein von einer nicht demokratischen Regierung initiierter Wandlungsprozeß zu einer auf dem Willen des Volkes beruhenden Verfassung führen kann. Ein solches durch „Transición" erreichtes politisches System muß nicht weniger demokratisch legitimiert sein als eine nach einer Revolution neu formierten Verfassungsordnung. Die Entwicklung in Südafrika wurde insoweit zwar durch die alte nicht vom gesamten Staatsvolk legitimierten Regierung in Gang gesetzt, ihr Ergebnis, die neue und endgültige Verfassung vom 8. Dezember 1996, stellt sich gleichwohl als Ergebnis des freien Willensbildungsprozesses des gesamten südafrikanischen Volkes dar.

Die Verfassungsgebung ist ein Prozeß, in dem sich eine Vielzahl von gegenteiligen Interesse, Zielen, Werten, Überzeugungen und Erwartungen verschiedener Menschen, gesellschaftlicher oder verschiedener ethnischer Gruppen gegenüberstehen, an dessen Ende ein grundlegender Konsens aller steht und die Stabilität der Verfassung gewährleisten soll. Durch ein tatsächlich frei und ohne rechtliche Bindungen entscheidendes Gremium kann dieser Konsens am ausgehenden zwanzigsten Jahrhundert kaum noch erreicht werden. Viel zu groß sind die Spannungen die regelmäßig zwischen dem Staatsvolk und den innerhalb des Staatsvolkes existierenden Bevölkerungsgruppen und ihren Interessen bestehen. Diese Entwicklung hat zur Abkehr von den alten traditionellen Regeln der Verfassungsgebung geführt. Der Aushandlungscharakter des Entstehungsverfahrens und der Kompromißcharakter der Verfassung stehen im Vordergrund, wenn es gilt, eine stabile Verfassungsordnung zu schaffen. Deshalb muß in jedem konkreten Einzelfall unter Beachtung der landesspezifischen Besonderheiten die Entwicklung der Verfassung als einheitlicher Komplex betrachtet und der Beurteilung der Legitimation zugrunde gelegt werden.

Beispielgebend kann die Entwicklung in Südafrika für zukünftige Demokratisierungsprozesse sein, vor allem wegen der breiten Informationspolitik und die damit verbundene Beteiligung des gesamten Volkes während aller Phasen der Verfassungsverhandlungen. Dadurch konnte erreicht werden, daß nicht nur eine stabile Verfassungsordnung entstanden ist, sondern auch innerhalb der Bevölkerung nach dem Umsturz eines autoritären Regimes eine demokratische Rechtskultur im Aufbau begriffen ist.

Die aus dem Prinzip der Volkssouveränität folgende Lehre von der verfassunggebenden Gewalt des Volkes hat aber heute nicht ausgedient. Auch heute sind Beurteilungsmaßstäbe für den Prozeß einer Verfassungsentstehung notwendig und können nur auf der Basis dieser Lehre gelöst werden. Jedoch sind neue Verfahren und Regeln der Verfassungsgebung unter den heutigen Bedingungen weiterzuentwickeln und notwendigerweise anzuerkennen. Die von SIEYÈS entwickelte Lehre von der verfassunggebenden Gewalt des Volkes beantwortet nur die Frage nach der ursprünglichen Legitimität. In der Verfassungsgeschichte und -praxis hat sich aber gezeigt, daß die ursprüngliche Legitimität nicht Garant für eine stabile und dauerhafte Ordnung ist. Vielmehr muß neben der historischen demokratischen Zustimmung zu einer Verfassung die kontinuierliche Mitwirkung des Volkes erfolgen. Denn die Konsensbildung ist nicht nur für einen historischen Moment notwendig, sondern die Bürger sind stets - während und nach der Verfassungsgebung - aktiv zu beteiligen, weil die Grundprinzipien der Verfassung in der gesellschaftlichen Auseinandersetzung wachsen müssen, wenn eine dauerhafte und stabile Ordnung erreicht werden soll.

Constitutional Principles

I. The Constitution of South Africa shall provide for the establishment of one sovereign state, a common South Africa citizenship and a democratic system of government committed to achieving equality between men and women and people of all races.

II. Everyone shall enjoy all universally accepted fundamental rights, freedoms and civil liberties, which shall provide for and protected by entrenched and justiable provisionsin the Constitution, which shall be drafted after having given due consideration to *inter alia* the fundamental rights contained in Chapter 3 of this Constitution.

III. The Constitution shall prohibit racial, gender and all other forms of discrimination and shall promote racial and gender equality and national unity.

IV. The Constitution shall be the supreme law of the land. It shall be binding on all organs of state at all levels of government.

V. The legal system shall ensure the equality of all before the law and an equitable legal process. Equality before the law includes laws, programmes or activities that have as their object the amelioration of the conditions of the disadvantaged, including those disadvantaged on the ground of race, colour or gender.

VI. There shall be a seperation of powers between the legislature, executive and judicary, with appropriate checks and balances to ensure accountability, responsiveness and openness.

VII. The judiciary shall be appropriately qualified, independent and impartial and shall have the power and jurisdiction to safeguard and enforce the Constitution and all fundamental rights.

VIII. There shall be representative government embracing multiparty democracy, regular elections, universal adult suffrage, a common voters' roll, and, in general, proportional representation.

IX. Provision shall be made for freedom of information so that there can be open and accountable administration at all levels of government.

X. Formal legislative procedure shall be adhered to by legislative organs at all levels of government.

XI. The diversity of language and culture shall be acknowledged and protected, and conditions for their promotion shall be encouraged.

XII. Collectve rights of self-determination in forming, joining and maintaining organs of civil society, including linguistic, cultural and religious associations, shall, on the basis of non discrimination and free association, be recognised and protected.

XIII. *1.* The institution, status and role of traditional leadership, according to indigenous law, shall be recognised and protected in the Constitution. Indigenous law, like common law, shall be recognised and applied by the courts, subject to the fundamental rights contained in the Constitution and to legislation dealing specifically therewith.

2. Provisions in a provincial constitution relating to the institution, role, authority and status of a traditional monarch shall be recognised and protected in the Constitution.

XIV. Provision shall be made for participation of minority political parties in the legislative process in a manner consistent with democracy.

XV. Amendments to the Constitution shall require special procedures involving special majorities.

XVI. Government shall be structured at national, provincial and local levels.

XVII. At each level of government there shall be democratic representation. This principle shall not derogate from the provisions of Principle

XVIII. *1.* The powers and functions of the national government and provincial governments *and the boundaries of the provinces* shall be defined in the Constitution.

2. The powers and functions of the provinces defined in the Constitution, including the competence of a provincial legislature to adopt a constitution for its province, shall not be substantially less than or substantially inferior to those provided for in this Constitution.

3. The boundaries of the provinces shall be the same as those established in terms of this Constitution.

4. Amendments to the Constitution which alter the powers, boundaries, functions or institutions of provinces shall in additon to any other procedure specified in the Constitution for constitutional amendments, require the approval of the legislatures of the provinces, alternatively, if there is such a chamber, a two third majority of a chamber of Parliament composed of provincial representatives, and if the amendments concerns specific provinces only, the approval of the legislature of such provinces will also be need.

5. Provision shall be made for obtaining the views of a provincial legislature concerning all constitutional amendments regarding it powers, boundaries and functions.

XIX. The powers and functions at the national and provincial levels of government shall include exclusive and concurrent powers as well as the power to perform functions for other level of government on an agency or delegation basis.

XX. Each level of government shall have appropriate and adequate legislative and executive powers and functions that will enable each level to function effectively. The allocation of powers between different levels of government shall be made on a basis which is conductive to financial viability at each level of government and to effective public administration, which recognises the need for and promotes national unity and legitimate provincial autonomy and acknowledges cultural diversity.

XXI. The following criteria shall be applied in the allocation of powers to the national government and the provincial governments:

1. The level at which decisions can be taken most effectively in respect of the quality and rendering of sevices, shall be the level responsible and accountable for the quality and the rendering of the sevices, and such level shall accordingly beempowered by the Constitution to do so.
2. Where it is necessary for the maintenance of essential national standards, for the establishment of minimum standards required for the rendering of services, the maintenance of economic unity, the maintenance of national security or the prevention of unreasonable action taken by one province which is prejudical to the interest of another province or the country as a whole, the Constitution shall empower thenational government to intervene through legislation or such other steps as may be defined in the Constitution.
3. Where there is necessity for South Africa to speak with one voice, or to act as a single entity - in particular in relation to other states - powers should be allocated to the national government.
4. Where uniformity across the nation is required for a particular function, the legislative power over that function should be allocated predominantly, if not wholy, to the national government.
5. The determination of national economic policies, and the power to promote interprovincial commerce and to protect the common market in respect of the mobility of goods, services, capital and labour, should be allocated to the national government.
6. Provincial governments shall have powers, either exclusively or concurrently with the national government, *inter alia* -
   (a) for the purpose of provincial planning and development and the rendering of services; and

(b) in respect of aspects of government dealing with specific socio-economic and cultural needs and the general well-being of the inhabitants of the province.

7. Where mutual co-operation is essential or desirable or where it is required to guarantee equality of opportunity or access to a government service, the powers should be allocated concurrently to the national government and the provincial government.
8. The Constitution shall specify how powers which are not specially located in the Constitution to the national government or to a provincial government, shall be dealt with as necessary ancillary powers pertaining to the powers and function allocated either to the national government or provincial governments.

XXII. The national government shall not exercise its powers (exclusive or concurrent) so as to encroach upon the geographical, functional or institutional integrity of the provinces.

XXIII. In the event of a dispute concerning the legislative powers allocated by the Constitution concurrently to the national government and provincial government which cannot be resolved by a court on a construction of the Constitution, precedence shall be given to the legislative powers of the national government.

XXIV. A framework for local government powers, function and structures shall be set out in the Constitution. The comprehensive powers, functions and other features of local government shall be set out in parliamentary statutes or in provincial legislation or in both.

XXV. The national government and provincial governments shall have fiscal powers and functions which will be defined in the Constitution. The framework for local government referred to in Principle XXIV shall make provision for appropriate fiscal powers and functions for different categories of local government.

XXVI. Each level of government shall have a constitutional right to an equitable share of revenue collected nationally so as to ensure that provinces and local governments are able to provide basic services and execute the functions allocated to them.

XXVII. A Financial and Fiscal Commission, in which each province shall be represented, shall recommend equitable fiscal and finacial allocation to the account the national interest, economic disparities between the provinces as well as the population and developmental needs, administrative responsibilitites and other legitimate interests of each of the provinces.

XXVIII. Notwithstanding the provisions of Principle XXII, the right of employers and he employees to join and form employer organisations and trade unions and to engage in collective bargaining shall be recognised and protected. Provisions shall be made that every person shall have the right to fair labour practices.

XXIX. The independence and impartiality of a Public Sevice Commission, a Reserve Bank, an Auditor-General and a Public Protector shall be provided for and safeguarded by the Constitution in the interest of the maintenance of effective public finance and administration and a high standard of professional ethics in the public service.

XXX.
1. There shall be an efficient, non-partisan, career-orientated public service broadly representative of the South African community, functioning on a basis of fairness and which shall serve all members or the public in an unbiased and impartial manner, and shall, in the exercise of its powers and in compliance with its duties, locally execute the lawfull policies of the government of the day in the perfomance of its administrative functions. The structure and functioning of the public service, as well as the terms and conditions of service of its members, shall be regulated by law.
2. Every member of the public service shall be entitled to a fair pension.

XXXI. Every member of the security forces (police, military and intelligence), and the security forces as a whole, shall be required to perform their functions and exercise their powers in the national interest and shall be prohibited from futhering or prejudicing party political inteerst.

XXXII. The Constitution shall provide that until 30 April 1999 the national executive shall be composed and shall function substancially in the manner provided for in Chapter 6 of this Constitution.

XXXIII. The Constitution shall provide that, unless Parliament is dissolved on account of its passing vote of no-confidence in the Cabinet, no national election shall be held before 30 April 1999.

XXIV.
1. The Schedule and the recognition therin of the right of the South African people as a whole self-determination, shall not be construed as precluding, within the framework of the said right, constitutional provision for a notion of right to self-determination by any community sharing a common cultural and language heritage, wether in a territorial entity within the Republic or in any other recognised way.

2. The constitution may give expression to any particular form of self-determination provided there is substantial proven support within the community concerned for such a form of self-determination.
3. *If a territorial entity referred to in paragraph 1 is established in terms of this Constitution before the new constitutional text is adopted, the new Constitution shall entrench the continuation of such territorial entity, including its structures, powers and functions.*

Literaturverzeichnis

Ansprenger, Franz: Südafrika. Eine Geschichte von Freiheitskämpfen Mannheim 1994. *Zitiert*: F. Ansprenger. Südafrika. Eine Geschichte von Freiheitskämpfen. S.

Aristoteles: Politik. Übersetzt und herausgegeben von Olof Gigon. 6. Auflage. München 1986. *Zitiert*: Aristoteles. Politik, S.

Badura, Peter: Verfassung und Verfassungsgesetz. In: Festschrift für Ulrich Scheuner. S. 19-39 Bonn 1973. *Zitiert*: P. Badura. Verfassung und Verfassungsgesetz. S.

–: Verfassung. In: Evangelisches Staatslexikon. Hermann Kunst, Roman Herzog, Wilhelm Schnemelcher (Hrsg.). S. 2708 ff. 2.. vollständig neu bearbeitete und erweiterte Auflage. Bonn 1975. *Zitiert*: P. Badura, Verfassung, S.

Behrens, Michael / von Rimscha, Robert: Gute Hoffnung am Kap? Das neue Südafrika. Zürich, Osnabrück 1994. *Zitiert*: M. Behrens, / R. von Rimscha. Gute Hoffnung am Kap?, S.

Berber, Friedrich: Lehrbuch des Völkerrechts. Band 1. München 1973. *Zitiert*: F. Berber. Lehrbuch des Völkerrechts, S.

Blumenwitz, Dieter: Braucht Deutschland eine neues Grundgesetz? Verfassunggebende und verfassungsändernde Gewalt nach dem Einigungsvertrag. In: Zeitschrift für Politik 1992, S. 1 ff. *Zitiert*: D. Blumenwitz, Braucht Deutschland eine neues Grundgesetz? In: ZfP 1992, S.

Böckenförde, Ernst-Wolfgang: Demokratie als Verfassungsprinzip. In: Josef Isensee / Paul Kirchhof (Hrsg.). Handbuch des Staatsrechts, Band I, § 22. *Zitiert*: E.-W. Böckenförde, Demokratie als Verfassungsprinzip, HbdStR, Band I, § 22 Rn.

–: Die verfassunggebende Gewalt des Volkes - Ein Grenzbegriff des Verfassungsrechts. 1986. *Zitiert*: E.-W. Böckenförde, Die verfassunggebende Gewalt des Volkes, S.

Böhnke, T. H. / Heese, H. F.: Die neue Übergangsverfassung der Republik Südafrika. Ende der Apartheid - Aufbruch in die Demokratie. In: VRÜ 27 1994, 491 ff. *Zitiert*: T. H. Böhnke / H. F. Hesse, Die neue Übergangsverfassung der Republik Südafrika, S.

Boulle, L J.: South Africa and the Consociational Option: A Constitutional Analysis. Cape Town 1984. *Zitiert*: L. J. Boulle, South Africa and the Consociational Option, S.

Brugger, Winfried: Menschenrechte im modernen Staat. In: Archiv des öffentlichen Rechts (AöR) 114 (1989), S. 537 ff. *Zitiert*: W. Brugger, Menschenrechte im modernen Staat, in: AöR 114 (1989), S.

Bryde, Brun-Otto: Verfassungsentwicklung - Stabilität und Dynamik im Verfassungsrecht der Bundesrepublik Deutschland. Baden Baden 1982. *Zitiert*: B.-O. Bryde, Verfassungsentwicklung, S.

Butler, Andrew S.: The 1996 Constitution Bill, its Amending Power, and the Constitutional Principiles. In: KAS Occasional Papers, S. 1 ff. Johannesburg RSA July 1996. *Zitiert*: A. S. Butler, The 1996 Constitution Bill, its Amending Power, and the Constitutional Principiles, S.

Carpenter, Gretchen: Introduction to South African Constitutional Law. Durban 1987. *Zitiert*: G. Carpenter, Introduction to South African Constitutional Law, S.

Corder, Hugh: Towards a South African Constitution. In: The Modern Law Review 57 (1994), S. 491 ff. *Zitiert*: H. Corder, Towards a South African Constitution, in: The Modern Law Review 57 (1994), S.

–: South Africa'a Transitional Constitution: Ist Design and Implementation. In: Public Law, Summer 1996, S.291 ff. *Zitiert*: H. Corder, South Africa'a Transitional Constitution, in: Public Law, Summer 1996, S.

Corder, Hugh / Du Plessis, Lourens: Understanding South Africa's Transitional Bill of Rights. Cape Town 1994. *Zitiert*: H. Corder / A. Du Plessis, Understanding South Africa's Transitional Bill of Rights, S.

Dahrendorf, Ralf: Transitions: Politics, Economics, and Liberty. In: 13 The Washington Quaterly No. 3, 134 ff. *Zitiert*: R. Dahrendorf, Transitions: Politics, Economics, and Liberty, S.

Davenport, T. R. H.: South Africa, A Modern History. Johannesburg 1987. *Zitiert*: T. R. H., Davenport, South Africa, A Modern History, S.

Davidson, Alex / Strand, Per: The Path to Democracy. A Background to the Constitutional Negotiation in South Africa. Uppsala 1993. *Zitiert*: A. Davidson / P. Strand, The Path to Democracy, S.

Devenish, George E.: The Nature and Scope of the Constitutional Act of 1983. In: Georg Ress (Hrsg.) Verfassungsreform in Südafrika und Verfassunggebung für Namibia / Südwestafrika. *Zitiert*: G. E. Devenish, The Nature and Scope of the Constitutional Act of 1983, S.

Dreier, Horst: Grenzen demokratischer Freiheit im Verfassungsstaat. In: JZ 1994, S. 741 ff. *Zitiert*: H. Dreier, Grenzen demokratischer Freiheit im Verfassungsstaat, in: JZ 1994

Dreier, Horst / Hoffmann, Hasso: Repräsentation, Mehrheitsprinzip und Minderheitenschutz. In: Verfassungsrechtliche Perspektiven, Hofmann, Hasso Hrsg.

Berlin 1994. *Zitiert*: H. Hofmann / H. Dreier, Repräsentation, Mehrheitsprinzip und Minderheitenschutz, S.
Dugard, John R.: Human Rights and the South African Legal Order. Princton 1978. *Zitiert*: J. R. Dugard, Human Rights and the South African Legal Order, S.
Ehmke, H: Grenzen der Verfassungsänderung. Ort 1953. *Zitiert*: H. Ehmke, Grenzen der Verfassungsänderung, S.
Eloff, Theuns: The Process of Giving Birth. In: Birth of a Constitution, B. de Villiers (Hrsg.), S. 12 ff. *Zitiert*: Th. Eloff, The Process of Giving Birth. In: Birth of a Constitution, B. de Villiers (Hrsg.), S.
Engel, Ulf: Parlamentswahlen in Südafrika. In: Verfassung und Recht in Übersee (VRÜ) 27 (1994), S. 447 ff. *Zitiert*: U. Engel, Parlamentswahlen in Südafrika, S.
Erasmus, Gerhard: The new constitutional Dispensation. In Politikon: The South African Journal of Political Studies. Vol. 21 (1994) S. 5-19. *Zitiert*: G. Erasmus, The new constitutional Dispensation, in Politikon Vol. 21 (1994), S.
Fiedler, Wilfried: Die deutsche Revolution von 1989. In: Josef Isensee / Paul Kirchhof (Hrsg.). Handbuch des Staatsrechts, Band VIII Die Einheit Deutschlands - Entwicklung und Grundlagen -, § 184. *Zitiert*: W. Fiedler, Die deutsche Revolution von 1989, HbdStR Band VIII, § 184 Rn.
–: Zur rechtlichen Bewältigung von Revolutionen und Umbrüchen in der staatlichen Entwicklung Deutschlands. In: Der Staat 31 1992, S. 436 ff. *Zitiert*: W. Fiedler, Zur rechtlichen Bewältigung von Revolutionen und Umbrüchen in der staatlichen Entwicklung Deutschlands, S.
Fischer, J.: Geschichte Südafrikas. München 1990. *Zitiert*: J. Fischer , Geschichte Südafrikas, S.
Friedman, Steven: The long journey, South Africa's quest for a negotiated settlement. Braamfontain 1993. *Zitiert*: S. Friedman, The long journey, S.
Giliomee, Hermann: The Last Trek? Afrikaners in Transition to Democracy. In: Peace, Politics and Violence in the New South Africa, Normann Etherington (Hrsg.), S. 29 ff. *Zitiert*: H. Giliomee, The Last Trek? Afrikaners in Transition to Democracy, in: Peace, Politics and Violence in the New South Africa, Normann Etherington (Hrsg.), S.
Ginwala, Frene: Into and Out of CODESA Negotiation: The View of the ANC. In: Peace, Politics and Violence in the New South Africa, Normann Etherington (Hrsg.), S. 1ff. *Zitiert*: F. Ginwala, Into and Out of CODESA Negotiation: The View of the ANC, in: Peace, Politics and Violence in the New South Africa, Normann Etherington (Hrsg.), S.

Häberle, Peter: Die verfassunggebende Gewalt des Volkes im Verfassungsstaat - eine vergleichende Textstufenanalyse. In: Archiv des öffentlichen Rechts (AöR) 112 (1987), S. 54 ff. *Zitiert*: P. Häberle, Die verfassunggebende Gewalt des Volkes im Verfassungsstaat; in: AöR 112 (1987), S.

–: Verfassungsentwicklung in Osteuropa - aus der Sicht der Rechtsphilosophie und der Verfassungslehre. In: Archiv des öffentlichen Rechts (AöR) 117 (1992), S. 54 ff. *Zitiert*: P. Häberle, Verfassungsentwicklung in Osteuropa - aus der Sicht der Rechtsphilosophie und der Verfassungslehre; in: AöR 117 (1992), S.

–: Verfassungslehre als Kulturwissenschaft. 2. stark erweiterte Auflage. Berlin 1998. *Zitiert*: P. Häberle, Verfassungslehre als Kulturwissenschaft, S.

J. Hatchard: Towards Majority Rule in South Africa: The Transitional Executive Council. JAL 37 1993, S. 206 ff. *Zitiert*: J. Hatchard, Towards Majority Rule in South Africa: The Transitional Executive Council, S.

Heckel, Martin: Die Legitimation des Grundgestzes durch das deutsche Volk. In: Josef Isensee / Paul Kirchhof (Hrsg.). Handbuch des Staatsrechts, Band VIII Die Einheit Deutschalnds - Entwicklung und Grundlagen -, § 193. *Zitiert*: M. Heckel, Die Legitimation des Grundgestzes durch das deutsche Volk, HbdStR Band VIII, § 197 Rn.

Heese, Hans Friedrich / Böhnke, Thomas H.: Die neue Übergangsverfassung der Republik Südafrika. Ende der Apartheid - Aufbruch in die Demokratie. In: Verfassung und Recht in Übersee (VRÜ) 27 (1994), 491 ff. *Zitiert*: T. H. Böhnke / H. F. Hesse, Die neue Übergangsverfassung der Republik Südafrika, In: VRÜ 27(1994), S.

Heller, Hermann: Staatslehre. Leiden 1934. *Zitiert*: H. Heller, Staatslehre, S.

Henke, Wilhelm: Das Ende der Revolution und die verfassunggebende Gewalt des Volkes, in: Der Staat 31 (1992), S. 265 ff. *Zitiert*: W. Henke, Das Ende der Revolution und die verfassunggebende Gewalt des Volkes, in: Der Staat 31 (1992), S.

Herzog, Roman: Allgemeine Staatslehre. Frankfurt am Main 1971. *Zitiert*: R. Herzog, Allgemeine Staatslehre, S.

Hesse, Konrad: Grundzüge des Verfassungsrechts der Bundesrepublik Deutschland. 20. Auflage. Heidelberg 1995. *Zitiert*: K. Hesse, Grundzüge des Verfassungsrechts, S.

Hillgruber, Christian / Kempen, Bernhard: Das Selbstbestimmungsrecht des deutschen Volkes und der Teso-Beschluß des Bundesverfassungsgerichts. In: Recht in Ost und West (ROW) 1989 S. 327 ff. *Zitiert*: C. Hillgruber / B. Kempen, Das Selbstbestimmungsrecht des deutschen Volkes und der Teso-Beschluß des Bundesverfassungsgerichts, in: ROW 1989, S.

Hoffmann, Hasso: Zur Idee des Staatsgrundgesetzes. in: Recht - Politik - Verfassung, S. 261 ff. 1986. *Zitiert*: H. Hofmann, Zur Idee des Staatsgrundgesetzes, S.

Hoffmann, Hasso: Repräsentation. 2. Auflage. 1990. *Zitiert*: H. Hofmann, Repräsentation, S.

Hoffmann, Hasso / Dreier, Horst: Repräsentation, Mehrheitsprinzip und Minderheitenschutz. In: Verfassungsrechtliche Perspektiven, Hofmann, Hasso (Hrsg.). Berlin 1994. *Zitiert*: H. Hofmann / H. Dreier, Repräsentation, Mehrheitsprinzip und Minderheitenschutz, S.

Horn, Hannelore: Die Revolution in der DDR von 1989: Prototyp oder Sonderfall? In: Aussenpolitik 1993, S. 55 ff. *Zitiert*: H. Horn, Die Revolution in der DDR von 1989: Prototyp oder Sonderfall ?, in: Aussenpolitik, 1993, S.

Hough, M. / Du Plessis, A.: Selected Documents and commentaries on negotiations and constitutional development in the Republic of South Africa: 1989-1994. Pretoria 1994. *Zitiert*: M. Hough, / A. Du Plessis, Selected Documents and commentaries on negotiations and constitutional development in the RSA, S.

Hillgruber, Christian / Kempen, Bernhard: Das Selbstbestimmungsrecht des deutschen Volkes und der Teso-Beschluß des Bundesverfassungsgerichts. In: Recht in Ost und West (ROW) 1989 S. 327 ff. *Zitiert*: C. Hillgruber / B. Kempen, Das Selbstbestimmungsrecht des deutschen Volkes und der Teso-Beschluß des Bundesverfassungsgerichts, in: ROW 1989, S.

Isensee, Josef: Das Volk als Grund der Verfassung: Mythos und Relevanz der Lehre der verfassunggebenden Gewalt. Vorträge / Nordrhein-Westfälische Akademie der Wissenschaft: Geisteswissenschaft; G 334. Opladen 1995. *Zitiert*: J. Isensee, Das Volk als Grund der Verfassung, S.

–: Staat und Verfassung. In. Josef Isensee / Paul Kirchhof (Hrsg.). Handbuch des Staatsrechts, Band I, § 13, 1987. *Zitiert*: J. Isensee, Staat und Verfassung, HbdStR, Band I, § 13 Rn.

Jellinek, Georg: Allgemeine Staatslehre. 3. Auflage, unveränderter Nachdruck des 5. Neudrucks der 3. Auflage. 1966 Geldern. *Zitiert*: G. Jellinek, Allgemeine Staatslehre, S.

Kägi, Werner: Die Verfassung als rechtliche Grundordnung des Staates. 1945. Zitiert: W. Kägi, Die Verfassung als rechtliche Grundordnung des Staates, S.

–: Die Verfassung als rechtliche Grundordnung des Gemeinwesens. 1945. *Zitiert*:W. Kägi, Die Verfassung als rechtliche Grundordnung des Gemeinwesens, S.

Karpen, Ulrich: Südafrika auf dem Wege zu einer demokratisch-rechtsstaatlichen Verfassung. In: Jahrbuch des Öffentlichen Rechts (JÖR), Neue Folge, Band 44 (1996) S. 609 ff. *Zitiert*: U. Karpen, Südafrika auf dem Wege zu einer demokratisch-rechtsstaatlichen Verfassung, JÖR Band 44 (1996), S.

Kelsen, Hans: Reine Rechtslehre. Berlin 1925. *Zitiert*: H. Kelsen, Reine Rechtslehre.

–: Allgemeine Staatslehre. Berlin 1925. *Zitiert*: H. Kelsen, Allgemeine Staatslehre

Kempen, Berhard: Grundgesetz oder neue deutsche Verfassung. in: Neue Juristische Wochenschrift (NJW) 1991, S. 964 ff. *Zitiert*: B. Kempen, Grundgesetz oder neue deutsche Verfassung, in: NJW 1991, S.

–: Das Selbstbestimmungsrecht des deutschen Volkes und der Teso-Beschluß des Bundesverfassungsgerichts. In: Recht in Ost und West (ROW) 1989 S. 327 ff. *Zitiert*: C. Hillgruber / B. Kempen, Das Selbstbestimmungsrecht des deutschen Volkes und der Teso-Beschluß des Bundesverfassungsgerichts, in: ROW 1989, S.

Kendall-Louw, Frances / Louw, Leon (Hrsg.): Let the People Govern. Johannesburg 1989. *Zitiert*: F. Kendall-Louw, / L. Louw, Let the People Govern, S.

Kimminich, Otto: Rechtscharakter und Inhalt des Selbstbestimmungsrechts. In: D. Blumenwitz / B. Meisner (Hrsg.). Das Selbstbestimmungsrecht der Völker und die deutsche Frage, S. 37 ff. Köln 1984. *Zitiert*: O. Kimminich, Rechtscharakter und Inhalt des Selbstbestimmungsrechts, S.

Kirchhof, Paul: Die Identität der Verfassung in ihren unabänderlichen Inhalten. In. Josef Isensee / Paul Kirchhof (Hrsg.). Handbuch des Staatsrechts, Band I Grundlagen von Staat und Verfassung, § 19, 1987. *Zitiert*: P. Kirchhof, Die Identität der Verfassung in ihren unabänderlichen Inhalten, HbdStR, Band I, § 19, Rn.

Klein, Hans H.: Verfassungskontinuität im revolutionären Umbruch ? Die Verfassung der DDR zwischen dem 7. Oktober 1989 und dem 3. Oktober 1990. In: Festschrift für Peter Lerche zum 65. Geburtstag, Wege und Verfahren des Verfassungslebens, (Hrsg.) Peter Badura und Rupert Scholz. München 1993. *Zitiert*: H. H. Klein, Verfassungskontinuität im revolutionären Umbruch ?, S.

de Klerk, Willem: The Process of Political Negotiation: 1990-1993. in: Birth of a Constitution, B. de Villiers (Hrsg.). *Zitiert*: W. de Klerk, The Process of Political Negotiation: 1990-1993, in: Birth of a Constitution, B. de Villiers (Hrsg.), S.

Köhler, Michael: Begriff der freiheitlichen Rechtsverfassung. In: Rechtstheorie 27 (1995), S. 387-399. *Zitiert*: M. Köhler, Begriff der freiheitlichen Rechtsverfassung, in: Rechtstheorie 27 (1995), S.

Kriele, Martin: Einführung in die Staatslehre - die geschichtliche Legitimitätsgrundlage des demokratischen Verfassungsstaates. 3. um ein Nachwort erweiterte Auflage. 1988 Opladen. *Zitiert*: M. Kriele, Einführung in die Staatslehre, S.

Loewenstein, Karl: Verfassungsrecht und Verfassungspraxis in den Vereinigten Staaten. 1959 Berlin, Göttingen, Heidelberg. *Zitiert*: K. Loewenstein, Verfassungsrecht und Verfassungspraxis in den Vereinigten Staaten, S.

Lücke, J.: Grundrechte in einer neuen südafrikanischen Verfassung. in: Zeischrift für ausländisches und öffentliches Recht (ZaöRV) 52 (1992), S. 70ff. *Zitiert*: J. Lücke, Grundrechte in einer neuen südafrikanischen Verfassung, in: ZaöRV 52 (1992) , S.

Marais, D.: Constituional Development of South Africa. Johannesburg 1985. *Zitiert*: D. Marais, Constituional Development of South Africa, S.

Murswiek, Dietrich: Die verfassunggebende Gewalt nach dem Grundgesetz der Bundesrepublik Deutschland. Berlin 1978. *Zitiert*: D. Murswiek, Die verfassunggebende Gewalt nach dem GG der BRD, S.

–: Offensives und defensives Selbstbestimmungsrecht. In: Der Staat 23 (1984) S. 523 ff. *Zitiert* D. Murswiek, Offensives und defensives Selbstbestimmungsrecht, Der Staat 23 (1984), S.

–: Maastricht und der Pouvoir Constituant, Zur Bedeutung der verfassunggebenden Gewalt im Prozeß der europäischen Intergration. In: Der Staat 32 (1993) S. 161 ff. *Zitiert*: D. Murswiek, Maastricht und der Pouvoir Constituant, Zur Bedeutung der verfassunggebenden Gewalt im Prozeß der europäischen Intergration, in. Der Staat 23 (1984), S.

Olivier, Pierre: Constitutionalism and the New South African Constitution. In: Birth of a Constitution, B. de Villiers (Hrsg.), S. 50 ff. *Zitiert*: P. Olivier, Constitutionalism and the New South African Constitution in: Birth of a Constitution, B. de Villiers (Hrsg.), S.

Ossenbühl, Fritz: Verwaltungvorschriften und Grundgesetz. 1968 Gehlen. *Zitiert*: F. Ossenbühl, Verwaltungvorschriften und Grundgesetz, S.

Pippan, Christian: Südafrikas Verfassungswandel im Zeichen von Demokratie und Rechtsstaatlichkeit. In: Zeitschrift für ausländisches und öffentliches Recht (ZaöRV) (1995) S. 993 ff. *Zitiert*: Ch. Pippan, Südafrikas Verfassungswandel, in: ZaöRV 1995, S.

Du Plessis, / A. Hough, M.: Selected Documents and commentaries on negotiations and constitutional development in the Republic of South Africa: 1989-1994. Pretoria 1994. *Zitiert*: M. Hough, / A. Du Plessis, Selected Documents and commentaries on negotiations and constitutional development in the RSA, S.

Du Plessis, / Corder, Hugh: Understanding South Africa's Transitional Bill of Rights. 1994. *Zitiert*: H. Corder / A. Du Plessis, Understanding South Africa's Transitional Bill of Rights, S.

Du Plessis, Lourens M.: Evaluative Reflections on th Final Text of South Africa' Bill of Rights. In: Stellenbosch Law Report 1996, 3 ff. *Zitiert*: L. M. Du Plessis, Evaluative Reflections on th Final Text of South Africa' Bill of Rights, in: Stell LR 1996 S.

Pretorius, J.L.: South Africa's New Constitution. In: Jahrbuch des Öffentlichen Rechts der Gegenwart (JÖR) Band 33 (1984), S. 517ff. *Zitiert*: J. L. Pretorius, South Africa's New Constitution, in: JÖR 33 (1984), S.

Preuß, Ulrich K.: Der Begriff der Verfassung und ihre Beziehung zur Politik. In: Zum Begriff der Verfassung - Die Ordnung des Politischen - Ulrich K. Preuß (Hrsg.). Frankfurt am Main 1994. *Zitiert*: U.K. Preuß, Der Begriff der Verfassung und ihre Beziehung zur Politik, S.

Steiner, Udo: Verfassunggebung und verfassunggebende Gewalt des Volkes, Diss. Jur. Berlin 1966. *Zitiert*: U. Steiner, Verfassunggebung und verfassunggebende Gewalt des Volkes, S.

Techau, Jan: Südafrika auf dem Weg zum Rechtsstaat? In: Das neue Südafrika - Das Ende einer Illusion, Hrsg.: Ulrike Schuhmacher. Frankfurt am Main 1997. *Zitiert*: J. Techau, Südafrika auf dem Weg zum Rechtsstaat?, S:

–: Revolution, Fortschritt und Verfassung. Zu einem neuen Verfassungsverständnis. 1990. *Zitiert*: U. K. Preuß, Revolution, Fortschritt und Verfassung, S.

von Rimscha, Robert / Behrens, Michael: Gute Hoffnung am Kap? Das neue Südafrika. Osnabrück 1994. *Zitiert*: M. Behrens, / R. von Rimscha, Gute Hoffnung am Kap?, S.

von der Ropp, Klaus: Die neue Verfassung der Republik Südafrika - von Westminster nach Southminster. In: Verfassung und Recht in Übersee (VRÜ) 1984 S. 194 ff. *Zitiert*: K. von der Ropp, Die neue Verfassung der Republik Südafrika, in: VRÜ 1984, S.

–: Perspektiven der unvollendeten Revolution in Südafrika. In: Albrecht Zunker (Hrsg.), Weltordnung oder Chaos? Beiträge zur internationalen Politik. In: Festschrift zum 75. Geburtstag von Prof. Dr. Klaus Ritter. Baden-Baden 1993. *Zitiert*: K. von der Ropp, Perspektiven der unvollendeten Revolution in Südafrika, S.

Rousseau, Jean-Jaques: Der Gesellschaftsvertrag (Contact social). Ins Deutsche übertragen und eingeleitet von Fritz Roepke. 2. durchgesehene Auflage. *Zitiert*: J. J. Rousseau, Contract social, S.

Schidt- Jortzig, Edzard A.: Die Stellung der Traditional Leders in der Neuen Südafrikanischen Verfassung. Eine Untersuchung unter besonderer Berücksichtigung deutscher Verfassungsdogmatik. *Zitiert*: E. A. Schmidt-Jortzig, Die Stellung der Traditional in der Neuen Südafrikanischen Verfassung, S.

Schmitt, Carl: Verfassungslehre. Bonn 1928. Unveränderter Neudruck 1954. *Zitiert*: C. Schmitt, Verfassungslehre, S.

Schneider, Hans-Peter: Die verfassunggebende Gewalt. in. Josef Isensee / Paul Kirchhof (Hrsg.). Handbuch des Staatsrechts, Band VII Normativität und Schutz der Verfassung, § 158, 1992. *Zitiert*: H.-P. Schneider, Die verfassunggebende Gewalt, HbdStR, Band VII § 158 Rn.

–: Revolution. In: Evangelisches Staatslexikon, Hermann Kunst, Roman Herzog, Wilhelm Schnemelcher Hrsg., S. 2201 ff. 2., vollständig neu bearbeitete und erweiterte Auflage. Bonn 1975. *Zitiert*: H.-P. Schneider, Revolution, S.

–: Die bundesstaatliche Ordnung im vereinigten Deutschland. in: NJW 1991 S. 2448 ff. *Zitiert*: H.-P. Schneider, Die bundesstaatliche Ordnung im vereinigten Deutschland, in: NJW 1991, S.

Smend, Rudolf: Verfassung und Verfassungsrecht (1928). In: Staatsrechtliche Abhandlungen und andere Aufsätze, S. 136 ff. 2. erweiterte Auflage. 1968 Berlin. *Zitiert*: R. Smend, Verfassung und Verfassungsrecht, S.

Sparks, Allister: Tomorrow is Another Country, The Inside Story of South Africa's Negotiated Revolution. Johannesburg 1994. *Zitiert*: A. Sparks, Tomorrow is Another Country, S.

Steiner, Udo: Verfassunggebung und verfassunggebende Gewalt des Volkes. Berlin 1966. *Zitiert*: U. Steiner, Verfassunggebung und verfassunggebende Gewalt des Volkes, S.

Steinmeyer, Bernadette: Verfassungsrechtliche Ansätze zur Neuordnung der multirassischen Gesellschaft Südafrikas unter Berücksichtigung des Vorschlages des Verhandlungsforums der „Kwa Zulu/Natal Indaba". 1991. Frankfurt am Main. *Zitiert*: B. Steinmeyer, Verfassungsrechtliche Ansätze, S.

Strand, Per / Davidson, Alex: The Path to Democracy. A Background to the Constitutional Negotiation in South Africa. 1993. Uppsala. *Zitiert*: A. Davidson / P. Strand, The Path to Democracy, S.

Venter, Francois: Milestones in the Revolution of the new South African Constitution and of its salient features. in: South African Law Report (SALR) 1994 S. 211 ff. *Zitiert*: F. Venter, Milestones in the Revolution of the new South African Constitution and of its salient features, in: SALR 1994, S.

–: Aspects of the South African Constituion of 1196: An African Democratic and Social Federal Rechtsstaat? In: South African Law Report (SALR) 1994. *Zitiert*: F. Venter, Aspects of the South African Constitution of 1996: An African Democratic and Social Federal Rechtsstaat?, S.

de Villiers, Bertus: Birth of a Constitution. 1994 Juta. *Zitiert*: B. de Villiers, Birth of a Constitution, S.

–: The Constitutional Principles: Content Signifinance. In: Birth of a Constitution, B. de Villiers (Hrsg.), S. 37 ff. *Zitiert*: B. de Villiers, The Constitutional Principles: Content Signifinance, in: Birth of a Constitution, B. de Villiers (Hrsg.), S.

Wamala, Augustine: Some reflections on Africa's constitutional history. In: Birth of a Constitution, (Hrsg) S. 309 ff. *Zitiert*: A. Wamala, Some reflections on Africa's constitutional history, S.

Westermann, Dietrich: Geschichte Afrikas, Staatenbildungen südlich der Sahara. Köln, 1953/ London, 1968. *Zitiert*: D. Westermann, Geschichte Afrikas, Staatenbildungen südlich der Sahara, S.

Würtemberger; Thomas: Art. 146 n. f.: Kontinuität oder Diskontinuität im Verfassungsrecht ? In: K. Stern (Hrsg.), Deutsche Wiedervereinigung Band 1, Eigentum, Neue Verfassung - Finanzverfassung, S. 95 ff. Köln / München 1991. *Zitiert*: T. Würtemberger; Art. 146 n. f.: Kontinuität oder Diskontinuität im Verfassungsrecht?, S.

AUGSBURGER SCHRIFTEN ZUM STAATS- UND VÖLKERRECHT

Herausgegeben von Professor Dr. Dieter Blumenwitz

Band 1 Fritz-Harald Wenig: Rechtsprobleme des innerdeutschen Handels.

Band 2 Wilfried Niedermeier: Der Beitritt der Bundesrepublik Deutschland zum Statut des Internationalen Gerichtshofes unter besonderer Berücksichtigung der obligatorischen Gerichtsbarkeit.

Band 3 Johann G. Gleich: Die Anerkennung der DDR durch die Bundesrepublik.

Band 4 Matthias Weigand: Der Vertrag über die gegenseitigen Beziehungen zwischen der Bundesrepublik Deutschland und der Tschechoslowakischen Sozialistischen Republik vom 11. Dezember 1973 - Eine völkerrechtliche Analyse.

Band 5 Werner Trützschler von Falkenstein: Die sich ändernde Bedeutung der Feindstaatenartikel (Artikel 53 und 107 der Satzung der Vereinten Nationen) für Deutschland.

Band 6 Reiner Schenk: Die Viermächteverantwortung für Deutschland als Ganzes, insbesondere deren Entwicklung seit 1969.

Band 7 Wolfgang Wagner: Die Verwirklichung der Menschenrechte im Pakt der Vereinten Nationen über bürgerliche und politische Rechte vom 16. Dezember 1966, im Grundvertrag und den ihn begleitenden Nebeninstrumenten.

Band 8 Ulrich Wacker: Der Konflikt verschiedener Rechtssysteme vor, während und nach der Kolonialzeit in Kenia.

Band 9 Wolfgang Enders: Der mexikanische Bundesstaat. Die politische und sozioökonomische Problematik eines föderalen Verfassungssystems in einem Land der "Dritten Welt".

Band 10 Heiner Hasford: Die Jurisdiktion der Europäischen Gemeinschaften. Zur extraterritorialen Wirkung des Gemeinschaftsrechts.

SCHRIFTEN ZUM STAATS- UND VÖLKERRECHT

Band 11 Wolf Dieter Remmele: Die Selbstdarstellung der Bundesrepublik Deutschland im Ausland durch den Rundfunk als Problem des Staats- und Völkerrechts.

Band 12 Elisabeth Lichtenstern: Die Gesetzgebung im Spannungsverhältnis zwischen Bund und Ländern.

Band 13 Peter Gassner: Kollektivmacht und Individualschutz im amerikanischen Arbeitsrecht.

Band 14 Helga Walter: Das Selbstverständnis des modernen Algeriens. Die historisch-nationalen und islamischen Elemente.

Band 15 Dieter Schütz: Der internationale ordre public. Der Ausschluß völkerrechtswidrigen fremden Rechts im Internationalen Privatrecht der Bundesrepublik Deutschland.

Band 16 Klaus-Peter Kißler: Die Zulässigkeit von Wirtschaftssanktionen der Europäischen Gemeinschaft gegenüber Drittstaaten.

Band 17 Rainhardt Freiherr von Leoprechting: Die neue Rohrwaffen-Artillerie-Munition im Lichte des I. Genfer Zusatzprotokolles vom 12. Dezember 1977. Zur Frage der Völkerrechtskonformität der Verteidigung der Bundesrepublik Deutschland mit modernen konventionellen Artilleriesystemen.

Band 18 Roland Steinmeyer: Die Schiffsgläubigerrechte im südafrikanischen nationalen und internationalen Privatrecht. Eine rechtsvergleichende Darstellung unter Einbeziehung des englischen und deutschen internationalen Privatrechts und unter besonderer Berücksichtigung des ordre public.

Band 19 Martin C. Ney: Der Einsatz von Atomwaffen im Lichte des Völkerrechts. Summary: The Use of Nuclear Weapons and International Law.

Band 20 Teodoro Ribera Neumann: Das chilenische Verfassungsgericht und das deutsche Bundesverfassungsgericht - Ein Rechtsvergleich -. 1985.

Band 21 Theodora Antoniou: Europäische Integration und griechische Verfassung. 1985.

Band 22 Georg Teyssen: Deutschlandtheorien auf der Grundlage der Ostvertragspolitik. 1987.

Band 23 Karin Klüpfel: Selbstbestimmung durch Assoziation. Die Assoziation als Verwirklichung des Selbstbestimmungsrechts der Völker - dargestellt am Beispiel von Puerto Rico. 1987.

Band 24 Friedrich Dehner: Die Stellung Berlins im Bundesrat. 1987.

Band 25 Thilo Morhard: Die Rechtsnatur der Übereinkommen der Internationalen Arbeitsorganisation. Zugleich ein Beitrag zur Lehre vom "soft law". 1988.

Band 26 Ralf Jahn: Ansiedlung von Einzelhandelsgroßprojekten (§ 11 Abs. 3 BauNVO 1977). Zur Frage der Bestimmtheit grundrechtsbeschränkender Eingriffsnormen. 1988.

Band 27 Wolfgang Götzer: Der völkerrechtliche Status der Donau zwischen Regensburg und Kelheim. Eine völkerrechtliche Untersuchung des Donauabschnittes Regensburg - Kelheim unter Einbeziehung der gesamten deutschen Donau. 1988.

Band 28 Michael Hakenberg: Die Iran-Sanktionen der USA während der Teheraner Geiselaffäre aus völkerrechtlicher Sicht. 1988.

Band 29 Renate Oxenknecht: Der Schutz ethnischer, religiöser und sprachlicher Minderheiten in Art. 27 des Internationalen Paktes über bürgerliche und politische Rechte vom 16. Dezember 1966. 1988.

Band 30 Raphael Quarshie Avornyo: Deutschland und Togo. (1847-1987). 1988.

Band 31 Friedrich Frhr. Waitz von Eschen: Die völkerrechtliche Kompetenz der Vier Mächte zur Gestaltung der Rechtslage Deutschlands nach dem Abschluß der Ostvertragspolitik. 1988.

Band 32 Gisela Süß: Die Zulassung von Zahnärzten aus dem EG-Bereich zur deutschen Kassenarztpraxis. Ein Beitrag zu Standort und Bedeutung der Grundrechte im Europäischen Gemeinschaftsrecht. 1988.

Band 33 Meggy Steffens: Die deutsche Ostpolitik im Spiegel publizistischer Stellungnahmen in den USA 1969-1973. 1988.

Band 34 Norbert Karl Riedel: Der Einsatz deutscher Streitkräfte im Ausland - verfassungs- und völkerrechtliche Schranken -. 1989.

Band 35 Heidi Dünisch: Der Mundatwald - Zur Bereinigung letzter Kriegsfolgenprobleme zwischen Deutschland und Frankreich.1989.

Band 36 Sabine Niedermeyer-Krauß: Kommunalwahlrecht für Ausländer und Erleichterung der Einbürgerung. Integrationsmöglichkeiten für Ausländer aus verfassungs- und europarechtlicher Sicht. 1989.

Band 37 Dirk-Hermann Voß: Regionen und Regionalismus im Recht der Mitgliedstaaten der Europäischen Gemeinschaft: Strukturelemente einer Europäischen Verfassungsordnung. 1989.

Band 38 Tilo Klinner: Satellitenfernerkundung im Völkerrecht. Inwieweit existiert ein völkerrechtlicher Datenschutz? 1989.

Band 39 Barbara Schmidt: Die Erweiterung der seewärtigen Hoheitsrechte der Bundesrepublik Deutschland und der DDR unter besonderer Berücksichtigung deutschlandrechtlicher Probleme. 1989.

Band 40 Hans-Joachim Brauns: Wiedervereinigung und europäische Integration. 1990.

Band 41 Gilbert-Hanno Gornig: Der Hitler-Stalin-Pakt. Eine völkerrechtliche Studie. 1990.

Band 42 Gudrun Lehnberger: Kommunale Entwicklungshilfe. Eine Aufgabe der Gemeinden? - Bestandsaufnahme und rechtliche Würdigung unter besonderer Berücksichtigung der bayerischen Verwaltungspraxis. 1990.

Band 43 Heike Kaup: Der Schwangerschaftsabbruch aus verfassungsrechtlicher Sicht. Eine rechtsvergleichende Untersuchung anhand des deutschen und des amerikanischen Rechts. 1991.

Band 44 Bernadette Steinmeyer: Verfassungsrechtliche Ansätze zur Neuordnung der multirassischen Gesellschaft Südafrikas unter Berücksichtigung des Vorschlages des Verhandlungsforums der "KwaZulu/Natal Indaba". 1991.

Band 45 Burkhard Schöbener: Die amerikanische Besatzungspolitik und das Völkerrecht. 1991.

Band 46 Christian Raap: Die Souveränität der Bundesrepublik Deutschland unter besonderer Berücksichtigung des militärischen Bereichs und der deutschen Einheit. 1992.

Band 47 Andrea Wagner: Der argentinisch-chilenische Konflikt um den Beagle-Kanal. Ein Beitrag zu den Methoden friedlicher Streiterledigung. 1992.

Band 48 Ralf Wittkowski: Die Staatensukzession in völkerrechtliche Verträge unter besonderer Berücksichtigung der Herstellung der staatlichen Einheit Deutschlands. 1992.

Band 49 Michael Piazolo: Das Recht auf Abtreibung als Teilaspekt des Right of Privacy. 1992.

Band 50 Silke Wenk: Das konfiszierte deutsche Privatvermögen in Polen und der Tschechoslowakei. Die Rechtslage nach Abschluß des deutsch-polnischen und deutsch-tschechoslowakischen Nachbarschaftsvertrages. 1993.

Band 51 Antje Kießwetter: Die Verfassungsentwicklung in Namibia. 1993.

Band 52 Angelika Kleffner-Riedel: Regionalausschuß und Subsidiaritätsprinzip. Die Stellung der deutschen Bundesländer nach dem Vertrag über die Europäische Union. 1993.

Band 53 Jerzy Kranz: Entre l'influence et l'intervention. Certains aspects juridiques de l'assistance financière multilatérale. 1994.

Band 54 Knut Kettwig: Rechtsgrundlagen dezentraler grenzüberschreitender Zusammenarbeit im deutsch-polnischen und deutsch-tschechischen Grenzraum. 1994.

Band 55 Ulrich Seidenberger: Die diplomatischen und konsularischen Immunitäten und Privilegien. Ein Beitrag zur Diskussion über die Reformbedürftigkeit des Diplomaten- und Konsularrechts aus staats- und völkerrechtlicher Sicht. 1994.

Band 56 Christian Schede: Bundesrat und Europäische Union. Die Beteiligung des Bundesrates nach dem neuen Artikel 23 des Grundgesetzes. 1994.

Band 57 Florian Prugger: Die Nachfolge in das Vermögen der ehemaligen DDR. Ein Beitrag zu Art. 21 ff Einigungsvertrag unter besonderer Berücksichtigung der Firma F.C. Gerlach des Bereichs Kommerzielle Koordinierung. 1994.

Band 58 Mark Zimmer: Einsätze der Bundeswehr im Rahmen kollektiver Sicherheit. Staats- und völkerrechtliche Grundlagen unter Berücksichtigung des BVerfG-Urteils vom 12.07.1994. 1995.

Band 59 Gerd von Laffert: Die völkerrechtliche Lage des geteilten Zypern und Fragen seiner staatlichen Reorganisation. 1995.

Band 60 Wolfram Schneeweiß: Die rechtliche Stellung der Indianerstämme innerhalb der Vereinigten Staaten von Amerika. Ein Modell für den Schutz der *indigenous peoples*. 1995.

Band 61 Marianne Janik: Möglichkeiten und Grenzen einer gemeinsamen Exportkontrolle für sensitive Waren und Dienstleistungen im Lichte des europäischen Gemeinschaftsrechts. 1995.

Band 62 Michael Brems: Die politische Integration ethnischer Minderheiten aus staats- und völkerrechtlicher Sicht. 1995.

Band 63 Martin Vocke: Verfassungsinterpretation und Normbegründung - Grundlegung zu einer prozeduralen Theorie der Verfassungsgerichtsbarkeit. 1995.

Band 64 Stefan von der Beck: Die Konfiskationen in der Sowjetischen Besatzungszone von 1945 bis 1949. Ein Beitrag zu Geschichte und Rechtsproblemen der Enteignung auf besatzungsrechtlicher und besatzungshoheitlicher Grundlage. 1996.

Band 65 Stephanie Baer: Der Zerfall Jugoslawiens im Lichte des Völkerrechts. 1995.

Band 66 Christine Sauerwald: Die Unionsbürgerschaft und das Staatsangehörigkeitsrecht in den Mitgliedstaaten der Europäischen Union. 1996.

Band 67 Silke Buchner: Die Rechtswidrigkeit der Taten von "Mauerschützen" im Lichte von Art. 103 II GG unter besonderer Berücksichtigung des Völkerrechts. Ein Beitrag zum Problem der Verfolgung von staatlich legitimiertem Unrecht nach Beseitigung des Unrechtssystems. 1996.

Band 68 Bernd Weiß: Einführung und Umsetzung der Europäischen Charta der kommunalen Selbstverwaltung in Deutschland, insbesondere in Bayern und Nordrhein-Westfalen. 1996.

Band 69 Gesine Katharina Neumann: Boliviens Recht auf freien Zugang zum Pazifik. Zur völkerrechtlichen Problematik des Zugangs der Binnenstaaten zum Meer. 1997.

Band 70 Elvira Pfrang: Das Verhältnis zwischen Europäischem Gemeinschaftsrecht und deutschem Recht nach der Maastricht-Entscheidung des Bundesverfassungsgerichts. Eine Studie zu den Konflikten beider Rechtsordnungen auf dem Gebiet des Grundrechtsschutzes und der Kompetenzen. 1997.

Band 71 Dieter Blumenwitz / Burkhard Schöbener: Stabilitätspakt für Europa. Die Sicherstellung mitgliedstaatlicher Haushaltsdisziplin im Europa- und Völkerrecht. 1997.

Band 72 Matthias Weinberg: Schutz der deutschen Minderheit in Polen nach den Weltkriegen. Ein Vergleich unter Berücksichtigung der aktuellen Rechtslage. 1997.

Band 73 Reinhard Müller: Der "2+4-Vertrag und das Selbstbestimmungsrecht der Völker. 1997.

Band 74 Stefan Strobl: Das Nichtverbreitungsregime für Kernwaffen nach 1995 und der freie Zugang zu nuklearen Technologien und Materialien. 1997.

Band 75 Christine Weber: Das Gegenzeichnungsrecht unter besonderer Berücksichtigung der Verfassung des Fürstentums Liechtenstein. 1997.

Band 76 Stephan Semrau: Die Gemeinsame Außen- und Sicherheitspolitik der Europäischen Union. 1998.

Band 77 Marcus Schultz: Die Auslandsentsendung von Bundeswehr und Bundesgrenzschutz zum Zwecke der Friedenswahrung und Verteidigung. Völker- und verfassungsrechtliche Analyse unter besonderer Berücksichtigung der Entscheidung des Bundesverfassungsgerichtes zum Einsatz deutscher Streitkräfte vom 12. Juli 1994. 1998.

Band 78 Benedikt P. Kuttenkeuler: Die Verankerung des Subsidiaritätsprinzips im Grundgesetz. Ein Beitrag zur Bedeutung des Subsidiaritätsprinzips für die Kompetenzabgrenzung im Bundesstaat. 1998.

Band 79 Winfried Bausback: Verfassungsrechtliche Grenzen des Wahlrechts zum Deutschen Bundestag. 1998.

Band 80 Elvira Pfrang: Towards Liberalisation of the European Electricity Markets. The Directive concerning Common Rules for an Internal Market in Electricity in the Frame of the Competition and Internal Market Rules of the EC-Treaty. 1999.

Band 81 Alexander Wolf: Prozessuale Probleme des „Maastricht"-Urteils des Bundesverfassungsgerichts. 1999.

Band 82 Jürgen Bartl: Die humanitäre Intervention durch den Sicherheitsrat der Vereinten Nationen im "Failed State". Das Beispiel Somalia. 1999.

Band 83 Thomas Gnielinski: Die Reform des deutschen Staatsangehörigkeitsrechts. Eine Analyse und Bewertung der vorliegenden Gesetzesvorhaben. 1999.

Band 84 Margarita González: Der völkerrechtliche Status des Panamakanals nach Ablauf der Übergangszeit im Jahr 1999. 2000.

Band 85 Petra Johnen: Die Verfassungsentwicklung Südafrikas unter besonderer Berücksichtigung der verfassunggebenden Gewalt des Volkes. 2001.

Band 86 Markus Allstadt: Die offene Völkerrechtslage im deutsch-tschechischen Verhältnis und ihre Bedeutung für die Osterweiterung der Europäischen Union. Zugleich Überlegungen zu den Auswirkungen zwingenden Völkerrechts in der Vertriebenenfrage. 2000.

Band 87 Gerrit Aschmann: Europol aus Sicht der deutschen Länder. 2000.

Band 88 Mark Weber: Der Berlin-Status im intertemporalrechtlichen Konflikt. Dargestellt am Beispiel von Grundstücksenteignungen im Ostteil Groß-Berlins. 2001.

Band 89 Heidi Hellwig: Die Staatsangehörigkeit als Anknüpfung im deutschen IPR. Unter besonderer Berücksichtigung des Gesetzes zur Reform des Staatsangehörigkeitsrechts. 2001.

Band 90 Aline Bruer-Schäfer: Der Internationale Strafgerichtshof. Die Internationale Strafgerichtsbarkeit im Spannungsfeld von Recht und Politik. 2001.

Peter Lang · Europäischer Verlag der Wissenschaften

Andreas Auprich

Das Recht auf Entwicklung als kollektives Menschenrecht

Frankfurt/M., Berlin, Bern, Bruxelles, New York, Oxford, Wien, 2000. 330 S.
Europäische Hochschulschriften: Reihe 2, Rechtswissenschaft. Bd. 2931
ISBN 3-631-36677-9 · br. DM 98.–*

Das Novum des Rechts auf Entwicklung liegt vor allem darin, dass ihm eine kollektive Komponente zugeschrieben wird und es das politische Anliegen „Entwicklung" in eine Menschenrechtsforderung kleiden will. Die Arbeit untersucht die Vereinbarkeit dieser Aspekte mit der Idee der Menschenrechte und möchte abklären, welche „Kollektive" als Berechtigte eines Menschenrechts auf Entwicklung in Frage kommen und welche entwicklungspolitischen Forderungen als Ansprüche aus einem Menschenrecht auf Entwicklung denkbar sind. Dabei ist zwischen einem Recht auf Entwicklung als Strukturprinzip der Völkerrechtsordnung und einem Recht auf Entwicklung als Menschenrecht zu unterscheiden. Als kollektive Nutznießer eines Menschenrechts auf Entwicklung sind entwicklungsorientierte Organisationsformen der Zivilgesellschaft in Betracht zu ziehen, die spezifische Mitsprache-, Abwehr- und Gestaltungsrechte zur Schaffung eines förderlichen Umfelds für Entwicklung einfordern.

Aus dem Inhalt: Idee der Menschenrechte · Entwicklungsbegriff · Das Recht auf Entwicklung in der Diskussion der Vereinten Nationen · Rechtsquellen und Natur des Rechts auf Entwicklung · Nichtregierungsorganisationen · Realisierung eines kollektiven Menschenrechts auf Entwicklung

FSC
www.fsc.org
MIX
Papier | Fördert gute Waldnutzung
FSC® C083411

Kolibri 360 GmbH
Ferdinand-Jühlke-Straße 7
99095 Erfurt, Deutschland
produktsicherheit@kolibri360.de

Druck:
CPI Druckdienstleistungen GmbH
im Auftrag der
Kolibri 360 GmbH
Ferdinand-Jühlke-Str. 7
99095 Erfurt